HUAQIAO
GAODENG JIAOYU YANJIU 2022

华侨高等教育研究 2022

—— (1-2) 合辑 ——

陈颖 ◎ 主编

中国国际广播出版社

图书在版编目（CIP）数据

华侨高等教育研究.2022 . 1-2：合辑 / 陈颖主编.－－北京：中国国际广播出版社，
2022.9

ISBN 978-7-5078-5197-7

Ⅰ.①华… Ⅱ.①陈… Ⅲ.①华侨教育-高等教育-研究-中国 Ⅳ.①G74

中国版本图书馆CIP数据核字（2022）第162894号

华侨高等教育研究.2022.1-2：合辑

编　　者	陈　颖	
责任编辑	张　玥	
校　　对	李美清	
装帧设计	文人雅士	

出版发行	中国国际广播出版社有限公司 ［010—89508207（传真）］	
社　　址	北京市丰台区榴乡路88号石榴中心2号楼1701	
	邮编：100079	
印　　刷	廊坊市海涛印刷有限公司	

开　　本	710×1000　1/16	
字　　数	238千字	
印　　张	19.25	
版　　次	2022年9月 北京第一版	
印　　次	2022年9月 第一次印刷	
定　　价	78.00元	

编 委 会

目 录

教育教学研究

高校管理

Contents

Chinese Language Education

Ideological and Political Education

Education and Teaching Research

College and University Management

海外华文教师工作满意度的现状特征及其差异①

——基于东南亚5个国家的问卷调查分析

吕海辉　付梦芸②

摘　要：选取新加坡、柬埔寨、马来西亚等5个国家的华文教师，对其工作满意度情况进行抽样调查。经过数据分析发现，华文教师的整体工作满意度水平较高，但对薪酬福利待遇情况的满意度普遍较低；在国别方面，在不同国家任教的华文教师工作满意度差异显著；在家庭背景方面，华裔教师工作满意度在各维度上得分均高于非华裔教师；在年龄方面，总体上工作满意度随着年龄增加而提高；在学历方面，不同学历华文教师的工作满意度有着显著性差异。

关键词：东南亚；华文教师；工作满意度

---

① 基金项目：国家社会科学基金教育学青年课题（项目批准号：CIA180272）。
② 作者简介：吕海辉（1999—　），男，江西赣州人，华侨大学华语与华文教育研究生，主要从事华文教师方面的研究；付梦芸（1986—　），女，山东潍坊人，讲师，研究生导师，博士，主要从事华文教育、高等教育政策与管理方面的研究。

引言

教师是教育系统的中心[1]，对于教师的研究有着重要的现实意义。教师工作满意度是评价教师对自身工作满意程度的重要指标，其对教师工作表现、学校的发展等诸多方面都起着至关重要的作用。有学者发现，教师工作满意度是影响教师表现的关键，教师在工作中的满意度越高，则会有更优良的工作表现[2]。穆嘉（Muga，2017）等的研究表明，满意的教师有助于学校目标的成功实现[3]，埃克彭永和乔瑟夫（Ekpenyong，& Joseph，2017）的研究为此提供了佐证，他们发现教师工作满意度与学生学习成绩之间呈显著的正相关关系[4]。学者撒希特和维桑（Sahitol & Vaisanen，2020）在对已有的大量研究进行回顾后发现，教师工作满意度是决定任何一所学校成功的基本因素之一[5]。因此，对于教师工作满意度的研究不仅有利于对教师本身的了解，也为了解教师所任职学校的发展提供了重要参考。

华文教育是面向广大华裔青少年开展的中华语言学习和文化传承教育。华文教育影响广泛：有华侨华人的地方就有华文教育。华文教育的意义深远：既有助于保持华侨华人的民族特性，又有利于维系华侨华人对祖（籍）国的深厚情感，并已发展成为在海外展示和传播中华文化的重要平台[6]。海外从事华文教育的教师，是华文教育事业的核心，他们对华文教育工作的满意度不仅影响着他们对华文教育工作的积极性，也影响着海外华校的长远发展。华文教育工作的积极性与华校的发展，不仅直接关系着为华人华侨提供的教学服务质量，也关系着华文教育工作者的对外形象。研究海外华文教师的工作满意度有着许多重要的现实意义：一方面它能作为各个华文院校校长管理效能的重要指标之一；另一方面它能为华文院校做出校务管理方面的决策提供重要的参考。

需要特别指出的是，华文教师这一概念的定义具有狭义、广义两种。狭义的华文教师是指在海外从事中华语言文化教育的本土教师，而广义的华文教师还包括在各华文学校或中文学校用华文教授物理、数学等非语言学科的教师[7]。本研究中的华文教师仅指狭义上的华文教师，它包括海外所有在各中文学校、私立中小学、公立中小学、社会补习学校、孔子课堂等机构从事中华语言文化教育的本土教师。

一、问卷说明与样本特征

（一）问卷说明

"工作满意感"这一概念最早由国外学者霍伯克（Hoppock，1935）提出，指"个人对自己工作的直接感受，是一种对生理、心理和环境等各种因素感受的总和"[8]。尔后又有许多学者对这一概念给出了不尽相同的定义。如：乌鲁穆（Vroom，1964）认为工作满意度是个人对工作角色所持有的一种态度或情感反应[9]；洛克（Locke，1976）则认为它是个人从其工作或工作经验的评价中产生的积极的情感状态[10]。当然，亦有学者专门就"教师工作满意度"这一概念下了定义。如学者兰迪（Landy，1989）认为，教师工作的满意度是指教师对其职业、工作条件、工作状况的一种整体的、带有情绪色彩的感受与看法[11]。国内对于教师工作满意度的研究大致始于20世纪80年代，近二十年来相关研究大量出现，数量一直呈上升趋势，既有对小学、中学、高校教师的整体性研究，也有学者专门对某一学段的某一学科的教师进行研究，但是专门针对东南亚华文教师的研究却非常稀少。

在国内学者中，陈云英（1994）、冯伯麟（1996）的研究有着较为重大的影响。陈云英沿用了兰迪（Landy，1989）对于教师工作满意度的定义，即认为教师工作满意度是教师对其所从事职业以及工作条件与状况的总体带有情绪色彩的感受与看法，并对工作性质、职业投入感、人际关系等影响教师工作满意度的主要因素进行了探究[12]。冯伯麟编制了一份"教师工作满意量表"，表中共设计了26个项目，并且在研究中提出了自己的新观点：教师工作满意度由五个要素组成，即自我实现、工作强度、工资收入、领导关系和同事关系[13]。本文对教师工作满意度的定义沿用陈云英的定义。

本文使用的研究方法主要为问卷调查法。在前人对于教师工作满意度的相关研究的基础上，参考了冯伯麟的"教师工作满意量表"及一些国外学者编制的工作满意度测量量表，如：史密斯（Smith PC，1969）等编制的工作描述指数量表（JDI）[14]，美国明尼苏达大学的学者于1957年编制的明尼苏达满意度问卷（MSQ），海克曼（Hackman）和奥尔德姆（Oldham）于1974年编制的工作诊断量表（JDS），彼得需求满意度调查表（NSQ）[15]，再结合华文教育工作的实际情况自编调查问卷。

问卷包括两个部分：第一部分是基本信息的填写，包括海外华文教师的性别、年龄、教龄、婚姻状况、家庭背景等基本情况；第二部分是自我评价量表，采用李克特（Likert）五级计分法，数字1代表"非常不符合"；数字2代表"比较不符合"；数字3代表"一般"；数字4代表"比较符合"；数字5代表"非常符合"。问卷填写者给出的分值越高，则说明其对问卷所设置题项描述的内容认同度越高。自我评价量表中各个题项涵盖了海外华文教师工作满意度整体水平及各个子维度的水平，通过IBM SPSS Statistics 26软件对问卷的信度进行分析后，得出Cronbach's α（克朗巴哈）系数为0.833，Split-half（折半）信度系数为0.786，可以认为量表的信度较好。如表1所示，对各题项通过因子分析后，海外华文教师工作满意度的结构因素可分为四个维度，即薪酬福利待遇满意度、华文教学工作满意度、学校工作氛围整体满意度和华文教师培训工作满意度。

表 1　海外华文教师工作满意度的构成要素

要素层面	构成要素
总体层面	总体工作满意度
局部层面	培训工作满意度
	学校工作氛围整体满意度
	华文教学工作满意度
	薪酬福利待遇满意度

（二）样本特征

问卷编制完成后，通过网络问卷调查的形式发放给新加坡、缅甸、泰国、印度尼西亚、菲律宾共五个国家的华文教师。在剔除少量无效数据后，共得到有效问卷247份，问卷填写者涵盖了各性别、年龄段、职称、收入水平、文化水平等方面，具有较好的代表性，能够较好地反映华文教师的总体情况，样本基本分布特征见表2。

具体来说，在性别分布上，女教师人数占比较大，达71.7%；在年龄分布上，20—30岁的年轻教师居多，占42.5%，未婚或单身的教师占多数，超过总人数的一半；在教龄上，大多数教师教学年数未超过10年，占总人数64.0%；有超过80%的教师获得了学士及以上学位，其中学士学历教师占总人数的57.1%，硕士学历教师约占总人数的1/5，而博士仅占总人数的2.4%；在教学岗位分布上，兼职教师与全职教师的比例约为1：3；在家庭背景上，华裔教师与非华裔教师的比例约为2：1；在地区分布方面，所调查教师以泰国、菲律宾的教师居多，占比分别为33.6%、28.3%。

表 2　调查样本的分布特征

基本信息		个案数	百分比	基本信息		个案数	百分比
性别	男	70	28.3%	最高学历	博士	6	2.4%
	女	177	71.7%		硕士	53	21.5%
年龄	20—30岁	107	43.3%		学士	141	57.1%
	31—40岁	58	23.5%		大专	27	10.9%
	41—50岁	38	15.4%		大专以下	20	8.1%
	51—60岁	29	11.7%	教学岗位	兼职教师	58	23.5%
	60岁以上	15	6.1%		全职教师	189	76.5%
婚姻状况	已婚	97	39.3%	家庭背景	华裔	162	65.6%
	未婚或单身	150	60.7%		非华裔	85	34.4%
教龄	5年及以下	87	35.2%	任教国家	菲律宾	70	28.3%
	6—10年	71	28.8%		缅甸	64	25.9%
	11—20年	43	17.4%		泰国	83	33.6%
	21—30年	29	11.7%		新加坡	15	6.1%
	30年以上	17	6.9%		印度尼西亚	15	6.1%

二、海外华文教师工作满意度的现状特征

（一）海外华文教师工作满意度整体情况分析

从表3中我们可以看出，受测教师对于总体工作满意度这一项，呈现出"不满意"态度的人数极少，仅为7人，占比小于3%；对华文教育工作表示"一般满意"的教师人数较少，仅占15.8%；而对华文教育工作总体表示"满意"的教师人数最多，占总人数的81.4%，说明绝大多数华文教师对于华文教育工作的总体满意度在一般满意之上。

从均值上看，华文教师的整体满意度水平高于一般水平，为4.17，接近最高分5，也就是说，五国中多数的华文教师对华文教育的工作满意度较高。

表3　海外华文教师总体工作满意度的均值及百分比

总体工作满意度		个案数	百分比
满意程度	不满意	7	2.8%
	一般满意	39	15.8%
	满意	202	81.4%
均值	4.17		

（二）海外华文教师工作满意度的各维度情况分析

如表4，海外华文教师工作满意度从其他四个维度来看，均值由高到低依次为：教学工作满意度、培训工作满意度、工作氛围满意度和薪酬福利待遇满意度。其中教学工作满意度平均得分最高，为4.17，说明大多华文教师对于开展教学工作本身是较为满意的，他们在教学活动中有着相当高的积极性。培训工作这一维度的平均值为4.02，这表明多数华文教师对于华文教师培训持积极态度，对接受华文教师培训的满意度较高。其余维度的平均得

分在3.5—3.9之间，处于中等水平，而其中薪酬福利待遇满意度平均得分最低，为3.53，这表明大多数华文教师对于薪酬福利待遇的满意度一般。

表4 海外华文教师各子维度的工作满意度情况

	平均值	个案数	标准差
培训工作满意度	4.02	247	0.791
工作氛围满意度	3.85	247	0.813
教学工作满意度	4.17	247	0.810
薪酬福利待遇满意度	3.53	247	0.968

基于以上分析我们可以看出，海外华文教师们对华文教育的教学工作热情度是很高的，可以表明他们大多是热爱华文教育这一职业的。这或许在一定程度上也说明，这些华文教育工作者认可华文教育的意义，并且能在自己的教学工作中收获相当多的成就感。

三、华文教师工作满意度的差异性分析

经独立样本 t 检验分及单因素方差分析（One-way ANOVA），华文教师工作满意度在任教国别、家庭背景、年龄、学历四个方面存在显著性差异。

（一）华文教师工作满意度在任教国别上的差异

由方差分析发现，华文教师的总体工作满意度在不同任教国别上存在着差异，如图1所示，华文教师总体工作满意度平均得分在国别上从高到低排序分别为：印度尼西亚、泰国、缅甸、菲律宾、新加坡。印度尼西亚教师的总体工作满意度为4.4，接近最高分；而新加坡华文教师的工作满意度最低，为3.93；其他东南亚三国教师的总体满意度均在4以上，说明三个国家的大多数华文教师对华文教师工作具有较高的满意度。

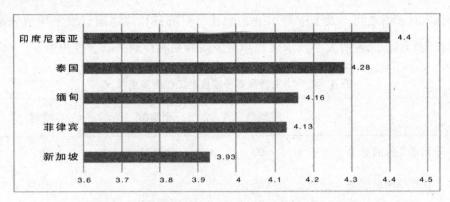

图1 华文教师总体工作满意度在任教国别上的差异

在其他各维度上，不同任教国别华文教师的满意度之间也存在着显著差异，具体如图2所示。在培训工作上，满意度平均得分在国别上从高到低排序分别为：菲律宾、泰国、缅甸、印度尼西亚、新加坡（其中缅甸与泰国排名不分先后）；在工作氛围上，满意度平均得分排名从高到低排序分别为：菲律宾、泰国、缅甸、印度尼西亚、新加坡，与培训工作满意度排名基本一致；在教学工作上，满意度平均得分排名从高到低排序分别为：菲律宾、

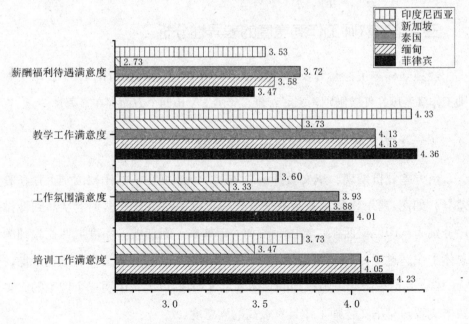

图2 华文教师满意度各子维度在国别上的差异

印度尼西亚、泰国、缅甸、新加坡（其中缅甸与泰国排名不分先后）；在薪酬福利待遇满意度上，满意度平均得分排名从高到低排序分别为：泰国、缅甸、印度尼西亚、菲律宾、新加坡。

总体而言，在培训工作、工作氛围、教学工作三个方面上，东南亚五国教师的满意度平均得分均在3分以上，表明各国华文教师对这三个方面均持满意态度，而新加坡华文教师在三个方面的平均满意度均低于其他四国；在福利薪酬待遇上，新加坡教师的满意度水平与其他四国差距最大，新加坡教师的福利薪酬待遇满意度均值为2.73，说明存在相当数量的新加坡华文教师对自己现阶段的福利薪酬待遇持"不满意"态度，其他四国满意度均值均在3—4分，说明这些国家的多数华文教师对现阶段福利薪酬待遇基本满意。

（二）华文教师工作满意度在家庭背景上的差异

如图3所示，华裔华文教师的总体工作满意度均值为4.27，高于非华裔教师的总体工作满意度平均值4.05，说明整体上华裔教师群体相比非华裔教师群体，对于从事华文教育工作的满意程度更高；两者的总体工作满意度均值均高于4，接近最高分5，说明两者的满意度均在较高的水平。

在各子维度之中，在培训工作满意度上，华裔与非华裔教师两者间存在的差异最大，华裔教师与非华裔教师的满意度均值分别为4.14和3.87，华裔教师的满意度水平明显大于非华裔教师；在工作氛围这一问题上，华裔与非华裔教师的满意度均值分别为3.91和3.84，均值差在各子维度中最小，家庭背景对工作氛围满意度影响并不显著，说明对于华文教育院校的工作氛围，华裔与非华裔两个教师群体的满意程度大致相当；在教学工作这一问题上，两个教师群体的满意度均值均高于4，两者的满意度均值皆为各个子维度中最高，说明两者都对教学工作有着相当高的热情，均对所从事工作感到满意；在薪酬福利待遇上，华裔教师满意度均值高于非华裔教师，但两者的满意度均值在各个子维度中处于最低水平。

整体而言，在工作满意度的各个维度上，华裔教师的满意程度都高于非华裔教师。这或许在一定程度上意味着，出于对祖（籍）国语言与文化的亲近感，华裔教师对华文院校的工作氛围、薪酬福利待遇更容易产生满足感，并且在华文教学投入的工作热情更多。

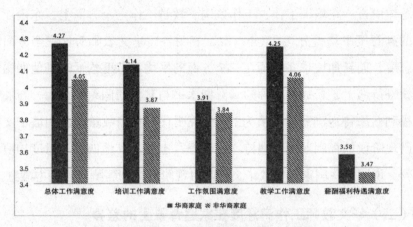

图3　教师工作满意度在家庭背景上的差异

（三）华文教师工作满意度在年龄上的差异

经方差分析发现，华文教师的总体工作满意度在不同年龄段上存在着显著性差异，具体如图4所示。20—30岁的华文教师满意度平均值最低，为3.99，50岁以上的华文教师群体满意度处于较高水平，均值大于4.40；总体上，华文教师的总体工作满意度随着年龄的增加而增加，年龄越大的华文教师对从事华文教育工作，总体上越感到满意。

在其他子维度上，年龄影响的显著性并不相同。从均值来看，培训工作满意度和工作氛围满意度随年龄变化的趋势明显，满意度均随着年龄的增加而提高；在教学工作满意度上，以40岁为分界，40岁以下的教师满意度水平相对较低，均值约为4，而40岁以上的教师满意度均值则不小于4.47；薪酬福利待遇满意度随年龄的变化趋势则相对复杂，其中41—50岁的教师满意度最低，为3.42，而60岁以上的教师满意度最高，为3.73。

关于年龄与工作满意度的关系，国内外的研究者们也没有得出一个统一的定论。在国外的相关研究中，既有学者发现两者之间是正相关关系，也有学者的研究表明两者关系是U型相关[16]，或者没有显著的相关性[17]。我国的相关研究中，有的研究结果表明，教师工作满意度会随着年龄增长而上升[18]；而另外也有研究表明，教师总体工作满意度不存在显著的年龄差异，但在个别维度上的差异具有显著性，在工作投入程度、社会承认两方面的满意度有随年龄增长而显著上升的趋势，而在人际关系方面则呈相反的趋势[19]。就本文的研究结果而言，年龄对华文教师工作满意度的多个维度存在着显著的影响，总体上年龄段越大的教师工作满意度越高。

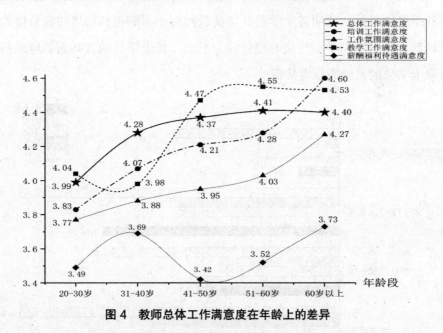

图4　教师总体工作满意度在年龄上的差异

（四）华文教师工作满意度在学历上的差异

关于学历对教师工作满意度影响的研究，不同学者间并没有一致的结论，如沃尔默和金尼（Vollmer&Kinney，1955）的研究发现，学历越高越容易对工作产生不满意态度[20]；袁凌（2005）等的研究表明，学历对高校教师的工作满意度并不产生显著性影响[21]；李志英（2011）在对乌鲁木齐市高校教师的工作满意度的研究中发现，硕士、博士学历的高校教师工作满意度相对较低，而本科教师的工作满意度最高[22]。

本研究发现，华文教师工作满意度在学历上存在着显著性差异，具体见图5。在总体工作满意度、培训工作满意度、工作氛围满意度、教学工作满意度四个方面上，获学士学位的华文教师满意度最低；博士学位的华文教师满意度最高，在培训工作、教学工作两方面博士学历教师平均满意度均为最高分5，体现出博士学历教师对于参与华文教学工作与华文教育培训工作持非常满意的态度；四个维度整体上，满意度随学历变化均呈现出以学士学位为拐点的"U"型的变化趋势。而在薪酬福利待遇满意度方面，其平均得分为各维度中最低，说明各个学历的华文教师对于薪酬福利待遇的满意度均相对较低，满意度随学历变化的趋势较为复杂，博士学位的教师满意度最高，而硕士学位的教师满意度最低。

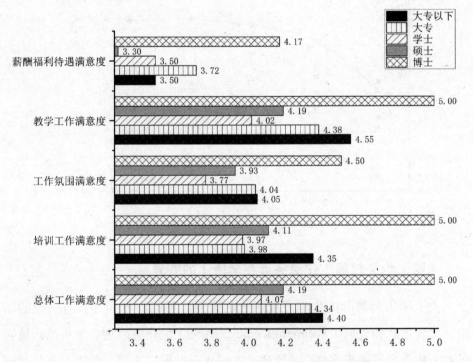

注：总体工作满意度、培训工作满意度、工作氛围满意度、教学工作满意度、薪酬福利待遇满意度的F值分别为3.228、3.538、2.533、5.050、1.595

图5 华文教师工作满意度在学历上的差异

四、结论与建议

（一）研究结论

通过对海外华文教师工作满意度的研究我们可以得到以下结论：

第一，华文教师的总体工作满意度较高。

总体上看，受测的东南亚五国的华文教师的总体工作满意度均值为4.17，与最高分5相接近，处于较高水平，说明各国华文教师对于从事华文教育工作感到较为满意。具体来看，受测的华文教师中虽也有教师对华文教育工作持"不满意"态度，但其人数占比低于3%；而与之相对，持"满意"态度的华文教师人数高于97%，远远高于对华文教育工作总体感到不满意的教师。这可以说明，虽然满意度水平相对而言有高低之别，但几近全部的华文教师都表示对自己现投身的工作感到满意。这在一定程度反映出海外教师们对这份工作的态度总体上是积极的，绝大多数华文教师内心对华文教育事业具有较高的认同度。

第二，在各维度上，华文教师对教学工作满意度最高，薪酬福利待遇满意度最低。

从各维度满意度的均值来看，受测华文教师的教学工作满意度水平相对最高，均值为4.17，反映出各国华文教师一致对于教学充满热爱，大多数华文教师对从事教学活动具有极高的热情；薪酬福利待遇的满意度仅3.53，相较而言在各维度中最低，说明各国的多数教师对于自己的薪酬福利待遇满意程度一般；培训工作满意度均值为4.02，处于较高水平，反映出各国大多数华文教师对于参与教师培训持正面态度，对于以往开展的华文教育培训普遍感到比较满意；工作氛围满意度均值为3.85，在一定程度上能反映出多数华文教师对自己工作环境中的人际关系感到满意，总体上华文教育院校内的同事关系融洽。总体而言，各子维度的均值皆高于3.5，说明东南亚五国的多数华文教师对各个子维度都呈现出"满意"的态度。

第三，在差异性方面，华文教师的工作满意度在国别、家庭背景、年龄、学历方面存在一定的差异。

在任教国别上，不同国家华文教师在不同维度上满意度也不尽相同，新加坡华文教师工作满意度各个维度的均值皆低于其他四国，在薪酬福利待遇一项上新加坡教师的满意度与其他各国教师差距最大；总体而言，华裔教师工作各个维度的满意度都高于非华裔教师；年龄对于总体工作满意度、工作氛围满意度、培训工作满意度三个方面有着显著的正向促进作用，而在教学工作满意度上，40岁以上的教师与40岁以下的教师满意度差距最大；学历与工作满意度各维度之间并非简单的线性关系，除薪酬福利待遇之外的四个维度的满意度，随学历提升均呈现出"U"型的变化趋势。

（二）相关建议

基于以上研究事实，本文提出以下建议：

首先，应尽可能提高华文教师的薪酬福利待遇水平。

根据本文研究，海外各国教师对于薪酬福利待遇的满意度普遍不高，在华文教师的教师工作满意度的各个维度中，薪酬福利待遇的满意度均处于最低水平。根据马斯洛需要层次理论，低层级需求相对满足后就有可能产生更高层次的需求[23]，华文教师若是在物质层面得不到相应满足，他们对于实现自我人生价值的需求也将在一定程度上削弱。华文教师的教学工作是海文华文教育事业得以开展的重要一环，华文教师的工作满意度与内心需求对华文教育工作举足轻重。因此，各华校应重视对华文教师的薪酬福利待遇水平的提高，这不仅是提高从事华文教育事业者对于工作满意程度的重要手段，更是促进华文教师更加积极投身于华文教育事业的重要保障。

其次，各国华校互助多交流，结合本国实际情况制定学校政策。

在开展华文教育工作中，各国华校可善用线上平台，进行不同国别华校之间的交流学习。华校领导应注意不同国别的教师对工作态度的差别，了解不同国别教师不同的工作需求，有针对性地为本校教师制定相应的学校政策，帮助本校教师提升对工作的满意度。以新加坡为例，在本研究中，新加坡华文教师的平均工作满意度水平较低，与其他四国教师工作满意度的每一维度均有着较大的差距，新加坡华校领导在工作开展过程中应多与教师沟通，了解新加坡教师工作满意度水平较低的背后原因，切实为教师解决工作中的困难；再如菲律宾的华文教师，在工作满意度的多个维度上排名均相对靠前，而在薪酬福利待遇一项上，则与泰国、缅甸、印度西尼亚有着较大差距。菲律宾、新加坡的华文教师薪酬福利待遇是否低于当地生活水平？各国华文教育资金投入是否差异较大？这是新加坡和菲律宾两国华校工作开展时值得思考的问题。华校校长应多了解本国国情及本国生活水平，为本校华文教师解决在任教中所面临的问题，以便华文教师更集中精力于华文教育事业。

最后，对华文教师的培训工作要有针对性。

从华裔华文教师和非华裔华文教师的对比研究来看，在工作满意度的各维度上，华裔教师的满意度水平均大于非华裔教师。一些社会心理学的研究表明：受教育程度、社会阶层、年龄等诸多方面的相似性都会对人际吸引产生影响[24]，而且人们会更加喜欢那些在兴趣、价值观、背景等方面和自己相似的人[25]。因此，华裔教师在华文教育培训工作中，一定程度上会更容易融入说祖（籍）国语言的培训环境之中，而且由于家庭影响，多数华裔教师本身华语水平较高、对中华文化的了解程度更高，因而对培训更易接受；而非华裔教师没有华裔教师的家庭背景，他们在参加华文教师的培训过程中，很难在华语的培训环境中产生亲近感，并且接受华语知识相对而言需要付出更多努力才能产生显著成效，故非华裔教师较难产生满意感。在培训工作中，应注意到非华裔教师所面临的更多挑战，适当给予他们更多的关注。

从华文教师不同年龄段的对比研究来看，年轻教师对华文教师培训工作满意度较低。一方面，应注意到年轻教师的心理特征和工作挑战与年长的教师有所不同，寻找相对不刻板的、更适应年轻人心理的培训方法，让他们不在华文教师培训工作中产生厌烦情绪，不把参加教师培训当成产生负面情绪的任务。让年轻教师切实能从华文教师培训工作中获益，切实提高年轻教师队伍的教学水平。另一方面，培训工作满意度随年龄增加而增加可能是年轻教师对培训工作重要性认识不足。在开展培训工作前，应积极在年轻教师队伍中做好宣传工作，提升年轻教师参与培训工作的积极性与参与度。在培训工作之后收集各个年龄段教师的反馈，了解不同年龄段教师的实际需求，提升各个年龄段教师的培训工作满意度，以期为华文教师今后实际开展的教学工作提供有益的帮助。

参考文献

［1］ABDULAHI B A. Determinants of Teachers' Job Satisfaction: School Culture Perspective ［J］. Humaniora, 2020, 32(2): 151–162.

［2］CELDRANA M C B. Leadership styles and job satisfaction in the colleges of nursing among the universities in Zamboanga City ［J］. Leadership, 2020, 11(7): 444–455.

［3］MUGA O P, ONYANGO A G, JACKLINE N. Levels of teachers' job satisfaction in public secondary schools in Siaya, Kisumu and Kajiado Counties, Kenya ［J］. European Journal of Education Studies, 2017, 3(8): 684–702.

［4］EKPENYONG E E, JOSEPH G. Teachers' Level Of Job Satisfaction And Academic Performance of Students In Social Studies In Federal College Of Education Yola, Adamawa State & COE Jalingo Taraba State, Nigeria ［J］. Imperial Journal of Interdisciplinary Research, 2017, 3(10): 532–535.

［5］SAHITO Z, VAISANEN P. A literature review on teachers' job satisfaction in developing countries: Recommendations and solutions for the enhancement of the job ［J］. Review of Education, 2020, 8(1): 3–34.

［6］贾益民，胡培安，胡建刚. "21世纪世界华文教育发展愿景与行动"倡议 ［J］. 世界华文教学, 2017（1）: 3–49, 2.

［7］李欣. 华文教师专业发展概论［M］. 北京：社会科学文献出版社，2021：1.

［8］AZIRI B. Job Satisfaction: a Literature Review［J］. Management Research & Practice, 2011, 3(4): 77–86.

［9］VROOM V H. Work and Motivation［M］. New York: John Wiley & Sons, 1964: 99.

［10］DUNNETTE M P. Handbook of Industrial and Organizational Psychology［C］. Chicago: Rand McNally, 1976: 1297–1350.

［11］LANDY F J. Psychology of Work Behavior［M］. 4th ed. New York: Wadsworth lnc, 1989: 481.

［12］陈云英，孙绍邦. 教师工作满意度的测量研究［J］. 心理科学，1994（3）：146–149.

［13］冯伯麟. 教师工作满意及其影响因素的研究［J］. 教育研究，1996（2）：42–49, 6.

［14］SMITH P C, KENDALL L M, HULIN C L. The measurement of satisfaction in work and retirement［M］. Chicago: Rand McNally, 1969.

［15］杨继平，董朝辉. 教师工作满意度研究［M］. 北京：中国社会出版社，2012：8–10.

［16］兰惠敏. 国外教师工作满意度的研究综述［J］. 教育探索，2007（6）：131–132.

［17］ABDULAHI B A. Determinants of Teachers' Job Satisfaction: School Culture Perspective［J］. Humaniora, 2020, 32: 151–162.

［18］周丽超. 高校教师工作满意度的研究［J］. 天津电大学报，2004（3）：35–39.

［19］孙建萍，孙建红，安寸然. 高校教师工作满意度调查与分析［J］. 教育探索，2006（9）：78–80.

［20］贺光明，姚利民. 教师工作满意度研究述评［J］. 大学教育科学，

2009（1）：38-45.

［21］袁凌，谢赤，谢发胜. 高校教师工作满意度的调查与分析［J］.湖南师范大学教育科学学报，2006，5（3）：103-106.

［22］李志英. 高校教师工作满意度研究：以新疆乌鲁木齐市高校为例［D］.上海：华东师范大学，2011.

［23］高明，计龙龙. 马斯洛需要层次理论视野下研究生自我教育问题探析［J］.研究生教育研究，2013（2）：49-52.

［24］KUPERSMIDT J B, DeROSIER M E, PATTERSON C P. Similarity as the Basis for Children's Friendships: the Roles of Sociometric Status, Aggressive and Withdrawn Behavior, Academic Achievement and Demographic Characteristics［J］. Journal of Social and Personal Relationships, 1995, 12(3): 439-452.

［25］SIMPSON J A, RHOLEA W S. Attachment Theory and Close Relationships［M］. New York: Guilford Press, 1994.

华侨大学　华文学院

华侨大学　华文教育研究院

多模态理论在华文教育网络
教学中的应用研究

周洪学

摘　要： 随着新型冠状病毒肺炎疫情的发生和持续，网络教学日益成为华文教育境外留学生教学的常态，为了在网络教学条件下有效提高华文教学的成效，需要探索更好的教学模式。从华文教育境外留学生网络教学的现状出发，探讨依照多模态教学理念构建"多模态教学、多模态学习、多模态评估"三位一体的多模态网络教学模式的问题。

关键词： 多模态；华文教育；境外留学生；网络教学

引言

2020年年初，由于受新型冠状病毒肺炎疫情的影响，全球超过90%的学生无法正常上学，中国政府采取限制跨境人员往来、关闭各类学校等措施阻断疫情的传播，这对教育的负面影响不言而喻。疫情期间，国内各教学机构纷纷响应政府"停课不停学"的号召，采用了网络教学的形式，其中，华文教育针对境外留学生的教学也主要是通过网络进行。随着国内疫情的平缓，很多学校也渐渐恢复正常的课堂教学，但由于世界疫情的发展变化，很多留学生仍然不能返校学习，网络教学已逐渐成为华文教育境外留学生教学的常态。时至今日，全球的疫情还在持续，华文教育境外留学生的网络教学也在继续，由于疫情存在不定时、不定域、不定人的特点，其对华文教育境外留学生教学未来的发展和影响还难以预料。

疫情给华文教育境外留学生教学带来新的教学形态，也带来了新的挑战。在以往传统的教学环境中，网络教学通常只是作为面对面课堂教学的一个有益的、重要的补充，而在目前新型冠状病毒肺炎疫情防控常态化或突发应急等特殊形势下，这一模式成为华文教育境外留学生教学的主要模式。如何更为有效地利用这一教学模式，提高华文教育境外留学生教学的成效，是我们在新的形势下需要深入思考的问题。

一、华文教育境外留学生网络教学的现状及发展

1. 网络教学的概念及特点

网络教学是区别于传统课堂的虚拟课堂，网络教学具有便捷性、多样性、实时性等优点，同时也存在虚拟性、自由性和随意性等局限性。当前华文教育境外留学生网络教学的具体形式多种多样，其中既有利用雨课堂、腾讯会议、钉钉等软件展开的直播教学，也有利用录课软件进行的录播教学，也有二者结合的教学，还有利用相关技术开展的综合性教学。网络教学不同于传统的课堂教学，在传统的课堂教学中，一般都是先确定课程大纲，后组织教学，教学过程结束后再通过考试等方式测评学生的学习成果。整个教学过程需要学生到教室里面与教师面对面进行一对多或者一对一的教学。在课堂上学生可以直接和教师进行沟通，教师也可以直接对学生进行管理监督。这种教学模式通常以教师为中心，教师主导整个教学的过程和进度，对学生的自主性相对要求不高。网络教学是应用网络和多媒体技术手段，采取"录播（直播）＋线上答疑"的形式，组织教师授课和师生双向互动，通过教学信息的收集、传递、处理与共享来实现教学目标的一种教学方式。网络教学

师生无法面对面交谈，缺少线下教学的师生互动，学生的学习状态教师也无法即时掌握。因此，网络教学自然要以学生为中心，注意培养学生学习的自主性。有人认为，网络教学的本质是"学生在教师指导下的自主学习"，这对学生学习的主动性、自觉性提出了更高的要求。自主学习是把学生作为学习的主体，通过学生自主地分析、探索、实践、质疑、创造来实现学习目标的一种学习方式，其在满足学习自由度、促进学生成长等方面有着独特的优势。而网络环境下的自主学习能力是指学习者在网络环境下，利用现代信息技术确定学习目标、选择学习方法、自行组织学习过程、评价学习结果的能力[1]。由于网络教学和传统课堂教学存在很多不同之处，因此我们在教学中应针对网络教学的具体特点，设计以学生为中心、教师为主导的网络教学课程设计框架，在具体的网络教学过程中需要注重学生对知识的理解程度，强调学生的自主学习和主动学习，体现学生的主体性和独特性。

2.当前华文教育网络教学中存在的问题

网络教学既是疫情防控时期的教学创新实践，也是对传统课堂的一种翻转实践。在现有的网络教学条件和模式下，很多华文教师在落实境外留学生网络教学的过程中，采取的教学方式还是以传统的讲授为主，留学生在学习过程中处于被动接受的地位，这不利于提高留学生学习的自主性，也不利于提高网络教学的教学效果，甚至有的教师感觉效果还不如传统的课堂教学。造成此类现象的原因主要是，一方面长期以来教师和学生都熟悉、适应了传统课堂教学模式，由于疫情的原因，突然转换阵地、改变教学形式，由此带来的不适应性，势必会影响授课质量和学习效果；另一方面由于部分教师和学生对疫情的复杂性和长期性缺少思想准备，因此主观上把网络教学看作是一种非常时期的、短期的应急手段或课堂教学的替代品，对其与课堂教学的不同之处缺乏明确的认识和深入的研究，因此在实际教学中只是把课堂教学的模式直接生搬、移植到线上教学，仅将课堂教学的教材、课件搬到网上，未能彻底改变课程内容和教学方法，也没有构建适应形势变化的网络教学模式，最终导致传统课堂教学的长处无法在网络教学条件下施展出来，而网络教学的优势也无法在传统课堂教学模式下发挥出来。事实上，由于外防输入与内防反弹的任务艰巨，公共卫生防护不是一朝一夕的短期应急手段，广大留学生不能来华学习可能是今后的新常态。疫情催生的依托网络平台的教学模式，在今后的某种时机、某种环境下将成为华文教育境外留学生教学的新生态。

3. 华文教育网络教学未来的发展

实际上，伴随着信息技术的发展和计算机网络的普及，将信息技术与教育教学深度融合，实现教育信息化是我国新时代教育发展面临的重要课题，也是我国教育改革发展的必经之路。早在2018年，中华人民共和国教育部就发布了《教育信息化2.0行动计划》。该计划提出了"办好网络教育，积极推进'互联网＋教育'发展，加快教育现代化和教育强国建设"的目标。因此，借助信息技术实现教育现代化是我国教育未来发展的方向，网络教学作为推广华文最便捷的方式，也是华文教育未来的发展趋势，新型冠状病毒肺炎疫情在某种意义上只是加快了这一发展的进程，疫情期间网络教学得到了充分的发展，展现出网络教学模式的蓬勃生命力。可以预见，即使疫情过后，网络教学的模式也不会随之退潮。由于教育信息化和网络教学已是大势所趋，所以这就要求华文教育教师化被动为主动，积极探索本学科的教学活动与信息技术的有效融合。基于当前受疫情影响国际人员往来受限的现实和中国教育信息化和现代化的整体部署，不论从短期还是从长期来看，华文教育教师必须顺应时代潮流，掌握现代信息技术，适应网络教学，将华文教学与信息技术融合起来，只有这样，华文教育教师才能在新时代的华文教育工作中开创新的局面。这正是我们化危机为新机、在变局中开新局、推进信息技术与华文教育教学深度融合发展、以信息技术助推华文教学理念和教学模式深刻变革的有利契机。

二、多模态话语分析理论和多模态教学理念

1. 多模态话语分析理论的概念及应用

模态是指人类通过感官（如视觉、听觉等）跟外部环境的互动方式。生命体在演化过程中逐步获得视觉、听觉、嗅觉、味觉、触觉五种不同的感知通道，五种感知渠道的获得分别导致五种交际模态的产生，即视觉模态、听觉模态、嗅觉模态、味觉模态和触觉模态。使用单个感官进行互动的叫单模态，使用两个感官进行互动的叫双模态，使用三个或以上感官进行互动的叫多模态。多模态的研究兴起于20世纪90年代，之后便迅速发展且越来越受到国内外学者的关注。20世纪90年代，奥图尔（O' Toole）提出了多模态话语分析理论[2]。该理论的主要观点认为，语言及其以外的非语言系统都是符号系统中重要的表意方式，不同的模态即感官可以表达相同、相似或相反的意义。由于多模态话语分析理论对符号系统、感官交互的持续关注，其涉及的多样化的交流、互动模态与教学过程中的教学方法、教学资源、教学互动有密不可分的关联，人们开始尝试将这一理论应用到教学中。20世纪90年代，多模态教学研究在西方逐步形成理论体系和研究方法。1994年新伦敦小组以英语学习为基础提出了"多元识读"的概念，将多模态教学研究与实践作为语言教学的一种重要形式。随后，国内学者也试将多模态教学应用于外语教学领域，胡壮麟从系统功能语言学的角度对意义的多模态构建和多模态识别进行了分析[3]；顾曰国首先区分了多媒体和多模态两个概念的差异，同时以"角色建模语言"对多模态学习进行了结构化数据建模[4]；张德禄则从多模态间的协同与配合、多模态间的互动与转换入手，构建了多元读写能力培养模式的教学框架[5]。

2. 多模态教学理念的概念及特点

多模态教学理念是指在教学过程中，将多种感官模态融为一体，通过多种方法和途径，充分调动学生的多模态认知，使学习者的多种感官协同运

作，使教学形式更加多元化，同时注重培养学生的多模态学习能力和交际能力，使学生学习由被动变主动。不同于多媒体教学以物理媒介为载体的划分，多模态教学以逻辑媒介为基础，将语言、图像、声音、动作等意义构建的多模态系统协同成为最有效的意义表达和交流方式，并在此基础上指导学生借助多模态手段构建意义[6]。多模态教学强调多感官并用，在教学过程中将动态资源和静态资源相结合，通过不同媒介给学生以充盈的多感官体验。多模态教学注重灵活运用和结合多种教学方法，以培养学生的多元化识读能力和良好的交际能力为目标，在多媒体及各种信息技术辅助下，将多种教学模式兼收并蓄，激发学生的学习兴趣，营造良好的教学氛围。多模态教学还强调学生在教学过程中的主体地位，教师在教学中充当引导者、策划者和评价者的角色，学生主动融入教学过程而不是被动学习，从而实现教学的环境化、交际化和生活化。

三、华文教育境外留学生多模态网络教学模式的构建

在华文教育境外留学生网络教学的实践中现代信息技术和计算机网络为教学提供了丰富的多模态教学资源和技术应用空间，这些丰富的多模态资源彻底颠覆了传统课堂教学以纸质媒体和文字等单一模态为主的讲授和学习方式，使得网络教学极具多模态特性，与多模态的教学理念存在很多契合之处。因此，近年来，多模态教学理论逐渐引起了语言教学领域的重视，有关学者倡导运用多媒体等媒介，从字体、色彩、动画、布局和符号等资源着手，在实际教学中运用多媒体技术来表达不同模态的信息，通过刺激学生的多种感官来进行教学，以提高教学的质量和成效。

1. 华文教育师生在构建多模态网络教学模式中的作用

任何教学活动的成功开展都离不开师生之间的积极配合，同样华文教育多模态网络教学模式的构建也离不开教师和学生双方面的准备和努力。

首先，对华文教师而言，在网络教学中，要充分利用多模态的教学手

段，促进课堂情景模态的多样化发展，使得多模态教学的优势在现代网络技术的条件下很好地发挥出来。这要求华文教师在网络教学中做到以下几点：

（1）华文教师在网络教学时要充分利用多模态的教学资源，不能只是简单地沿用传统课堂教学的素材，否则就会造成教学内容表现形式单一、自主学习的资源不足等问题。华文教师可以在多媒体及网络教学平台等工具的辅助下，引入多模态的教学资源，如与主题相关的拓展文本、图片、音频、视频等。通过这些多模态的资源，师生在网络课堂上创建真实的或模拟真实的情境，将多模态悄然融入课堂，激发学生的学习兴趣和主动性。（2）华文教师要制作体现多模态教学生动性和交互性的多媒体网络课件。多模态和多媒体关系密切，多模态是意义表达的形式，而多媒体是其最终在物质世界的实现方式，因此从某种意义上来说，多媒体课件是实现多模态教学的重要方式和手段，多媒体课件制作的好坏是决定多模态教学效果优劣的关键。

（3）华文教师在具体的网络教学过程中可结合多种教学方法，如讲授法、情景教学法、交际法、小组合作学习法、任务型教学法等辅助开展多模态教学活动。华文教师还可以通过语气、动作表情、体态姿势等创造多模态的语境，从而调动学生的视觉、听觉、触觉甚至嗅觉等多感官协同运作参与教学，促进学生非语言的多模态符号的多元识读能力，使教学达到更好的效果，同时培养学生学习的积极性和主动性，增强学习兴趣，促进学生学习自主性的发展。

其次，对留学生而言，由于多模态网络教学和传统的课堂教学在教学形式上和对学生学习自主性的要求等方面都不一样，所以留学生在多模态网络学习中要提高对多模态网络教学的适应性，这要求留学生在多模态网络学习中做到以下几点：（1）留学生要提高多模态网络学习的自主性，相比传统课堂师生之间面对面授课，网络教学的远程性使得教师对学生的约束力和监管力下降，这就对留学生学习的自觉性、主动性提出了更高的要求。如果留学生的学习自主性差，在网络学习中就不能很好地自觉配合老师，有效的教学就难以开展。（2）留学生要提高多模态网络学习的交互性，多模态的教学重视学生在教学过程中的主体地位，把其作为中心，调动学生的自主性和学习热情，因此在多模态网络学习中，学生和教师之间、学生和学生之间、学生和介质之间应该要积极主动地通过各种通信软件和设施进行多方面全方位的沟通和交流，以实现多模态教学的目的。

2. 构建三位一体的多模态网络教学模式

在信息传播途径日趋多模态化和网络教学成为华文教育境外留学生教学常态的当下，将多模态教学模式应用于华文教育境外留学生网络教学，可以培养留学生的独立性、创造性、积极性，提高留学生的华文综合文化素养和应用能力。具体来说，在华文教育境外留学生网络教学中，可以依照多模态的教学理念构建"多模态教学、多模态学习、多模态评估"三位一体的多模态网络教学模式。

多模态教学是指华文教师在多媒体网络环境下，充分调用多模态获取、传递和接收信息，根据华文教育不同课程的特点，采用视频、电影剪辑、录音、图画、图表、实物、道具等传递信息。要实现多模态的教学目的，华文教师应在学好本专业知识的同时，进行计算机方面的学习，提高对于计算机、教学软件、网络等教学手段的熟练程度，以尽快提高在多媒体环境下利用现代教育技术实现多模态教学的能力。此外，在制作多媒体教学课件时注意把各种模态合理而又适当地应用到课件中，一方面利用多种媒体信息刺激学生的感觉器官，使学生在充满声音、图片、视频等交互方式的教学环境中发挥学习的主观能动性，提高教学效率；另一方面注意协调多种模态之间的关系，分清主次，注意信息的呈现方式，吸引学生注意力，帮助学生深入理解教学内容。

多模态学习是指留学生在多媒体网络条件下，培养运用多模态观察、分析、表述各类信息的认知能力，留学生多模态学习主要是通过教师传授和自主学习两种方式进行。要实现多模态的学习目的，首先，要提高留学生学习的自主性，在留学生具体的学习中，充分利用多模态学习的优势，通过多种媒体信息刺激留学生的感觉器官，激发他们的学习兴趣和热情，使他们在充满声音、图片、视频等交互方式教学环境中发挥学习的主观能动性，提高教学效率。其次，以留学生为中心，推进留学生和教师之间、留学生和留学生之间以及留学生和介质之间多方面的沟通与交流。留学生和留学生之间可以就某个问题互相探讨、互相学习，教师和留学生之间可以平等交流，答疑解惑，人机之间通过网络自主学习平台，进行自主学习、探究学习和合作学习。通过自主学习和互动交流，增强留学生对知识的感性认识，更好地理解课堂的教学内容，促进留学生探究和解决具体学习问题能力的发展。

多模态评估需要华文教师和留学生共同采用多模态评价模式对彼此进行互评和自评。多模态教学评估不能只依据传统的期末考试成绩这种单一的评估手段，华文教师和留学生双方都应成为被评估的对象。对于华文教师要评估其使用的多模态教学方法或手段是否合理，此外，留学生亦应对华文教师的教学效果进行评估，华文教师通过留学生的评估来了解教学中多模态运用的情况，通过双向评估可以发现问题、解决问题，进一步提高多模态教学的质量。对留学生的评估要设计多种评估指标和参数，绝对不能从单一的语言文字方面来评估，要加大对留学生运用、辨识、处理多模态信息的能力的评价比例，全面考查留学生能力的发展和提高。

参考文献

［1］陆海云. 网络学习：思维与策略［M］. 杭州：浙江人民出版社，2007：127.

［2］张德禄. 多模态话语理论与媒体技术在外语教学中的应用［J］. 外语教学，2009（4）：15-20.

［3］胡壮麟. 社会符号学研究中的多模态化［J］. 语言教学与研究，2007（1）：1-10.

［4］顾曰国. 多媒体、多模态学习剖析［J］. 外语电化教学，2007（2）：3-12.

［5］张德禄，王璐. 多模态话语模态的协同及在外语教学中的体现［J］. 外语学刊，2010（2）：97-102.

［6］王慧君，王海丽. 多模态视域下翻转课堂教学模式研究［J］. 电化教育研究，2015（12）：70-76.

华侨大学　华文教育研究院

中华文化"云"传播的实践与策略研究

——基于华侨大学"中华文化大乐园·南美园"活动的调查分析①

洪桂治　王云赫　陈婷花②

摘　要：海外华文教育是我国传承与传播中华文化、提升国家语言能力的重要途径之一。新型冠状病毒肺炎疫情的蔓延催化了线上华文教育的发展，如何借助互联网平台推动华文教育的文化传播是当前亟待探索的问题。对线上华文教育传播中华文化的可行性进行分析，并基于华侨大学"中华文化大乐园·南美园"实践开展调查研究，考察线上华文教育传播中华文化的实际成效，进而提出优化方案，以期为中华文化"云"传播提供有效的参考路径与策略。

关键词：华文教育；中华文化传播；文化教学

习近平总书记在中央政治局第三十次集体学习时强调："讲好中国故事，传播好中国声音，展示真实、立体、全面的中国，是加强我国国际传播能力建设的重要任务。"华文教育是"对海外华侨、华人子女在居住地实施

① 基金项目：2018 年度教育部人文社会科学研究项目"基于词义系统的外向型汉语词典多义词释义研究"（项目编号：18YJC740023）。

② 作者简介：洪桂治，女，福建南安人，华侨大学讲师，博士，研究方向为华文教育；王云赫，女，山东东营人，华侨大学在读硕士研究生，研究方向为华文教育；陈婷花，女，福建南安人，华侨大学华文教育处副研究员，研究方向为华文教育。

的中华民族通用的现代汉语语言文化教育"[1]，承担着传承民族文化的基本功能，在维系海外华侨华人与祖（籍）国的联系中起着重要作用。所以，华文教育是中华文化在海外传播的重要路径，也是加强我国国际传播能力建设的重要分支。在当前新型冠状病毒肺炎疫情防控常态化阶段，面对严峻的国际传播形势，华文教育打破传统传播途径，以祖（籍）国牵头驱动、海外华人社团与华侨华人群体协同发展为主要模式，依托网络进行远程教学。通过分析华侨大学在疫情防控期间开展"云端"中华文化传播的实践，探讨华文教育在实现中华文化传播过程中，应该传播哪些文化、如何传播中华文化、传播成效如何等问题，进而丰富中华文化"云"传播的路径与策略。

一、线上华文教育传播中华文化的可行性分析

（一）华文教育自身的中华文化属性

林蒲田（1995）指出，华文教育是"华人在入籍国对华侨、华人子女以及其他要求学习中文的人士施以中华民族语言文化的教育"[2]。贾益民（1998）将华文教育定义为"以母语或第一语言非汉语的海外华人、华侨学生为主要教育对象的中国语言文化教育"，指明了华文教育的范围在境内外。两位学者在定义中都强调了华文教育与中国语言文化的关系。耿虎（2007）认为"通过华文教育保持与继承本民族的语言、文化，既是海外华侨、华人民族情感使然，也是族群认同的需要"[3]，这明确了华文教育中含有中华文化的必要性。胡培安、陈旋波（2018）在阐述华文教育的本质属性——"中华性、文化性、教化性"时也特别提出，"文化性"是指华文教育的主要内容是以汉语为基础的中华文化，"华文教育更注重中华文化知识和价值精神的系统性传播，除中华文化基本知识教学外，也更强调对海外华侨华人及其子女进行中华民族精神、中华伦理、道德和价值观等文化核心内容的认知教育、体验教育和认同教育"[4]。可以说，华文教育的性质和特点决定了华文教育具有中华文化传播的功能。与其他传播形式相比，华文教育

又突出了自身对海外华侨华人在文化继承和教化上的特殊本质，作为中华文化海外传播的重要桥梁，其在中华文化传播中扮演着重要角色。

（二）互联网赋能中华文化传播

在当今信息化时代，中华文化与互联网的深度融合打破了时空限制，实现了其在海内外的广泛传播。徐文（2020）指出："从时代进步发展的趋势来看，互联网和数字科技既是中华文化实现对外传播的时代背景，也是利用科技创新、加工、包装、传播中华文化的有效手段，更是中华文化实现世界内高效传播的主要渠道和平台。"[5]借助网络进行中华文化传播，使得传播速度更快、传播范围更广、经济效益更高。互联网强大的交互性能够通过更丰富的文化形式与内容打破传播壁垒，让世界看到中华文化，从而消融意识隔阂。伴随着数字技术的不断革新，中华文化的传播途径及手段也随之创新，目前中华文化线上传播的有效途径包括：国家官方网络媒体平台，各地侨办、孔子学院及华校等致力海外文化传播的媒介，以文化传播为手段开展商业活动并产生经济效益的文化企业、公司，以及以社交交互为主的网络数字媒体，尤以自媒体、新媒体为特色。这四种数字化传播手段有效推动了中华文化的线上传播。

（三）华文教育在互联网中的探索与融合

"世纪之交，互联网技术进入普及阶段，在教育、传媒中广泛使用，为华文教育、中华文化传播开辟了新空间。"[6]由于互联网有效解决了传统华文教学活动的地域限制，自20世纪90年代以来，许多远程教育网站、华文教学网站、各类华文远程教学栏目陆续建立，从官方部门到各类私营企业都在为探索融华文教学与互联网技术为一体的远程教育系统而努力。在探索阶段，远程华文教育仍然存在很多问题。"从整体上来讲，中文网络远程教育起步晚，互联网技术应用水平不高。尤其是精通计算机技术与优秀华文教师相结合的复合型人才相当缺乏。"[7]在海内外各界人士的不断努力下，华文教育与互联网的融合逐渐深入。黄鸣奋（2008）指出："要充分发挥网络教育的长处，必须扫除课件制作、网站建设、视频传输等方面所存在的障碍。"他分析了未来线上教学模式的改变，提出"学历教育与非学历教育并重、家庭点播与教学点学习并重的设想"[8]。后来，又有了"互联网＋华文教育"的产生。朱敏（2017）从市场化商业模式入手，探索创新"线上＋线下""华校＋外校"的新型教学运营模式，借助更先进的科技手段辅助远程教学[9]。2020年新型冠状病毒肺炎疫情骤起，更加速了华文教育与互联网的联合，"互联网＋华文教育"成为疫情防控期间海外华文教育发展的主要形式。

二、中华文化"云"传播实践探索——华侨大学"中华文化大乐园·南美园"线上团组开展情况

为助力海外华文教育的发展，有关部门和教育机构搭建了多层次、多元化的平台，并形成了具有广泛影响的品牌项目，如"中华文化海外行""华文教育名师巡讲团"等，这些项目在中华文化"走出去"的进程中发挥了重要作用。在疫情防控的特殊时期，为保证中华文化传播的持续性，部分品牌项目将线下活动转为在线上进行，如中国侨联主办的"亲情中华·为你讲故事"网上夏/冬令营、中国华文教育基金会推出的线上实景课堂项目等。项目开展方式的转变必然导致教学、教材、教法等诸多因素的改变。如何在"云端"建立起专业化、规范化的教育教学模式，如何充分利用现有"云端"资源、开发新资源融入教学，如何进一步规划未来华文教育发展方向等问题也随之出现，成为项目主办方不断探索的新内容。下文即以华侨大学承接的"中华文化大乐园·南美园"（下文简称"南美园"）为例，对线上中华文化传播的实践情况进行梳理。

（一）中华文化大乐园

"中华文化大乐园"（CHINA FUN）是国务院侨务办公室、中国海外交流协会推出的一项海外华文教育品牌项目，旨在增进海外华裔青少年对中

华文化的了解。与"中国寻根之旅"等项目的"请进来"模式不同，中华文化大乐园的"乐园模式"突出让中华文化"走出去"，把中国文化精品课程输送至海外。大乐园教学周期一般为三至五周，"它短期集中、灵活多变、寓教于乐、因材施教、交互性强、教学性质双重"[10]，与孔子学院模式、海外华文教育的本土模式、留学生来华文教育育模式相辅相成。

大乐园主要办营模式是：以中华文化为主题，根据不同国家华裔青少年的特点和需求，组派国内优秀教师赴海外，通过开设汉语知识、中华武术、民族音乐、民族舞蹈、中国书法、绘画、传统手工艺等课程，达到"五个一"的基本教学目标（即学会一首歌、一支舞、一套拳、一幅画、一件手工艺品），在海外华裔青少年的心中种下中华文化的种子。疫情之下的大乐园活动，在坚持原有办营宗旨的前提下，传播场域从线下转为线上，借助网络实现活动的不间断开展。

（二）线上"中华文化大乐园·南美园"办营情况

华侨大学承接的"南美园"线上团组于2021年7月11日至7月22日举行，为期十二天，其具体情况如下。

1.教学对象

"南美园"共有来自巴西、阿根廷、玻利维亚、秘鲁、智利的431名华裔青少年在线学习。其中，巴西学员最多，有246人；阿根廷、秘鲁各有60余人。各国学员的具体数量如图1所示。由于此次线上大乐园的国家、华校和学员相较线下数量多，学员年龄差距较大，且各华校情况复杂，承办方对教学对象进行了前期调查。结果显示，有41%的学员已拥有一种或多种中华文化相关的特长技能，但仍有59%的学员尚未有相关才艺特长；在"感兴趣的课程"调查中，有36%的学生对"画画"感兴趣，有16%左右的学生对"舞蹈""手工"感兴趣，仅有不足10%的学生对"唱歌""中华武术""朗诵"课程感兴趣。值得关注的是，有部分南美学员表达了对"语文""数学"等学科科目的兴趣。

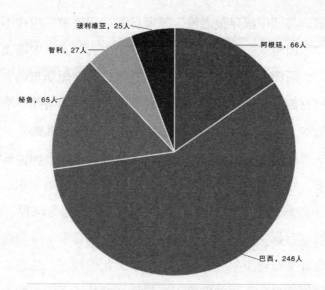

图1 线上"中华文化大乐园·南美园"学生国别分布图

2. 教学目标

南美园遵循"中华文化大乐园"项目总部署,以"五个一"为基本教学目标,聚焦文化体验,区别于院校开展的线上中文教学课程。除了"文化体验"的核心目标,此次活动还有两个附属目标。前期调查显示,约有45%的学生中文水平为初级或未测等级,因此,把汉语语言教学融入文化体验教学成为此次活动主要教学目标之一,以通过语言学习激发参营者主动了解中华文化的内在动机。同时,由于线上教学在客观上抑制了情感体验及社会交互的实现,此次活动通过创新线上教学方式提升学生的文化体验感,以弥补线上教学的情感交互性和直观体验性的缺失。

3. 课程设置

课程主体依然参照线下"乐园模式",以"学会一首歌、一支舞、一套拳、一幅画、一件手工艺品"为宗旨,共设置了与中华语言文化相关的三种课型:汉语技能教学、文化教学、中华才艺(技能)教学,共计十门课程,课程设置均以体验文化为核心,具体如表1所示。

表1　线上中华文化大乐园南美园课程设置情况

课程类型	课程名称		
汉语技能教学	趣味汉语		
文化教学	实景课堂		
中华才艺（技能）教学	中华舞蹈	中华武术	中华剪纸
	中国书法	中华国画	汉语歌
	诗词朗诵	蜡笔画课	

据前期调查显示，南美华裔青少年学员具有年龄差距大、才艺水平不均衡、对舞蹈很感兴趣等特点。为确保每位青少年都能感受到中华文化，并平衡不同水平层次的学员，此次课程设置将部分课程按特色和难度进行编排，如绘画课分为老幼皆宜的"中华国画"和小孩子喜爱的"蜡笔画课"；"中华舞蹈"课分为基础班和提高班，难度等级由小至大。"实景课堂"课程也是此次"南美园"首次尝试的课程，即借鉴中国华文教育基金会所制的"中华文化实景课堂"，依托国内真实的文化场景呈现教学内容，让学员们利用现代科技手段远程实时体验中国实景文化，增强现场临场感，注重情感体验。此外，"南美园"在设置课程时考虑到青少年的年龄层次及其心理特征，需要父母陪伴学习，由此还特别设置了面向家长的有关疫情防控、青少年心理等内容的专家讲座，让陪伴孩子的父母也参与到团组活动中。

4. 教学模式

此次"南美园"教学采用"直播＋录播"的形式进行，直播为主，录播为辅。直播授课依托海外较为普遍使用的线上直播授课平台ZOOM进行。

在线上教学的过程中，运用基于文化的体验式教学法，以快速激发学习者兴趣，让学生"在情中学"，最后达到"情知合一"的目标。教学以"入境激情—对话移情—探究动情—实践纵情—评述析情"体验式教学为基本模式[11]。相较线下乐园模式，线上大乐园更强调创设文化环境、促进情感认同的重要性，以弥补线上教学在真实场景体验、面对面情感交互等方面的不足。例如，在"人境激情"的过程中，教师会通过自行录制与课程相关的拓展知识视频、为相关华校提供学习工具以及协同家长进行课下监督三大环节共同营造文化体验云课堂的教学情境，构建出能够激发学生学习中华文化的内在动机的"学习场域"，最终达到"学—情"交互的体验教学目的。

5. 教学流程

"中华文化大乐园·南美园"线上团组的开展共分四大步骤：前期研发准备、中期线上教学、后期反馈总结以及创新发展模式。具体流程如图2所示。

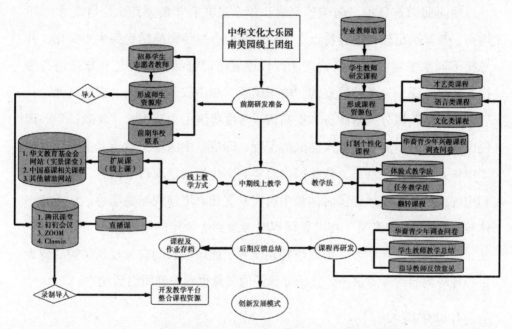

图2 线上"中华文化大乐园·南美园"教学流程图

在前期研发准备过程中，通过线上教师培训、个性化课程定制等形成专业化的师生资源库和规范化的课程资源包。华侨大学往期中华文化大乐园项目主要在东南亚地区展开，因线上教学的便利优势，遂可将大乐园活动逐步开展至远距离的南美地区。然而由于缺乏对该地区的了解且教学经验不足，因此前期调研至关重要。

在中期线上教学过程中，由教师开展授课，并根据学员情况实时调整线上教学方式、教学内容，增强线上教学交互性。一方面，整合线上华文教育资源，如中国华文教育基金会实景课堂、中国慕课等；另一方面，以"语言＋文化＋体验"结构为基本教学模型，借鉴翻转课堂的教学模式，将录播课与直播课有机结合。线上教学尤其是才艺类教学对"南美园"的师生双方都是一个巨大的挑战，急需创新、总结经验，提升文化沉浸感。

在后期反馈总结以及创新发展模式过程中，根据学生课程作业的完成情况及课后总结调查，进一步整合、研发，探索有效利用资源的途径，开发针对线上"乐园模式"的教学平台，最终形成更优化的线上教学范式。

三、线上"中华文化大乐园·南美园"教学成效调查

（一）问卷设计与调查实施

项目组利用微信、"问卷星"等对参与此次项目的华裔青少年进行问卷调查，以了解华裔青少年对此次"南美园"的满意程度、对线上中华文化教学的接受程度、学生的信息素养及其对线上教学的态度等。问卷共设置22个问题，分为基本信息、对中华文化大乐园与线上教学的态度、对中华文化的接受程度和课程反馈、对中华文化大乐园的建议四个部分。

问卷向参与此次"南美园"且愿意接受调查的华裔青少年发放，共发放问卷55份，回收问卷51份，有效问卷50份，问卷有效率为98%。被调查者大部分来自巴西（44名），小部分来自阿根廷（3名）、秘鲁（3名），年龄5岁至15岁不等，包括男生12人、女生39人。被调查者在参与线上大乐园前大部分都接触过网课，并且约86%的华裔青少年曾经接触过与汉语相关的课程，68.63%的华裔青少年第一次接触"大乐园"项目。

（二）调查结果统计与分析

1. 关于线上文化课程学习动机的调查

如图3所示，对于"为何参加此次中华文化大乐园"，学员的动机是多

样的。有70.59%的学员是因为"个人兴趣，非常喜欢中华文化"，有47.06%的学员是因为"父母希望我参加"，还有学员因为"学校统一组织""与朋友约好一起学习中华文化""个人未来发展与中国有关"等原因参与此次活动。可以看到，这些来自南美的华裔青少年，大部分对中华文化有着强烈的情感，对学习中华文化持积极态度。这是由于他们大多为新移民子女，属于移民第二代、第三代，与祖（籍）国有深厚的情感联系。加上南美地区距离祖（籍）国较远，该地区华文教育相对欠发达，他们更为珍惜这样的学习机会。"情感在第二语言习得中起着极其重要的作用，其中的动机因素是激励个体从事某种行为的内在动力，常体现为达到某种目的而付出努力的愿望"[12]，在调查中，华裔青少年体现出学习中华文化强烈的内在动机，这是中华文化能够有效传播的关键。

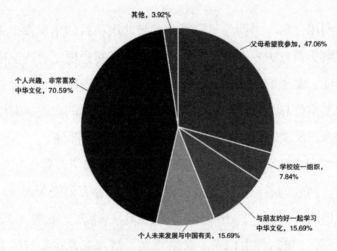

图3　学员参加线上中华文化大乐园的动机调查

2. 关于线上文化课程学习经历与学习偏好的调查

调查通过"你上过哪些文化课程？"和"这些网课中，你最喜欢的三门课是？"了解华裔青少年对线上文化课程的接受度与学习偏好。如图4所示，中华手工是被调查者普遍学习过的课程，学习者占比高达88.24%。趣味汉语、蜡笔画、中国画、诗歌朗诵等课程的学习率也较高，都在50%以上。

所学是否为所爱？如图5所示，中华手工、蜡笔画是被调查者较为喜欢的课程，但他们对其他课程的喜爱度并不理想。尤其是诗歌朗诵，60.78%的人学习过，但仅有17.65%的人喜爱；趣味汉语情况与诗歌朗诵相似，66.67%的人学习过，仅有35.29%的人喜爱。

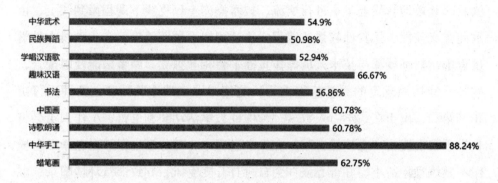

图4　被调查者学习过的中华文化课程情况

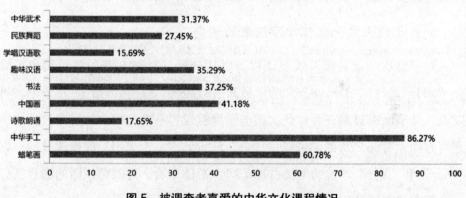

图5　被调查者喜爱的中华文化课程情况

　　可以看到，大部分被调查的5岁至15岁学员在选择喜欢的课程时会倾向于才艺或技能类课程（如中华手工等）。参与此次营团活动的学员多为儿童、少年，身心特征表现为"小学生身体发育较平缓；心理方面发展较为迅速，以形象思维为主；好奇心和模仿力强，但有意注意时间短暂，注意力容易分散；依赖性严重，独立性不够"[13]。因此，此次"南美园"注重低龄学员的需求，以实践性强的课程吸引学员的注意力，这是符合华裔青少年兴趣的，因而受到大多数学员的喜爱。

在全部中华才艺类课程中，中华手工和蜡笔画课相对受欢迎。而学唱汉语歌、诗歌朗诵这类课程处于相对劣势，这与线上教学的交互性差有很大关系。影响交互性的主要原因在于：第一，受网速、线上人数的限制，教师无法及时有效地与线上学员进行交流，技术操作上仅将线下课程搬到线上，以致此类交互性、体验性较强的课程无法达到线下预期效果。在此次线上教学过程中，教师授课与技术人员操作直播平台相互独立，两者未能及时配合，教师只能按照既定的教学流程进行，这使得课堂的体验性和创新性大打折扣。第二，由于在线学习人数多，为保证教学活动顺利进行，工作人员会将教学平台设置为"全体静音"。在教学过程中，部分学生由于对教学平台操作不熟练且年龄小、好奇心强，会自行打开麦克风，导致课堂环境嘈杂、混乱，这使得教学方不得不"强制静音"。这一操作无疑也大大降低了教学的交互性。

3. 关于线上文化课程学习效果的调查

对于此次"南美园"线上课程，以10分计，有66.67%的学员给出了满分"10分"，打"9分、8分"的学员共占31.38%，仅有1人给了"5分"。可以说，几乎所有被调查者对此次南美园课程设置是满意的。在授课教师的满意度方面，有86.27%的学员以"10分"评价此次"南美园"的授课教师；以"8分"和"9分"评价的学员占13.73%。总体来看，对教师授课的满意度打分全部在"8分"以上，教师得到了学员的普遍认可。

在此次"南美园"线上教学结束后，有70.59%的学员表示能从课程中深刻感受到中华文化的魅力，有80.39%的学员在未来非常想继续了解中华文化。通过此次线上大乐园教学，学生能够通过文化课程体验到中华文化并想继续学习及深入探究，表示此次大乐园教学达到了教学目的，中华文化传播达到了预期效果。在进一步了解中，100%的学员表示将来"一定会到中国"，64.71%的学生表示"非常想到中国学习"。

对于"你还想学习什么中华才艺或接触什么中华文化？"这一问题，学员对不同类型的中华文化课程展现出不同的态度。有70.59%的学员选择云旅游或中国实景课堂，60.78%的学生选择饮食厨艺，58.82%的学生希望学习乐器弹奏；而只有不到一半的学生选择中华国学，仅有29.41%的学生选择诗词鉴赏。大多数学员仍旧选择了体验性、动手性强的课程，这类课程也应成为未来课程设置的重点。而诗词鉴赏、中华国学等课程，具有较高的审美价值和传承意义，但仅有小部分同学选择，这就需要授课教师对此类课程的教授进行改革和创新，在传统文化中注入新时代的血液，以激发学员的学习兴趣。

4. 对线上文化教学方式接受度的调查

调查显示，有39.22%的学员更喜欢线上课程，有60.78%的学员更喜欢线下课程。学员对线下课程的偏好显而易见，对线上课程的接受度有限。

但学员对线上文化教学的优势表示了充分肯定。如图6所示，有80.39%的学生认为线上文化教学在可以多次观看这一点上显著优于线下教学。各有33.33%的学员认为线上文化教学上课时间自由、上课压力小，还有21.57%的学员认为线上学习资源更广泛。此外，有9.8%的学员认为线上教学与老师、同学交流更方便。

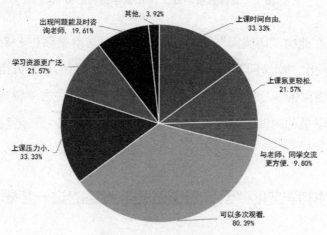

图6 被调查者对线上文化教学优势的分析

与此同时，学员也指出了线上文化教学的不足。如图7所示，上直播课时注意力更容易分散和网络不稳定是学员认为线上文化教学存在的最主要的问题，各有56.86%的学员持此观点。与前文有9.8%的学员认为线上教学与老师、同学交流更方便相对照，有47.06%的学员认为与同学、老师沟通不方便。有33.33%的学员认为长时间网络学习影响视力。值得注意的是，有5.88%的学员认为授课平台使用不熟练是线上文化教学存在的问题，这也反向反映出，被调查的华裔青少年对互联网、各类平台的使用较为熟练，信息素养较高。

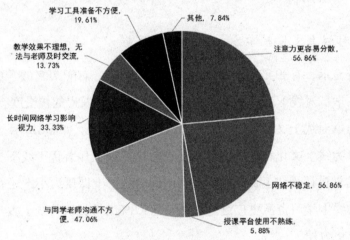

图7　被调查者对线上文化教学劣势的分析

此外，在此次"南美园"活动中，由于中国与南美存在十余个小时的时差，且参与此次"南美园"的五个国家之间也有时差，所以学员指出在课程设置的时间方面存在学习时间太晚或太早的问题。协调好主办单位与各参与方、授课教师与学员的时间，是今后在不同时差地区开展线上文化教学要解决的问题。

四、对中华文化"云"传播路径与策略的进一步思考

根据上文的调查可知，南美地区华裔青少年对线上中华文化教学偏好

文化体验（技能）类课程。大部分华裔青少年对线上华文教育不排斥，但在初期对线上教学并不适应。目前，线上中华文化教学的发展处于初步探索阶段，利用互联网进行中华文化"云"传播可解燃眉之急，有跨时空、授课方式多样、时效性强等优势，但仍暴露出网络不稳定、教学环境嘈杂、交互性差、学生注意力不集中等显著问题。因此，中华文化"云"传播可考虑从以下方面进行精细化应对。

（一）平台建设：巧用现代信息技术，构建教学专属平台

据了解，现阶段中华文化"云"教学的依托平台主要有腾讯会议、钉钉、ZOOM等，然而此类平台的设立初衷并非为教学，其诸多功能无法为教学服务。此次"南美园"教学也遇到许多问题，如为保证教学正常进行，只能"全体强制静音"，无法开展即时高效的师生互动。教学平台的不完善导致"云端"教学无法精准服务师生，中华文化传播力大打折扣。

当前，大数据、云计算、人工智能等技术已广泛应用于各领域，将现代技术与教育相融合，构建教育教学"专属"平台，使其能够实现适用于各类教学模式、增强师生交互功能、智能处理教学信息、大数据分析学习者行为、构建学习者虚拟画像等目标。现阶段，各大高校、在线中文学习平台以及各教育机构应积极探索现代教育技术，不断促进信息技术与文化教学的深度融合，避免数字鸿沟。

（二）师资培养：提升师生信息素养，形成良好的人机互动

此次"南美园"在前期准备时，设置了任课教师、技术人员、助教老师三方结合的教学团队，不同身份的责任者各司其职，确保直播课程的顺利进行。以"课程优先"配备充足师资力量，保证了教学和秩序，但这并非长久之计，会产生人力资源浪费等问题。

李宝贵（2021）指出："提高教师的信息素养是实现国际中文教师综合素质提升的重要内核，也是后疫情时代国际中文教育健康持续发展的重要保

障。"[14]后疫情时代，远程文化传播的重要力量是教师，提升一线教师的信息素养对教育活动的效果和质量至关重要。因此，应将信息素养纳入专业培养培训体系，从教师培养的起点便设置有关信息技术的课程。同时，目前一线教师急需培养综合自学能力，提高自我学习动机，以满足现代社会对跨学科、综合性人才的需求。至少，教师应能在既定的平台上，独立完成高层次远程直播教学。

（三）课程设置：传统与现代融合，针对区域差异精准"投喂"

从线上文化传播机制来看，依托互联网进行传播需要考虑传统文化与当代优秀文化的融合。"只有符合文化互动的普适性、关注文化受众的体验性、体现民族文化的现代性，且兼具历史文化意义与当代社会价值，能够最大限度地呈现中华文化面貌与特性的数字文化才能得到世界的认同。"[15]在此次"南美园"的教学中，诗歌朗诵这一项学习内容没有达到预期效果，要想将承载着中华传统文化精华的古诗在教学中让华裔青少年理解并接受，需要教师结合现代故事和学员所处的本土文化，激发青少年的情感共鸣，这样才能让学生在朗读较难理解的古诗中找到乐趣。

受世界各地社会环境对华政策、海外本土教育政策等诸多因素的影响，线上华文教育的发展及资源配置不均衡，不同地区的华裔青少年对祖（籍）国、对中华文化的认同度亦存在差异，所以在不同区域开展中华文化"云"传播时要充分考虑以上因素，精准传播。同时，尽管线上教学对中华文化"云"传播存在诸多限制，但传播主体是人，打造特色精品课程、利用课程特色去激发、提升学习者学习中华文化的内在动机，是中华文化成功"云"传播的关键。如，此次"南美园"的中华手工课深受华裔青少年的喜爱，如何对教学内容精细加工，精进教学方式方法，凝练课程特色和品牌，提升课程竞争力，吸引更多华校及学生的目光，就是活动承办方后续要着力推进的工作。

（四）教法创新：以学生为中心，融合新媒体技术

此次"南美园"运用的大乐园模式以寓教于乐为核心理念，大多为体验性才艺类课程，需要师生动作、声音等方面的配合，不能仅囿于屏幕中。因此，要想在教学中达到双方的教学相长，不仅需要技术的支持，教师的教学方式、方法同样至关重要。直播教学是重要渠道，但"通过与华文教育网、华文新兴网络传媒的合作，多渠道、多角度地宣传中华文化，以动画、短片、音乐等创新形式展示中国的历史文化风貌及现当代的变化与发展"[16]也很关键。提高线上中华文化传播的趣味性，要充分利用现有的教学法，如产出导向法、任务型教学法等与线上文化体验式教学相结合，积极探索能够高效传播中华文化的方法，让中文课堂不枯燥，充分带动学生的学习兴趣。在课程设置和教学准备中，增设实践性强、动手性强的环节，以适应青少年的年龄特点，吸引学生的注意力。

参考文献

［1］李方. 含有母语基因的非母语教学：海外华文教育管见［J］.语言文字应用，1998（3）：42-45.

［2］林蒲田. 华侨教育与华文教育概论［M］.厦门：厦门大学出版社，1995：8.

［3］耿虎. 试论华文教育的多样化构成与中华文化的多层次传播［J］.世界民族，2007（1）：50-55.

［4］胡培安，陈旋波. 华文教育与中华文化传承［M］.北京：社会科学文献出版社，2018：9

［5］徐文. 以数字文化推动中华文化全球传播［J］.人民论坛·学术前沿，2020（8）：132-135.

［6］刘权华，董英华. 互联网技术拓展华文教育空间［J］.八桂侨刊，2002（2）：32-35.

［7］林坚. 论科技传播中的信息选择［D］.北京：中国人民大学，2000.

［8］黄鸣奋. 建设网络平台　服务华文教育［J］.海外华文教育，2008（1）：1-5.

［9］朱敏，郭镇之. 华文教育　网络传播［J］.教育传媒研究，2017（5）：33-35.

［10］沈玲. 海外华文教育中的短期教育模式研究：以华侨大学"中华文化大乐园"为研究对象［J］.云南师范大学学报（对外汉语教学与研究版），2012，10（2）：77-84.

［11］胡尚峰，田涛. 体验式教学模式初探［J］.教育探索，2003（11）：49-51.

［12］刘珣. 对外汉语教育学引论［M］.北京：北京语言文化大学出版社，2000：218.

［13］李屏. 教育学［M］.武汉：华中科技大学出版社，2011：89.

［14］李宝贵，庄瑶瑶. 后疫情时代国际中文教师信息素养提升路径探析［J］.语言教学与研究，2021（4）：34-43.

［15］俞睿.跨文化背景下中国文化的艺术化传播策略［J］.江苏大学学报（社会科学版），2021，23（2）：84-91.

［16］王雪琳，郝瑜鑫. 华文教育搭建中华文化海外传播桥梁［N］.中国社会科学报，2020-06-23（3）.

华侨大学　华文教育研究院

华侨大学　华文学院

华侨大学　华文教育处

基于"产出导向法"的汉字教学设计

杜静雪

摘　要： 在对汉字教学研究历程进行综述的基础上，探讨在"电书为主、笔写为辅"的时代，汉字教学应做出相应调整，以充分利用信息科技为汉字产出带来的便利。选择主张"学用一体"、重视产出的"POA（产出导向法）理论"来指导汉字教学，从输出驱动、输入促成、评价这三方面进行教学设计，希望能为汉字教学提供新的思路。

关键词： 汉字教学；对外汉语；产出导向法

一、汉字教学研究综述

以"汉字教学、对外汉语"为主题，本研究在知网搜索到118篇发表在北大核心和CSSCI刊物上的相关文章，均为中文文献。其中搜索到最早的一篇关于汉字教学的文章是1986年张静贤发表在《语言教学与研究》上的《谈谈对外汉语教学中的汉字课》[1]。这篇文章作为最早开始研究汉字教学的论文，对汉字课应该如何上、汉字应该如何教的问题，提出"汉字课应该把知识性、理论性和实践性结合起来"的设想，为后续研究的开展提供了思路。

从学界已有的对外汉语中的汉字教学的研究来看，对于汉字教学的研究可以概括为两个大范畴：汉字教学的核心范畴和汉字教学的边缘范畴。其中汉字教学的核心范畴包括三个方面：从教学方法看汉字教学、从汉字本身看汉字教学、从学习者的角度看汉字教学。汉字教学的边缘范畴包括四个方面：汉字教材的编写问题、汉字偏误分析、汉字教学的对内对外差别、汉字文化与汉字教学。[2]

笔者查阅近五年关于对外汉语汉字教学的文章，研究趋势转为更细致地研究在某一方法理论或某一视角下的汉字教学，如：郭修敏《基于后方法理论的"汉字—词汇"二元动态教学模式探索》（2016）、孟斌斌《文化视角下的对外汉语汉字教学》（2015）；或针对某一教学对象在习得汉字中的策略进行研究，如：李雁同《基于英俄两国学生认知汉字心理的书写教学策略研究》（2019）；或是作为二语教学中的汉字在某一方面的教学，如：覃俏丽《对外汉语教学应重汉字意识培养》（2017）、鲁馨遥《汉字书法教学在对外汉语教学中的应用》（2015）。总的来看，对汉字教学的研究更加细化了，研究领域也越来越多地补充了先前研究的空白；但汉字教学至今仍旧是对外汉语教学中一个"老大难"问题。"汉字与汉语的关系也有自己的特点，不同于拼音文字与其所属语言的关系，因此汉语教学的路子应当有别于使用拼音文字的语言的教学路子。"[3]汉字作为一种表意的象形文字，完全不同于作为记音符号的拼音文字，汉字的教学也不应该照搬拼音文字的教学法，而应该根据汉字的本体特点、教学难点、教学对象的特点来创新自己的教学方法，这也正体现了汉语作为二语教学的独特之处。

随着信息科技的发展进步，利用信息技术，学习者可以使用拼音、语音等转化的方式输出汉字，因此汉语学习者需要掌握的汉字能力和以往相比有所不同，也使得汉字教学的目标发生了变化，对汉字教学提出了新的要求。

"产出导向法"提出的"学用一体"理念符合汉字教学的实践性，即学习者的所学要为所用服务；同时，该教学法的"选择学习"说为汉字教学提供了新的思路，即在借助信息技术的前提下，学习者需要掌握的汉字能力可以有所取舍，如借助语音输入等方式，学习者使用汉字进行交流，只需做到能够识记和辨认汉字。因此本研究围绕汉字教学的核心范畴，继续探索汉字教学的方法，并尝试在"产出导向法"的理论指导之下，为二语教学中的汉字教学提供一种新的教学设计。

二、理论基础——"产出导向法"

（一）"产出导向法"的产生

"产出导向法"（production—oriented approach，POA）是文秋芳及其团队在2015年提出的一种本土语言教学法，其原型是文秋芳提出的"输出驱动假设"[4]，POA自产生至今经历了五次修订，最初是运用于国内英语教学的方法理论，在多年的教学实践中积累了丰富的经验方法；文秋芳在2018年发表了《"产出导向法"与对外汉语教学》一文，将POA理论正式引入对外汉语教学，为汉语作为二语教学带来了全新的理论与方法。

（二）POA 的理论体系

在第五次修订后，POA的理论体系确定由教学理念、教学假设、教学流程三部分组成。如图1①：

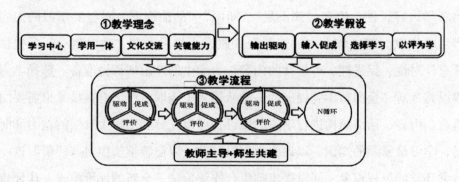

图 1　POA 的理论体系

---

① 图1来源于文秋芳2018年在《世界汉语教学》上发表的《"产出导向法"与对外汉语教学》一文。

1. 教学理念

教学理念包含学习中心说、学用一体说、文化交流说和关键能力说。POA提出学习中心说，挑战流行许久的学习者中心论。POA理论认为，强调以学生为中心，容易导致学习者与教师在课堂教学中发挥的教学功能占比失衡，从而弱化教师在教学时起到的传教授业的作用。POA的学用一体说旨在解决当前语言教学中的"学用分离"问题，指出语言教学中的输入应该与要求学习者输出的语言结构、知识、技能紧密相关，且在时间上不应有过长的间隔。文化交流说提出了一个处理对外汉语教学中文化差异性的新想法，该想法主张不同文化可以在交流中对话，相互理解；POA理论通过文化交流说希望达到让更多不同文化背景的学习者了解中国、尊重中国文化的教学愿景；学习者能运用学习的汉语介绍自己的文化，达到两种文化的平等交流。针对学习汉语的国际学生，POA的关键能力说指出，学习者在语言学习中应掌握语言的迁移能力、独立自主的学习能力和团队协作能力等关键能力。

2. 教学假设

POA提出了输出驱动、输入促成、选择学习、以评为学这四个教学假设。输出驱动假设指在教授新知识前，让学习者根据自己现有知识储备来输出新学内容，使学生在"知不足""知困"[5]的前提下，对将要学习的内容产生求知欲。POA体系中的输入促成假设为学习者在"输出驱动"后提供了有针对性、促进性、可学性的内容，为学生的产出训练做准备。选择学习假设是针对"全面精学"提出的一种从输入中选取对产出有直接紧迫需要的语言、内容、话语结构进行学习的假设；可以充分利用学生有限的精力和时间，学习最紧要的知识。以评为学假设打破了以往教学法中对"评价"这一教学环节的忽视现象，同时提出师生合作评价这一全新的评价模式，让评价环节能够及时给予学生反馈，让学生能获得二次学习的时间。

以《新时代汉语口语》（中级上）第7课"网购与生活"为例①，在"输出驱动"环节，编者为教师提供了教学热身视频，引发学生讨论"在中国，网购有哪些特点"这一话题。此话题贴近学生的生活，让学生有语言输出的意愿，同时学生会因受到表达能力的限制从而对本课程所学内容产生求知欲。在"输入促成"环节，编者在生词和课文中为学习者提供了与"网购"话题相关的词汇和常用表达，为学习者的产出训练提供语言材料。在"选择学习"环节，编者在口语表达练习中用指定词语或提供"小词库"的方式，为学习者挑出对产出最有用的语言材料进行练习和记忆。在"以评为学"环节，编者没有在教材中具体给出操作步骤。根据这一假设的构想，在学生完成一个口语表达练习后，教师会请班级同学互相评价，之后教师给出专业评价，从而达到强化学习的目的。

3. 教学流程

第五次修订后的POA体系的教学流程由若干驱动—促成—评价组成的循环链构成。这种由各自独立的教学环节循环构成的教学流程把教学目标中大的产出目标分解为若干小的产出目标，使每个小目标都能得到充分的学习和及时的产出训练，并通过师生合作式的评价方式及时给予反馈。帮助学生在分步掌握难度较低的小产出目标的过程中习得更多汉语知识，同时为解决大产出目标提供了充分的储备。

仍以《新时代汉语口语》（中级上）第7课为例，编者在本课设置了课文练习、角色扮演、话题讨论、任务练习这四类口语表达练习。这些练习的种类虽不同，但都指向一个共同的产出目标——"网购"话题表达，围绕这一产出目标，每个小的产出训练都按照"驱动—促成—评价"环节来操作。如角色扮演练习中，学习者通过扮演老人和子女，解决老年人网购时可能遇

---

① 《新时代汉语口语》是以 POA 为指导理论，面向中高级汉语学习者的一套口语教材，由朱勇主编，外研社出版。教材中每课体例均按照"产出—输入—产出"的教学顺序，从语言、内容、结构三个维度为学生建构产出支架，从而实现促进学用结合、提升成段表达能力的教学目标。

到的困难，完成与之相关的口语表达训练。通过教材设置的情景，学生获得了"输出驱动"，在"小词库"提供"输入促成"的帮助下，学习者进行产出训练，同时教师坚持"以评为学"，在学习者互评和教师点评的过程中，强化学习者的学习效果。

（三）POA 在对外汉语教学的应用

POA虽然是一种新兴的教学法，但已有不少研究将其运用在对外汉语教学中，李代鹏（2019）[6]针对POA在对外汉语教学中的有效性进行了实验研究，他的研究结果指出POA能够有效提升学习者的汉语总体水平，特别是在写作方面，强调输出练习与输入促成的POA理念能够有效提升汉语学习者的语篇意识、句法能力、话语分析能力和语用能力。刘露蔓等人（2020）[7]研究了POA运用在海外汉语综合课上的教学效果，并得出POA教学能有效提升学生的阅读、写作能力，促进学生语言产出水平提高的研究结果。

前人对POA在对外汉语教学中的有效性研究，证实了在POA的指导下进行汉字教学的可行性，也为本文提出的汉字教学设计提供了指导。

三、基于 POA 的汉字教学设计

（一）汉字教学新局面

随着信息技术的快速发展，汉字书写的新时代已悄然到来。这是个"电书为主，笔写为辅"①的时代，电子设备的功能日益多样，满足了人们在日常大多数情况下的汉字书写需求，因此也出现了电书逐步替代笔写的现象。同时，电子设备上的书写方式也在不断多样化，通过科学技术，能将拼音、语音、外文、脑电波形式的输入经过转换呈现为汉字。

---

① 观点出自储诚志在 2020 年 10 月 20 日欧汉会"全球汉语二语教育"论坛（第二讲）"汉字能力的时代嬗变与国际汉语课程体系的因应发展"。https://k.cnki.net/CInfo/Index/10419.

汉字书写新时代的到来对人们需要掌握的汉字能力提出了新要求，也使汉字教学目标发生了变化。以往对于二语学习者来说学习汉字最大的难处在于书写，而现在借助电子工具能更简单快捷地产出转换后的汉字。这就使得学习者需要掌握的汉字实用能力集中在认字与辨字两方面。

在现有技术条件的支持下，对外汉语中的汉字教学可以将教学重点放在培养学生认字和辨字能力，结合拼音教学，熟练使用电子设备将语音形式的输入转换为电书，满足学生用汉字同他人进行交流的需求。POA提出的"学用一体说"也强调让课堂所学满足学生日常用字所需。因此，本研究在POA理论体系的指导下，进行了尝试性的汉字教学设计，从而探索POA模式在汉字教学中的运用效果。

（二）基于 POA 的汉字教学设计

1. 教学目标

（1）交际目标。运用POA理论进行汉字教学时，要达到的交际目标是使学习者通过"输出驱动"环节对将学的汉字产生求知想法，在输入促成环节，有选择地学习新授汉字；通过反复识记与辨字练习，实现对新授汉字的识记与辨认，能够准确选择目标汉字进行交际。

（2）语言目标。通过在POA理论指导下的汉字教学，学习者应能了解新授汉字的读音、字义、结构组合、字形特征等语言知识。

（3）文化目标。汉字体现的文化内涵博大精深，让二语学习者来接受这些深奥的文化内蕴是有难度的。运用POA理论进行汉字教学，要达到的文化目标是尽量让学习者通过课堂教学了解汉字的文化内涵，作为方便记忆汉字的一种辅助手段。

2. 教学对象

POA的输出驱动假设要求其教学对象是有一定二语基础的学习者，以便其在驱动环节有一定的产出能力。因此，这个基于POA的汉字教学设计的教学对象为具有中级汉语水平的二语学习者。

3. 教学内容

本教学设计中设定的教学内容为与食物相关的汉字教学，教学主题为"食物名称"，教学情境是在中国餐厅点餐。

4. 教学过程

（1）输出驱动环节。POA的输出驱动环节是为了让学生意识到新授知识的重要性，激发学生的求知欲望，为课堂营造良好的学习氛围而设置的。

这个环节的教学目标是使学生能够对使用菜单或电子设备点菜产生兴趣，因此教师可以先询问班级学生"你通过什么方式在中国餐厅里点餐？""在中国的餐厅里点餐时，你认识菜单上的汉字吗？"让学生意识到自己在汉字学习上仍有不足，激发学生的学习兴趣和学习意愿。在这个环节中，教师可以播放一段汉语非母语的人熟练使用菜单或者手机等电子设备点餐的视频，并提问学生"视频中的人是如何点餐的呢？"引起学生关注"通过正确辨认表示食物的汉字来点餐"这一方式。

教师在这个环节需要介绍本课的教学目标，使学生聚焦本课最终的产出任务——录一段自己在中国餐厅点餐的视频，要求用汉语和服务员交流，并且使用菜单或电子设备辨认表示食物的汉字。

（2）输入促成环节。输入促成环节是POA的核心环节，这一环节通过教师给学生提供产出所需的语言知识，学生有选择地接受产出任务所需的输入来实现新知识内容的学习。同时教师要发挥"脚手架"的作用，辅助和帮助学生学习，在学生有需要的情况下及时给予帮助。在这一环节，会将本课程的最终产出任务细分为同级的四个小任务，学生完成小任务的过程就是实现小的产出的过程。

任务一：分析汉字部件。学生浏览教师准备的有关食物的汉字表，初步感知不同种类的食物其汉字部件的相同点与不同点，根据汉字部件构字的特点来识记汉字。教师在这一任务里需要讲解同一部件在表示食物的汉字里承担的含义与作用，使学生能通过掌握一个部件来认识含有该部件的其他汉字。本任务的产出练习可以通过提问各种汉字部件，让学生回答含有该部件的食物属于什么种类。

任务二：掌握汉字读音。在初步了解食物类汉字的字形后，学生对不同食物的汉字符号的辨认能力有所提高；紧接着教师可以让学生反复练习所需要的汉字的读音，在掌握了读音之后，学生可以实现使用电子设备的语音转换功能，将汉语输出为电子文本。这一任务的产出练习要求学生能将读音与汉字一一对应。

任务三：了解汉字的含义。在学习了字形、字音之后，教师可以用图片联想的方式为学生讲解食物类汉字的含义，加深学生对汉字的记忆。该任务的产出练习为通过食物图片提示让学生说出食物的名称及其含义。

任务四：促成产出。在学生已经掌握了汉字字形、读音与字义的基础上，教师需要给学生提供促成产出的练习机会。如拿出一份包含所教汉字的真实菜单，让学生达到通过辨别食物的汉字符号实现点餐的目的。在这一任务中，教师应给学生进行分组，设定模拟的餐厅环境，让学生进行模拟练习。

在输入促成环节的四个任务完成后，教师要再次提醒学生本次课程的最终产出任务，同时为学生梳理新授的汉字知识，引导学生将课堂上用到的、学到的知识直接运用在现实生活中。

（3）评价环节。POA提出了"师生合作评价"模式，强调学生将评价环节也作为学习知识的一个步骤。评价分为即时评价和延时评价。对于输入驱动环节中的小产出，教师可以采取即时评价的方式，给予学生实时的反馈和指导，及时纠正学生的问题或肯定学生的表现。而对最终的产出任务，在收到学生的产出成果之后，教师可以通过延时评价的方式先做出自评，再在下一节课上先请学生互评，然后教师指点学生互评中的正确与不足，最后教师向学生展示自己做出的评论。

结语

汉字教学在"电书为主"的时代面临着新的机遇，信息技术带来的便利大大降低了语言文字的产出困难。因此，在这个时代如何更好地运用合适的教学方法教汉字，让学生既体验到信息技术给汉字产出带来的便利，又能更快更好地掌握汉字知识，是对外汉语的汉字课堂需要解决的一个新问题。因此，本研究选择了POA这一主张学用一体、重视产出的教学法来设计汉字教学课堂，但这也仅仅是一次不成熟的尝试。随着POA理论体系的完善与汉字教学本体研究的进一步发展，相信未来对汉字教学的研究会有更多突破。

参考文献

［1］张静贤. 谈谈对外汉语教学中的汉字课［J］. 语言教学与研究，1986（1）：119-126.

［2］傅晓莉. 对外汉语教学中的汉字教学研究综述［J］. 云南师范大学学报（对外汉语教学与研究版），2015，13（2）：31-46.

［3］张明明，陆湘怀. 汉字的特点与对外汉语汉字教学［J］. 厦门广播电视大学学报，2010，13（4）：34-38，46.

［4］文秋芳. 构建"产出导向法"理论体系［J］. 外语教学与研究，2015，47（4）：547-58，640.

［5］文秋芳. "产出导向法"的中国特色［J］. 现代外语，2017，40（3）：348-358，438.

［6］李代鹏. "产出导向法"在对外汉语教学中的有效性研究［J］. 教学研究，2019，42（5）：56-61.

［7］刘露蔓，王亚敏，徐彩华. "产出导向法"在海外汉语综合课教学中的有效性研究［J］. 汉语学习，2020（4）：87-97.

华侨大学　华文学院

卡干合作结构法在留学生线上汉语教学中的应用①

汤　明

摘　要：由于师生空间距离的事实存在，线上汉语教学课堂普遍缺少师生、生生之间的互动，教学效果不甚理想，而卡干合作结构法可对此加以弥补。本文以汉语综合课线上教学为例，介绍了卡干合作结构法的基本理念、教学应用以及实践效果与反思，指出卡干合作法是实践以学生为主体的教学方式的有效途径。

关键词：卡干合作结构法；汉语；线上教学

2020年年初开始的新型冠状病毒肺炎疫情使原本作为学校教学补充形式的线上教学成为如今留学生汉语课的主要教学形式。线上教学有效克服了学生不能返校的实际困难，使分布在世界各地的留学生真正做到了"停课不停学"，为特殊时期坚持对外汉语教学事业做出了巨大的贡献。然而，由于师生空间距离的事实存在，线上教学的效果差强人意。如何在教师与学生、学生与学生空间分离的情况之下有效地激发学生的主观能动性，促进师生、生生间的交流，进而提升线上教学的效果便成为摆在对外汉语教学工作者面前的一个亟待解决的问题。

① 基金项目：本文为福建省社会科学基金项目（项目编号：FJ2021B109）的阶段性成果。

一、线上汉语教学中存在的问题

目前针对留学生的线上教学主要有"线上直播+线上答疑"和"微课+线上答疑"两种形式。这两种形式都强调以教师为中心，未能调动学生学习的主观能动性，因此在线上的教学过程中出现了一些问题，使教学效果大打折扣。

（一）课堂缺少互动交流

线上教学拉开了教师与学生之间的空间距离，参与教学过程的每个个体都是通过电子设备这个媒介与其他个体进行对接，加之网速、软件等因素的影响，采取直播课程时学生的参与度和质量都不高，课堂气氛沉闷，学生更易丧失听讲的兴趣。如果课程采用的是录播的形式，则师生不单在空间维度分离，在时间上也不处于一个维度，更没有实时互动交流的可能。另外，线上教学也限制了学生之间的交流互动。缺少了同学之间的协调合作与情感交流也就缺少了激情四射的思维碰撞，抑制了学生学习的欲望。

（二）课堂管理困难

线上教学教师无法直观全面地看到学生，不能通过课堂反馈及时掌握学生情况并调整教学节奏。自制力不强的学生虽然在网上，但很有可能已经神游天外，难以保证教学效果。

二、合作学习及卡干合作学习结构法

（一）合作学习

合作学习是指学生通过共同的工作来促进自己以及他人的学习。合作学习通常以小组的形式进行。在合作学习小组中，学生之间互相讨论、互相帮助理解学习材料，并依据整个小组的成绩获得奖励或认可[1]。为了完成合作学习，学生必须各自构建自己的知识，并共同构建小组共同的知识，在完成知识共享的基础上进行更深层次的理解并协同产生解决方案[2]。

（二）卡干合作结构法

合作学习的过程是调动学生积极思考并动手实践的过程，卡干合作结构法是目前世界范围内最流行的一种合作学习的方法。该方法由曾任美国加州大学心理学和教育学的教授卡干（Kagan）创立。相较于其他合作学习方法，卡干合作学习结构法特别强调结构的作用，卡干及其团队已经开发出大约200种合作结构。卡干认为合作学习并不是简单的让学生分组活动，如果没有有效的结构去串联特定的教学内容，学习小组中就会经常出现"搭顺风车"的现象，即最不需要操练的学生表现积极而最需要操练的学生没有得到操练。为了避免这样的情况发生，教师就必须根据不同的教学内容精心安排合作的结构使每个人都参与到合作学习中去。总之，有效成功的合作学习必须包含积极互赖（positive interdependence）、责任到人（individual accountability）、公平参与（equal participation）和同时互动（simultaneous interaction）这四个要素[3-4]。

三、卡干合作结构法在线上汉语教学中的应用

由于客观条件的限制，线上教学自身并不能为师生提供便利的交流平台，但是我们不能认为线上教师的"一言堂"就是理所当然的。线上授课也需遵循教育的客观规律，即以学生为中心，发挥学生的课堂主体作用。在这种情况下，卡干结构法无疑可以有效地弥补线上教学缺少互动和交流的不足，促进教师和学生之间、学生和学生之间深层次的交流。

目前我国针对留学生的汉语本科课程设置中的专业基础课包括：综合、听力、口语、阅读以及写作，分别训练学生听、说、读、写的技能。综合课则在四者兼顾的同时，使学生对中国文化有一定程度的了解。无论是从知识难度还是从所占课时方面来看，综合课都是最主要的专业基础课，对于教师

教学设计与授课技能的要求也最高。因此，笔者便重点谈谈卡干合作结构法在线上汉语综合课教学中的应用。

（一）教学设计

1. 确定教学目标

在汉语综合课线上教学中实施卡干合作结构法，通过不同层级和一定数量的合作学习任务和实践激发学生的积极性和学习潜能，丰富学生的汉语知识，全面提高学生汉语听说读写的综合语言能力和得体的语言交际能力。帮助学生了解中华文化的基本精神和主要的文化观念，使学生具有良好的跨文化交际能力和开阔的国际视野。

2. 确定合作学习平台

目前可以用作线上教学的软件较多，比较常见的有钉钉、腾讯会议、腾讯课堂、学习通等。每款软件都有各自的特点，对网络的要求也不一样，教师要根据学生的实际情况进行选择。例如：某款软件要求用户必须要有中国国籍才可以登录注册，那么这款软件就不适宜作为留学生的合作学习平台。再如，如果班上有落后地区的留学生，那么教师就要避免使用对网速要求较高的软件。

3. 确定合作学习任务及方法

为了训练学生听说读写的语言综合能力，相较其他课型，综合课的学习任务更加多样，因此教师在确定合作学习方法时要根据学习任务的内容选定合适的合作学习方法。常见的卡干合作学习方法有轮流说（rally robin）、问答交换（quiz-quiz-trade）、小组陈述（team statements）、轮流辅导（rally coach）等[5]。例如教师在巩固学生的基本语言点知识时可以使用问答交换，讨论问题时可以使用轮流说，学生汇报小组学习成果则可以使用小组陈述，而小组之间的交流可以使用轮流辅导的方法。

4. 确定评价方法

评价是检验教学效果的有效手段，尤其在线上教学师生互不见面的情况下，正确的评价方式可以有效地促进学生积极参与到学习中去的热情。应用卡干结构法的课堂其评价的方式也要灵活多样，需从学习的过程和结果两方面入手，全方位多角度地对学生进行公正准确的评价。

（二）实施过程

笔者以北京语言大学出版社出版的图书《发展汉语高级综合Ⅰ》第2课"起名字"为例来介绍基于卡干结构法的线上合作学习教学实践。教学目标：根据教学大纲的要求，通过本课的学习，使学生了解中国人的命名文化并练习讲解名字来源及其文化含义。

1. 课前准备

教师已经讲完了必须掌握的生词和语言知识点，并根据学生使用的电子设备和网络情况确定腾讯会议为合作学习的交流平台，把学生分为若干异质小组，每组四人。由小组成员共同选出组长一名，组长将在小组活动中负责分配任务、组织讨论等活动。各小组须提前建立小组群并发送会议号给教师。每位同学须备注实名并标明组内编号，准备好手机等电子设备。

2. 课堂教学

（1）引入新课（用时5分钟）。教师用腾讯会议直播授课，随机选取两位学生说说自己名字的来历、含义，然后提出问题："你们了解中国人是怎样起名字的吗？你知道中国的人名、地名、店名、商标名都有哪些特点吗？"通过提问引入课程内容，激发学生的学习兴趣。

（2）小组合作（用时40分钟）。教师提出本节课的合作任务：请同学们分组，分别上网搜索中国的人名、地名、商店名或商标名，每组负责一类名称并分析所负责的名称的特点、来源和文化意义，最后须用口头报告的形式来做小组陈述，陈述时须用到本课所学的重点字词和语法点。与此同时，教师把各小组成员独立完成任务表（表1）和小组活动记录单（表2）的电子版发送给学生。教师交代完合作步骤后结束直播，学生开始进行线上合作学习，学习过程如下：

第一步：独立完成（用时7分钟）。小组成员单独完成表1中和自己编号对应的学习任务，并把自己在网上找到的名称拍照或截图。提前完成自己编号任务的同学要继续思考其他编号任务。

表1　各小组成员独立完成任务表

组别	组员任务
人名组	1号组员上网查找5个中国历史人物名 2号组员上网查找5个中国著名作家名 3号组员上网查找5个中国娱乐明星名 4号组员上网查找5个中国著名科学家名
地名组	1号组员上网查找5个中国省份名 2号组员上网查找5个中国城市名 3号组员上网查找5个中国街道名 4号组员上网查找5个中国山川名
商店名组	1号组员上网查找5个中国饭店名 2号组员上网查找5个中国服装店名 3号组员上网查找5个中国玩具店名 4号组员上网查找5个中国百货商店名
商标名组	1号组员上网查找5个中国电器商标名 2号组员上网查找5个中国服装商标名 3号组员上网查找5个中国化妆品商标名 4号组员上网查找5个中国体育用品商标名

第二步：合作交流（用时15分钟）。学生进入腾讯会议小组群，轮流讲述自己已完成的任务，并尝试分析自己所找到的各类名字的特点，探究为什么会这样起名，以及每个名称可能蕴含的特殊意义（如人名、地名）或将产生什么样的效果（如商店名、商标名）。鼓励学生在讲述过程中展示自己所拍的图片。要求每位同学都认真倾听其他小组成员的汇报，针对汇报提出问题，进行讨论。每位组员都应把组内讨论的要点填写在小组活动记录单（表2）对应的位置上，例如：人名组的组员在此阶段须填写表单中的1—4行，

地名组的组员须填写5—8行，以此类推。学生在充分讨论的基础上总结凝练，确定小组陈述的最终报告。在这个过程中，教师须随机进入各小组群进行查看，针对学生出现的问题及时加以辅导。

表2　小组活动记录单

组别	名称	名称特点	为什么会这样起名	可能蕴含的特殊意义/可能产生的特殊效果
人名组	历史人物名			
	著名作家名			
	娱乐明星名			
	著名科学家名			
地名组	省份名			
	城市名			
	街道名			
	山川名			
商店名组	饭店名			
	服装店名			
	玩具店名			
	百货商店名			
商标名组	电器商标名			
	服装商标名			
	化妆品商标名			
	体育用品商标名			

　　第三步：小组汇报（用时18分钟）。教师重新在班级群发起直播，随机抽取两个小组做口头汇报，要求小组的每位成员都必须发言，其中两位成员负责口头汇报本小组讨论成果，另外两位成员负责回答老师和其他小组提问。口头汇报时须用到本课所学的重点字词和语法点。每位成员具体的发言任务由各小组自行协商决定。其他小组须认真倾听，并把所听到的要点填写在小组活动记录单的对应位置上（例如：人名组的组员在此阶段要填写表2中第5—16行的内容），然后针对汇报提出问题。其他没有被抽到发言的小组须在课后录制口头汇报视频并将视频上传到班级群中，同时在课后讨论平台回答其他小组的提问。

（3）教师总结（用时5分钟）。教师对各小组学习成果进行点评，分析其中出现的问题，提出改进意见。

（4）课后完善。各小组根据老师和同学们的建议完善小组汇报文稿，并在下节课上课前提交文稿以及填写完成的小组活动记录单。

3. 效果评价

（1）过程评价。为了保证每个学生都可以积极参与到合作学习中去，教师要对学生的学习过程进行评价。比如在学生分组进行合作学习讨论时，教师要随机进入各小组的线上平台，对学生的学习情况进行监督，并根据学生的表现为每个学生打分。教师也可以要求每个小组的组长使用腾讯会议的录制功能录制小组合作学习过程的视频，在小组合作学习活动结束后把视频发给教师，教师可以根据视频以及每个学生交上来的小组活动记录单来评价每个学生的表现和参与度。

（2）成果评价。小组汇报是本次合作学习的最终成果，教师可在小组进行汇报时，根据各小组的口头表现进行打分。在收到各小组的书面报告后，对各小组的书面表现打分。教师在对学生的口头表现和书面表现进行打分时，要从报告内容和语言技能两个方面来进行评价。

（3）同侪评价。请每位同学评价本小组的其他成员在合作学习中的表现。请每个组评价其他小组的小组口头报告。

四、效果和反思

（一）效果

1. 增加课堂互动，使学生成为课堂的主角

采用直播或录播方式进行的线上教学多因为空间或时间分离的缘故而少有师生互动，学生更因为没有与同学之间的交流而倍感孤独。卡干合作学习结构法使教师退居幕后成为教学活动的规划者、指导者，而学生则通过电子

设备和互联网合同协作的方式获得了与他人交流的机会，学生学习的热情明显高涨，原本沉闷的课堂变得气氛热烈。

2. 增强了学生人际交流的技能

卡干结构法为每个学生提供了一个安全的团队环境，将不同学业水平的学生组织在一起，使小组成员在学习的同时也提升了社会交往能力和团队协作精神。小组成员间的互动合作锻炼了学生诸如聆听、表达、分析、综合、演绎、归纳以及协商分享等技能，这些技能也为学生将来顺利走上职场做好了准备。

3. 有效改善课堂管理

卡干结构法要求责任到人公平参与，小组的成功离不开每个学生的努力，因此小组长和小组成员之间可以起到互相监督的作用。课堂管理不再是教师一个人的事，成功帮助教师摆脱一人监管几十人的困境。线上平台的某些功能比如小组群的聊天记录也能协助教师管理课堂。

4. 明显提升线上教学的效果

比起教师与单个学生连麦问答，卡干结构法利用分组把一个大课堂分割成若干小课堂，单位时间内参与的人数和练习的次数都大大增加，教学效果亦随之提升。学生的学习动机、对学习的兴趣都有显著的增强。

（二）反思

线上合作学习虽然有效地促进了师生、生生之间的互动，但是并不能完全取代教师直播讲授。尤其综合课是汉语教学中最重要的课型，重点难点较多，学生很难完全自行掌握。因此，在进行线上合作学习设计和教学时要注意以下几点：① 重点难点部分的基本介绍要以教师讲授为主。合作学习可以在练习、巩固、拓展等环节发挥主要作用。② 由于线上直播与分群的切换还不能像线下教学那样迅速流畅，合作学习的活动数量也不宜过多，一次课一个活动的频率比较适宜。③ 教学中要注意选取合适的合作学习结构，另外也要适时变换结构，避免学生因为形式一成不变而产生疲劳感。

结语

随着技术的不断提高和世界范围内汉语学习需求的不断增长，线上教学必将在汉语教学领域发挥越来越重要的作用。即便是在疫情消失线下教学恢复正常的情况下，线上线下教学相结合的方式也一定会是今后汉语教学的发展趋势。实践证明，无论是线上还是线下教学，教师都应坚持以学生为主体的教学方式，而卡干合作结构法是实践这一方式的重要途径。

参考文献

［1］王坦. 论合作学习的基本理念［J］.教育研究，2002（2）：68-72.

［2］DAVIS R B，MAHER C A，NODDINGS N. Constructivist Views on the Teaching and Learning of Mathematics［J］. Journal for Research in Mathematics Education, 1990(4): 125-146.

［3］牟尚婕，潘莺莺，盛群力. 聚焦卡干合作结构法：使合作学习成为课堂常态［J］.课程教学研究，2015（3）：4-10.

［4］KAGAN S. Kagan Structures and Learning Together: What is the Difference? [EB/OL]. https://www.kaganonline.com/free_articles/dr_spencer_kagan/275/Kagan-Structures-and-Learning-Together-What-is-the-Difference.

［5］季婷. 卡干合作学习结构法初探［J］.中国电力教育，2013（17）：31-33.

华侨大学　华文学院

论戏剧化教学法在国际汉语教学中的运用

王子锐　郝瑜鑫

摘　要：对外汉语教学正在成为研究的热点。戏剧化教学法作为一种全新的教育方法被运用到教学中来，是围绕实践性翻转课堂为主的戏剧表演形式，落实了"以学生为中心"的中心思想，它既可以在教学过程中，也可以在诸如主题班会活动设计中去运用，是对汉语教学的一种积极尝试。在国际中文教学中应用戏剧化教学法，可以解决传统教学模式存在的问题，增强学生的课堂参与度，有助于教师实现教学目标。

关键词：戏剧化教学法；对外汉语；新型教学法

引言

近年来，随着汉语在国际上的影响力越来越大，学习汉语的人呈现出不断增长的大趋势，而对于汉语作为第二语言教学的研究也如雨后春笋般发展开来。许多学者强调在教学中要本着"以学生为中心"的原则，然而，如何贯彻这一原则仍然是一个亟待解决的问题。戏剧化教学法强调"合作学习"，强调学生对课堂的积极参与，从而可以本着"以人为本"的戏剧表演化教学形式，构建出交际互动的语境，这有利于培养学生的交际能力，也为国际汉语课堂教学提供了一种崭新的方法。

一、戏剧化教学法概述

（一）戏剧化教学法的定义

戏剧化教学法是一种以戏剧的方式进行知识传授及技能培养的教学活动，即将戏剧作为教学工具来创造各种情境以引导学生学习既定的课堂内容。

戏剧早在15世纪的欧洲就被应用于教学领域中，在经过了几个世纪的沉寂后，在20世纪的英国又重新开始实行。最早将戏剧与外语教育联合起来的是法国教育家弗朗索瓦·古安（Franois Gouin，1831—1896）。

王永阳先生指出戏剧化教学法在ESL/EFL[①]中运用较多，二语教学中的戏剧化教学与母语教学中的戏剧文学教学是不同的。从教学目的上看，戏剧化教学不以文学审美为主要目的，而是以培养第二语言技能、提高跨文化交际能力为目的。从教材设计上看，不同于母语教学中已经编排好的内容，戏剧化教学法中剧本往往由学生自己创造，教师可以根据需要提供一些线索。这种方式还有利于提高学生的学习动机。

（二）戏剧化教学法的理论基础

戏剧化教学法主要是以交际法（communicative approach）和系统功能语法（systemic functional grammar）为理论基础。海姆斯（Hymes，1997）指出，语言教学的最终目的是培养交际能力。具有交际系统的学生同时需要具备四个方面的实用知识和技能。其中一个方面就在于，在一个特定环境中，

---

① ESL（English as a Second Language，以英语为第二语言/外语）：是针对母语非英语的并把英语作为第二语言的语言学习者的专业英文课程。EFL：全称是English as a Foreign Language。由教育部考试中心和英国剑桥大学地方考试委员会合作举办，于1996年开始引进。

比如高档的西餐厅，学生的语言行为是否是围绕美食进行展开的，是否是恰当的，学生的语言是否符合当时的情境。这也就说明，真正的交际能力不仅是要掌握语言的形式，还要能够运用到日常的交际生活中去。

韩礼德曾指出语言具有互动功能、个人表达功能、启发教育功能以及激发想象的功能。同时卡纳莱和斯维恩（Canale＆Swain，1980）也指出交际能力的四个方面包括：语法能力、社会语言能力、话语能力和策略能力。而在戏剧化教学中会直接锻炼学生的社会语言能力和语言策略能力。戏剧化教学法正好可以为二语者提供相关的语境，同时该教学法主张学习者通过自身的经验来学习语言，这样也可以让学习者整合自己的经验，达到较好的学习效果。

（三）国内外的戏剧化教学法研究

1. 国外戏剧化教学法的研究现状

最早提出戏剧化教学法的是法国思想家卢梭，他提出了要用戏剧进行教学的想法，但并没有形成具体的教学理论。真正把戏剧运用于课堂教学的是英国的乡村女教师哈丽特芬蕾·强生（Harriet Finlay-Johnson），在1911年出版了《戏剧方法的教学》（*Dramatic Methods of Teaching*），第一次系统地讲述把戏剧的方法运用到课堂教学中。戏剧化教学法在国外起步早，发展较为成熟，且宏观上与微观上的研究成果也较为丰富。

2. 国内戏剧化教学法的研究现状

在国内，我国的香港和台湾地区较为广泛地采用此教学法，把戏剧融入教学体系，逐步形成了比较成熟的教学体系。而我国大陆地区，在二十世纪初开始大量引进此教学方法，且最初仅应用于英语教学。在国际汉语教学中运用戏剧化教学法还处于一个摸索阶段。

二、戏剧化教学法应用于国际汉语教学中的优势 [1]

在一般情况下，国际汉语教师在教学中常采用文本、讲解、朗读等形式，教学方式比较枯燥，学生往往也缺乏学习的动力，教学效果并不好。而戏剧化教学模式则从新的角度去阐述教学的定义，采取戏剧的表演形式让学生在戏剧情境中得到锻炼，从而可以调动学生的积极性，取得理想的效果。相比较其他的教学方式，戏剧化教学更需要在特定的戏剧化的场景下进行表演，具有明显的针对性、灵活性和趣味性。

（一）针对性优势

在国际汉语教学中，戏剧化教学法的应用，一般要求教师按照剧本来编排场景表演。针对不同学习阶段的学生可以产生不同的效果，处于汉语学习初级阶段的学生，可以结合剧本来进行汉语对白，在一定程度上锻炼学生的语言表达能力。当学生具备了一定量的汉语词汇知识，且对戏剧化教学特点有了初步了解之后，就可以不用完全按照剧本来表演，鼓励学生进行临场发挥。当学生具备了比较完善的汉语理解与表达能力之后，教师可以给学生安排几个主题，鼓励学生进行自我创作，综合提升学生的能力。

（二）灵活性优势

在国际汉语教学中，戏剧化教学法能够根据现实的需要，临时创设相关的语境。教师在教学过程中也可以根据学生的能力和反馈不断地调整自己的教学模式，以此增强学生的经验感知和表达能力。

（三）趣味性优势

相比其他的教学方法，戏剧化教学法更重视发挥学生的个人情感，而这也是促使学生能够坚持下去的一个重要因素。戏剧化教学法在国际汉语教学中使得语法和词汇的教学更为自然，也能够很好地帮助学生了解汉语背后的文化知识。通过此方法，可以提升学生语言交流的互动性和表演能力，进而使汉语知识得到巩固。

三、戏剧化教学法在国际汉语教学课堂中的运用

（一）教学目的

戏剧化教学法不仅涉及角色扮演，也涉及戏剧知识和相关的文化背景，可以提升学生的语言能力和社交技能，这套教学法也得到了国际认可。

（二）教学原则

1.以学生为中心的原则

"以学生为中心"是戏剧化教学法的核心内容，在教学中教师要充分考虑到学生的主体地位。一方面，在教学活动的设计上，要从学生的角度出发，考虑到学生的不同特征，如国家、汉语水平、年龄、性格等，这些都要引起教师的充分重视。另一方面，教师要学会放手，让学生大胆去做。比如，学生在编写剧本时，教师不要去打扰，只需要维持好课堂秩序，回答学生提出的问题。这样做，可以充分调动学生的积极性，提高学生的合作能力。

2.目标明确的原则

戏剧化虽然是一种行之有效的教学方法，但由于受到课堂时间的限制并不建议每次都采用这种方式。如以下几种情况，教师可以使用此教学法：

（1）学生在学习了一段时间的汉语后，遇到瓶颈期，继而出现兴趣低迷的情况，教师为了缓解学习气氛，增强学生的学习兴趣而选择此教学法；

（2）在一个单元的学习完成后，可以采用戏剧表演的形式来进行回顾；

（3）旨在培养学生的合作能力，提高学生之间的互助学习能力，可以采用此教学法；

（4）中国文化的输入。文化的教学如果一味地采用满堂灌的教学方式，会在一定程度上破坏文化的魅力，而采用戏剧化教学法可以让学生亲身感受中国文化的魅力所在。

总之，教师应根据学生的实际情况和教学安排做决定，并根据不同的情况做好教学活动。

（三）教学模式[2]

国际汉语戏剧化教学法的运用策略主要分为文本学习、排练表演、反思输出三个阶段，具体内容包括：

1.戏剧剧本准备[3-4]

国际汉语戏剧化教学法首先要做好剧本工作，应突出"以人为本"的教学原则，应考虑到学生的兴趣与能力。这也是对教师的一个考验。教师可能并不了解学生的特长，通过剧本的编排也是对学生重新认识的过程。确定剧本，应该根据学生的水平进行匹配，一些学生可能接触汉语的时间比较短，缺乏一定的基础，如果直接让学生比对着原文进行学习可能会比较困难。所以，教师也要在此阶段为学生提供一些题材，让学生们可以根据自己的兴趣选择编造不同的童话故事、舞台剧等，从而促使其发挥主观能动性。

单从童话故事编制这一角度看，戏剧化教学法发挥了重要的作用。首先，它可以提升学生的文字感知能力。在童话故事编制的过程中，提高学生对文字的感知能力不单是童话创编的基础，也是创编教学的目的。对于大多数学生而言，让他们通过人物扮演或者用不同的语气来呈现一个角色，可以帮助学生弥补缺少文字实践活动的问题。其次，它可以拓展学生的思维能力。戏剧作为一种综合性很强的艺术，更有利于拓展学生的思维能力。不同于其他形式的创编教学，戏剧化教学法可以通过动作、语言等能力来提高学生对文本的鉴赏能力。这也打破了传统的思维模式，让学生自主去搜寻素材，学生可以根据自己搜索到的素材开展自主性学习，这样既利用了戏剧本身的艺术矛盾，也培养了学生的思维发散能力。最后，它可以提升学生的鉴赏能力。在戏剧作品中，语言或者通俗易懂，或者委婉含蓄。通过戏剧化教学法开展童话创编教学，在让学生自行体会戏剧的情节发展以及人物的刻画时，就已经对其鉴赏能力进行培养。而在更深入的学习中，学生可以不断地磨炼此技巧，让自己的鉴赏能力得到一个高层次的飞跃。

2. 定位教学角色

在此教学法中，学生可以担任很多角色，如表演者、编剧、组织者等，承担着多种责任。教师在教学过程中可以先让学生了解教学目标、重难点与方法，教师也要在其中扮演一定的角色，从而给予学生帮助，尤其是可以加强戏剧情节的趣味性，需要认清教师所扮演的角色是比较灵活的，在学生表演遇到困难或者卡壳忘词的情况下，教师一句幽默的引导或者提醒，就可以在化解表演尴尬的同时加深学生对剧本的印象，拉近了表演者之间的距离。

举一个跨文化交际的例子。假设以"交朋友"为背景进行表演，教师充当"教师"，选择两名不同国别的学生A（法国）和B（印度），教师引导他们用自己国家的方式去跟对方打招呼，那么学生A如果对学生B用贴面礼，学生B就会有些躲闪，这既能使氛围活跃起来，也能让学生掌握跨文化交际中的一个知识点。

不仅如此，教师在调节活动氛围上也有重要的作用。如果学生在戏剧实施的过程中出现注意力不集中、情绪低落等情况，教师可以采取适当的行动，来活跃一下气氛。

3. 戏剧化过程教学 [5]

该教学法的实施可以划分为四个板块，每个模块设置一个学时。第一个板块，教师为学生准备预习的相关内容，可以利用当下流行的"互联网+"模式来布置，重视语气助词、语法点与语句判断等内容，学生通过自主学习来熟悉常用句型与词语。第二个板块，教学环节。根据不同国家、民族、性格与汉语基础，小组自行匹配，根据教师提供的主题来确定剧本类型。这其中有小组长负责整个剧本的准备和角色分配工作。而教师的作用就是帮助学生进行角色定位，共同探讨剧本如何进行，对其中不恰当的情节进行调整，对于缺乏的情节进行补充，最终敲定剧本。第三个板块，开展戏剧化教学环节，各个小组分别进行讨论并进行排练。这个过程教师并不去干涉，只有在学生需要时给予帮助。第四个板块，实施戏剧化教学活动。可以选择教室或者讲堂，各小组轮流进行表演，最后留出时间来，教师根据每组的情况进行点评，最后汇总问题做一个总结。

4. 戏剧化汉语节目表演

以班级或者以全年级为单位，组织学生参与戏剧舞台表演，可以采用中国风的舞蹈进行开场，为本次表演奠定一个基调。然后轮番上演《白雪公主》《西游记》《天鹅湖》等自编自导的节目。同时，将课堂教学以戏剧表演的方式呈现出来，使得汉语教学达到以"剧场"情境方式输出语言文化的目的。具体来说，戏剧化国际汉语教学所构建的空间，既表现出了不确定性，也表现出了一定的神秘性和创作性，给予了学生更多的想象和表演空间，这也让学生在学习的同时激发了创造力。可以说，戏剧化教学法具有无限的潜力。

5. 掌控课堂"全局"

在课堂教学中，教师应该要掌控课堂"全局"，因为这是保障课堂顺利进行的基础。教师可以制定一系列的奖惩措施，在戏剧表演前，如果出现表演不认真、精力不集中的情况，就要给予一定的处罚，如给小组扣分；相反，如果表现优秀，教师也要给予鼓励。并且，教师也需提前告知学生，在表演结束后要做一个复盘，学生可以发表自己的想法和所认为的不足。可以通过录播回放的方式进行，这样不仅更具有直观性，更能让学生和教师双方都进行反思。

四、基于戏剧化教学法的教学设计 [6]

（一）教学对象

汉语HSK①中级水平学习者

（二）教学时间

1课时

（三）教学目标

戏剧化教学单元设定为1课时，在本课时中学生已对课文的对话、词汇、语法、句型有了一定的了解，针对此课时设计了一个表演情景："租房"。

通过表演活动，使学生能够复习学过的生词、语法，并在一定的情境中合理地使用。

（四）教学要求

学生以小组的形式进行活动，通过对情境进行设定，共同完成剧本的编写以及角色的设定。

地点：中国上海

角色：爱丽丝——复旦大学的英国交换生，漂亮，母语为英语，生于伦敦。

婷婷——复旦大学学生，美丽，中国人。

老王——中年男人，中国人，复旦大学附近一幢公寓楼的房东。

情节提示：爱丽丝是复旦大学的新一届交换生，在学生会组织的活动中认识了婷婷，爱丽丝喜欢婷婷并打算跟她做朋友，还邀请她陪自己一起去大学附近找房子。

任务：（1）请你编写并演出爱丽丝和婷婷从相识到一起去看房子的故事。

（2）根据以上提示和任务，设计磨合剧本并大声朗读出来。

（3）最后形成表演。

---

① HSK 是测试第一语言非汉语者汉语水平的系列考试。

（五）教学步骤

1.分组

参与人数：6人

其中3名学生是母语为英语的英国人，2名华裔背景的学生（一名来自菲律宾，一名来自马来西亚），1名母语为韩语的学生。

共分为两组（A和B），每组3人。考虑到实际情况，平均分配汉语水平较高的学生。亚裔学生往往在阅读和写作方面表现出色，而非亚裔学生则在口语和听力方面有优势。保证每组都有男生和女生。

2.剧本编写和分配角色

小组成员根据设定的情境进行剧本的编写。在剧本的编写过程中，教师要充当"旁观者"的角色，不去干扰学生的思路并回答学生提出的问题。

在角色分配时，鼓励学生用中文进行交流，遇到问题时可以询问教师。教师不得干涉学生的讨论结果。

3.现场彩排

学生离开座位，把座椅挪动到角落里，确保在教室中间能够形成足够的空间充当"舞台"。彩排之前，提醒学生尽量熟悉剧本，鼓励脱稿表演。为了避免互相干扰，B组可以去走廊里进行练习。利用课间歇息的时间进行彩排，在正式上课的时候为学生找寻一个宽敞的教室进行表演。

4.现场表演

表演顺序由小组自行确定。控制好每一组的表演时间（7分钟），每组在表演结束后，其他组会进行讨论（3分钟），也可以向表演的学生进行提问，发表自己的观点。教师以平等的身份参与其中，也可以用提问引发学生讨论，比如，"你认为他们表演得非常好的一点是什么？""他们有没有什么遗漏的没有表演出来？""你认为哪一点最有趣？"，等等。

课后让学生进行反思，按照自己的理解，重新编写剧本，回收剧本作为以后教学分析的重要参考资料。

五、实施戏剧化教学的反思

（一）控制学时

每个学期的学时是有规定的，所以要尽量避免出现讨论偏离主题或过多讨论等情况，也可以合理利用课下时间进行交流。

（二）认真准备

戏剧化教学法在教学中的布置不仅是对教师教学能力的考验，也是对教师教学全局观的考验。所以要尽量扩大情境，引导学生发散思维，适当地为学生解答。

（三）鼓励学生参与

一个重要的问题是，如何让内向的学生能够积极地参与到表演中来。外向的学生会乐于参加表演，挑战自己，而内向的学生大多会选择台词少的角色，这样最后得到的锻炼也将会大大减少。

（四）从实际出发选取内容

戏剧化教学法不适用所有的教学内容，只有那些角色鲜活的、贴近生活的内容才适合让学生去创作、表演。

结语

在当今教育技术不断革新的情况下，怎样去定义一个好的教学法，怎样去选用一个合适的教学法是我们需要关注的问题。戏剧化教学法运用在非目的语环境中的汉语教学，可以缓解学生在听说技能培养中遇到的困难，通过合作学习的方式更是有利于学生吸收汉语知识和相关的文化背景知识。同时，也提升了学生的主观能动性、创造力和思维能力，提升了自身竞争力，从而能够更好地促使学生进行接下来的汉语学习。

参考文献

[1]刘蕊. 戏剧化教学法在国际汉语教学中的运用 [J]. 山西青年，2021（16）：85-86.

[2]费敏. 戏剧教学法在汉语作为第二语言教学课堂中的运用 [J]. 戏剧之家，2017（20）：189.

[3]刘长海. 戏剧化班会：在主题班会中应用戏剧教学法的一种尝试 [J]. 班主任，2017（6）：5-9.

[4]周小亚. 戏剧教学法在童话故事创编中的实践与运用 [J]. 戏剧之家，2021（17）：42-43.

[5]牛春燕，鞠文雁. 教育传播的新路径：戏剧化教学法的新思路 [J]. 今传媒，2018，26（4）：150-151.

[6]王永阳. 试论戏剧化教学法在汉语作为第二语言教学中的运用：以澳大利亚的一个课堂教学为例 [J]. 世界汉语教学，2009，23（2）：233-243.

华侨大学　华文学院

华侨大学　华文教育研究院

新时代青年发展资本的理论与实践①

康志山　朱银端②

摘　要：马克思劳动价值理论是知识经济理论分析的核心，也是知识资本化的理论基石。在知识经济时代，新时代青年全面发展中重要的资本有知识资本和社会资本，青年应该如何学会掌握其中的发展规律，学会创建知识资本，学会创建社会资本，更加独立自主地融入社会，更加开放自信地融入世界，获得更加全面的发展。

关键词：新时代；青年全面发展；知识资本；社会资本

青年发展既是时代的需要，也是青年自身的需要，既是国家建设需要，也是中国特色社会主义伟大事业的需要。新时代青年发展迎来前所未有的竞争和创新，青年发展需要积累各项资本，其中重要的发展资本有知识资本和社会资本。新时代青年发展资本的积累和增值，这既是一个理论问题，也是一个实践问题。

---

① 基金项目：国家级一流本课课程建设（2020—2025）阶段性研究成果。

② 作者简介：康志山，华侨大学继续教育学院，副研究员，主要研究方向青年发展继续教育、法学教育、智慧教育；朱银端，华侨大学马克思主义学院，教授，主要的研究方向习近平新时代中国特色社会主义理论与实践研究、思想政治教育原理与方法、青年发展研究。

一、理论与实践的意义与关系

理论的意义，在于解释世界，实践的意义，在于改变世界。在马克思主义实践观上，一方面是致力于改造世界的实践，另一方面在改造世界的理想与实践之间存在一定的距离。尽管如此，马克思主义实践观使实践与理论之间的张力得到了前所未有的彰显与强化。

（一）理论的意义：解释世界

理论的意义[①]，是人只有在对象性活动中才能证实自身存在的价值，进而彰显着理论思维活动的价值。理论的对象性意味着对人的现存状态和自我实现程度的直接映现。[1]客观上，理论对实践的反作用是无法直接实现的。因为理性阐释即解释世界并不等同于实践，理论存在着"改变世界与世界的可改变性"之间存在的张力。马克思在《关于费尔巴哈的提纲》的解答是"人的思维是否具有客观的真理性，这不是一个理论的问题，而是一个实践的问题。人应该在实践中证明自己思维的真理性，即自己思维的现实性和力量"[2]。这表明，实践在哲学意义上的起源性，在人的生活中处于基础地位；这表明，理论在反映现实世界时都能在实践中得到验证与解决。

（二）实践的意义：改变世界

在西方哲学看来，理论是关涉现实存在和有限规定性的批判与超越，理论对现实世界的认识与界定也暴露出其有限性，这一有限性通过理论自身变革是难以消除或无法避免的。这样，人们需要立足实践以增加或深入对生活世界的理解，实践是改变世界的依据和方法，是探究问题在于改变世界的依据和方法。简单地说，实践的意义，在于改变世界。正如马克思恩格

---

① 其理论在《1844年经济学哲学手稿》中"人是类存在物，不仅因为人在实践上和理论上都把类——他自身的类以及其他物的类——当作自己的对象；而且因为——这只是同一种事物的另一种说法——人把自身当作现有的、有生命的类来对待，因为人把自身当作普遍的因而也是自由的存在物来对待。"

斯在《德意志意识形态》一文指出的："对实践的唯物主义者即共产主义者来说，全部问题都在于使现存世界革命化，实际地反对并改变现存的事物"[3]。那么，理论与实践的关系，是在人和世界的存在论关联维度上进入"解释世界和改变世界"的语境；理论与实践的关系，是既体现在实践中解答理论问题，也在实践的理解中提升理论。

基于理论和实践的意义和关系的一般阐述，下面，我们从青年发展资本的理论和实践的研究，阐述青年发展资本中的重要组成部分——知识资本积累和社会资本积累的实践和理论，以期从核心的维度对青年发展乃至青年全面发展提供一定的参考价值和现实意义。

二、解释世界：当青年遇见"知识经济"

马克思劳动价值理论，是知识经济理论分析的核心，也是知识资本化的理论基石。知识资本化，就是把知识作为生产要素投入到生产管理中，使之成为生产力。知识资本化主要是致力于知识转化和知识参与分配，知识资本化是知识经济基础，也是知识价值的具体体现。主要理论有马克思劳动价值论、产权理论、契约理论等。在新时代，青年遇见知识经济，就需要主动地适应知识经济，积极主动地学习创造知识资本价值，实实在在成为创新创业的有生力量。

（一）知识经济下知识资本的本质

人类社会的生产力进入这样的阶段——知识正在逐渐取代土地、物质等传统的资本，日益在生产关系中起着主导作用。知识资本是人力资本理论概念，知识资本是知识经济时代的主要资本形态。知识资本是指能够转化为市场价值的并能带来利润的知识，知识资本是知识企业全部资本的总和。从财务看，知识资本是企业的真正市场价值与账面价值之间的差距，它将企业信誉、商标、员工知识和技能、员工忠诚、顾客满意、经营关系等无形资产与有形资产结合起来，共同互动，拓展了物质资本和非物质资本的概念。从要素看，知识资本的内涵包括了人力、管理、技术、经验及其成果等要素。从特征看，知识资本是以高科技为主要特征，以无限知识为基础，能够给企业带来利润的无形资产。

本质上，知识转化为资本是知识经济的本质。在科技发展日新月异的时代，由于知识资本的高端性、稀缺性等特征愈发受到世界各国的高度重视。那么，对知识资本价值的认识与发现，有助于青年明确自己未来发展的根基所在，从而增加学习的自觉性、选择性和创造性。新时代中国青年是创新创业的有生力量，青年要富有想象力和创造力，思想解放、开拓进取，要勇于参与日益激烈的国际竞争。

（二）知识资本的理论与现实

马克思劳动价值理论是知识资本化的理论基石。知识资本化就是把知识和知识的成果直接转化为资本。

1. 对知识资本理论价值的追问

理论上，西方学者舒尔茨（Schultz）提出，知识资本是经济和社会发展的重要动力和原因，这一观点对经济学发展产生了重大而深刻的影响。广义的知识资本是指以人及其知识成果为载体所凝聚的知识资本总量。知识资本理论的提出，适应了知识经济时代企业资本运营和管理的变化，为我们理解企业知识创新、知识传递、知识利用提供了理论支持和财务评估依据。知识资本使得经济社会发展获得增值，进而使具有知识资本的个人有了发展增值的实力和可能。

现实中，知识资本可以使经济社会发展获得增值，使企业实现资本运营、积累和增值。其一，知识资本的功能是创造更多的劳动价值。知识资本的形成过程，是将无形资产和有形资产整合在一起，提高生产力，提升劳动价值。知识资本是无形资本，生产资料是有形资本，二者结合所创造出的生产力和生产价值，其产生的剩余价值远远高于过去。其二，知识资本丰富了所有制。知识资本创造了多元的劳动价值，改变了财务管理和股份参与模式，深刻影响未来社会的所有制结构。其三，知识资本影响了财务管理制度。知识资本是知识产权、智力资本、知识资产的同义词。知识产权法有明确的定义，它把产权权利赋予专栏、商标和版权等具体财产中，这些财产是如今在会计中被正式认可的唯一形式，因此，知识资本理论上会影响现行的财务管理。实践上，知识资本将传统的有形资产和无形资产、物质资本和非物质资本、市场价值和账面价值、物质资本和人力资本等多种概念，统一在知识资本的概念框架中，有效地说明了人力资本和结构资本之间的互动关系，改变了以往企业财务无法科学评估知识、技能等无形资产的局面。

2. 对实现知识资本价值的审视

政策上，知识资本的价值得到党和国家的高度重视。在新时代，中国青年要努力奋斗和把握知识经济高度发展的良机实现知识资本的社会价值和个人价值。2017年4月13日，中共中央、国务院印发的《中长期青年发展规划（2016—2025年）》指出，要坚持党管青年的原则，牢牢把握为实现中华民族伟大复兴中国梦而奋斗的时代主题，充分照顾青年的特点和利益，优化青年成长环境，服务青年紧迫需求，维护青年发展权益，促进青年全面发展，引导青年树立共产主义远大理想和中国特色社会主义共同理想，坚定中国特色社会主义道路自信、理论自信、制度自信、文化自信，自觉团结凝聚在党的周围，更好成长为中国特色社会主义事业的合格建设者和可靠接班人。

现实上，知识可以决定个人就业的起点、方向、收入和社会地位。舒尔茨认为，由教育、医疗、人口流动等投资所形成的人的能力提高和生命周期的延长是资本的一种形式。其一，知识资本的运营、回报和增值主要依靠人的创新力。企业、组织、个人或家庭对提高劳动者素质的投入均被视为投资。智力投资最终会进入生产领域，物化为生产资料和劳动力，进而转化为直接的生产力。从这个意义上说，智力投资也是一种重要的生产性投资。其二，在知识资本理论中，知识资本是企业、组织、国家和个人最重要的资产，也是企业核心竞争力的本源。斯图尔特（Stewart）①论证了知识资本的结构和内在关系。知识资本是由人力资本、结构性资本②和顾客资本③构成，三者之间共同作用，推动企业知识资本价值的增值。其三，企业将知识资本视为财产计入股份。比尔·盖茨在创建微软时，只是以知识投入就获得了公司30%的股份。知识资本的分配原则是知识资本被视为知识转换的最终结果，或是转化为企业知识产权或智力资本的知识本身。知识水平差异是报酬差异的重要依据。拥有知识资本的知本家对企业利润有分享权。

（三）青年成为知识经济的有生力量

奋斗，决定了青年成长和发展的高度。"人的一生只有一次青春。现在，青春是用来奋斗的；将来，青春是用来回忆的。"[4]新时代青年要自觉将人生追求与国家发展同向，与时代同步，与民族同命运[5]。在创新创业中展现才华、服务社会的过程中，青年要积极投身大众创业、万众创新的热潮。《新时代的中国青年》（2022年）白皮书指出，受益于党和国家的好政策，在经济、社会、科技、文化等领域，新时代青年的聪明才智贡献国家、服务人民，奋力走在创新创业创优的前列。

国家和社会要坚持"青年优先发展"的理念。在"青年发展型"的城市建设方面，由中央宣传部等17部门联合印发的《关于开展青年发展型城市建设试点的意见》（2022年）指出，完善青年人才发现培养、评价使用、流动配置、激励保障机制，营造引才、留才、用才、聚才的城市氛围。我们国家要深化"放管服"改革，健全与新兴产业相适应的包容审慎监管方式，打造近悦远来的青年创业营商环境，提出青年发展型城市的深圳模式。所谓"青年发展型城市"，是指扎实推进以人为核心的新型城镇化战略，积极践行"青年优先发展"的理念，不断优化和满足政策环境和社会环境，以满足

---

① 斯图尔特在美国《财富》杂志上发表了《知识资本：如何成为美国最有价值的资产》（1991）和《你的公司最有价值的资产：知识资本》（1994）等论文。

② 结构性资本，是指企业的组织结构、制度规范、组织文化等。

③ 顾客资本，是指市场营销渠道、顾客忠诚度、企业信誉等经营性资产。

青年发展需求的多层次、多样化，并不断实现"青年创新创造活力"与"城市创新创造活力"的相互激荡，实现"青年高质量发展"和"城市高质量发展"相互促进的城市发展方式。

青年要把握"工程师红利"。在国家创新驱动发展战略的引领下，在"揭榜挂帅"等制度的激励推动下，一批具有国际竞争力的青年科技人才脱颖而出[①]。在工程技术创新和青年人才发展方面，中国每年有超过700万名理工科高校毕业生走出校门，为"中国工程师方阵"提供源源不断的生力军。他们用扎实的学识、过硬的技术，持续创造极其难得的"工程师红利"，有力提升了中国的发展动力和国际竞争力。在国家持续出台创业扶持政策的背景下，青年积极投身大众创业、万众创新的浪潮中，踊跃参加"创青春"中国青年创新创业大赛、中国国际互联网＋大学生创新创业大赛等活动，用智慧才干开创自己的事业[②]。

青年要弘扬科学家精神和企业家精神。新时代青年要自觉弘扬科学家精神和企业家精神，我们要倡导"敬业、精益、专注、宽容失败"的创新创业文化，同时要强化企业创新主体的地位，激励更多青年投身"大众创业、万众创新"的时代大潮当中；要发挥"共性技术平台、创业孵化园区、创新创业赛事、协会"等载体的作用，有规划地实现"人才凝聚和资源对接"的目标，帮助青年成为创新创业的有声力量，创造优良的创新环境和条件。[6]

三、改变世界：当青年遇见"社会资本"

就高校青年而言，我们要把社会发展、教育发展、就业指导结合起来，

---

① 在天宫、蛟龙、天眼、悟空、墨子、天问、嫦娥等重大科技攻关任务中担重任、挑大梁，北斗卫星团队核心人员平均年龄36岁，量子科学团队平均年龄35岁，中国天眼FAST研发团队平均年龄仅30岁。

② 2014年以来，在新登记注册的市场主体中，大学生创业者超过500万人。在信息技术服务业、文化体育娱乐业、科技应用服务业等以创新创意为关键竞争力的行业中，青年占比均超过50%，一大批由青年领衔的独角兽企业、瞪羚企业喷涌而出。

努力建立社会—高校—大学毕业生的结构联系，一是掌握社会资本的积累规律；二是创建社会资本的个人价值；三是创建社会资本的社会价值。

（一）要掌握社会资本积累规律

从积极意义来看，社会资本能够通过技术创新影响经济发展，推动经济增长。从形成规律来看，社会资本的形成十分困难，有链式积累和流动积累等方式，并且需要人们积极发挥主观能动性，进行长期的积累。

社会资本链式积累规律。经济学普遍从是否获利来谈论资本，社会资本常被用来指能为行动者带来收益的持续稳定的社会关系，它强调的是个体对有意投资的关系资源的利用。社会资本的链式积累是指在社会资本—技术创新—经济增长之间存在着链式关系，社会资本能够通过技术创新影响经济发展，进而推动经济增长。技术创新并不是社会资本影响经济增长的完全中介，社会资本还通过其他渠道影响着经济增长。社会资本对技术创新的作用越大，创新主体越注重社会资本的积累，社会资本水平的提升速度就会越快，而社会资本水平的提升又会促进创新效率的提高，进而创新部门会使用更多的社会资源，从而使经济的创新率与经济增长率更高[7]。

（2）社会资本流动积累规律。在现代社会中，原来联系紧密的血缘关系转移到高度集中化、城市化的集体中。这种转移使得单个人越来越脱离了原先密切具有地域性的血缘和庇护群体。随着现代社会中人们的流动不断增加，也使得人们不愿在某个地方对社会资本做过多的投资，只是在必要时才进行短期的功利性投资。越来越个体化的社会使得社会资本的形成非常困难，这是社会资本理论的外部困境。

（二）要创建社会资本的社会价值

在一般意义上，社会资本的社会价值创造始于人生的发端，发展于青年发展的关键时期，大学生是从被动发展社会资本走向主动发展社会资本的关键时期，青年必需考察社会资本的形式和维度。社会资本有四个维度：关系类别、关系人、信息资源和人情关系。社会资本来源于组织（学校、企事业单位）、家族和个人等。

青年要在社会政治和参与公共事务中积累社会资本。社会资本有助于产生自发的社会组织及成员间的信任和规范。以社会参与行为和自愿连属组织为代表的社会资本，是市民社会的基石，在自发形成的组织活动中自然体验到民主的程序和实质。

青年要在创新创业中积累社会资本。社会资本是企业发展的条件，员工之间、企业之间的信任可以提高参与合作的企业之间的相互关系的质量，影响合作的结构。信任的程度能影响企业的规模，信任也能降低企业的交易费用，提高企业的经济效益和社会效益。

青年要在国家政策红利下把握社会资本。在国家政策的指导上，青年要把握时代发展的机遇，迎接时代创新发展的挑战，积极主动地创建属于自己的社会资本价值。详细内容可参照《关于开展青年发展型城市建设试点的意见》（2022）的四个导向：一是坚持党管青年原则[①]，二是倡导青年优先发展[②]；三是激发青年担当作为[③]，四是注重普惠均等导向[④]。

---

① 其内容是——把坚持党的领导贯穿青年发展型城市建设全过程，充分发挥各级党委领导的青年工作联席会议机制作用，健全和完善党委领导、政府负责、各部门齐抓共管、全社会广泛参与的工作格局，坚持系统观念，统筹发展与安全，把促进青年全面发展摆在城市工作全局中更加重要的战略位置来抓。

② 其内容是——深入贯彻落实"党和国家事业要发展，青年首先要发展"的理念，深刻把握青年发展与城市发展之间的辩证关系，充分关注我国青年人口规模与结构的历史性变化，尊重青年成长规律，照顾青年时代特点，优先解决影响青年健康成长、分散青年干事精力的"急难愁盼"问题，促进青年高质量发展。

③ 其内容是——把提供发展服务与鼓励成才建功紧密结合，充分激发广大青年参与建设青年发展型城市的主动性、积极性、创造性，为青年提供筑梦圆梦空间，为城市集聚青年人力资源，最大限度地发挥出青年在城市高质量发展中的生力军作用。

④ 其内容是——更好发挥政策牵引作用，从青年视角补齐基本公共服务均等化短板，帮助青年解决好他们在毕业求职、创新创业、社会融入、婚恋交友、老人赡养、子女教育等方面的操心事、烦心事，努力为青年创造良好发展条件，让他们感受到关爱就在身边、关怀就在眼前，让他们不断增强获得感、幸福感、安全感。

（三）要创建社会资本的个人价值

在新时代，青年要积极投身伟大斗争、伟大工程、伟大事业、伟大梦想中，坚持守正创新、踔厉奋发，全面深化自身改革，要带领广大团员青年在脱贫攻坚战场摸爬滚打，在科技攻关岗位奋力攀登，在抢险救灾前线冲锋陷阵，在疫情防控一线披甲出征，在奥运竞技赛场奋勇争先，在保卫祖国哨位威武守护，在党和人民最需要的时刻冲得出来、顶得上去，展现出自信自强、刚健有为的精神风貌。

（1）社会资本对职业成功的影响。社会资本与人力资本、心理资本共同组成职业成功的三大变量。职业成功不仅是个人也是组织所关心的问题。对管理型职业来讲，社会资本更有助于职业成功；对技术型职业来讲，知识资本与职业成功有关[8]。企业规模、行业部门、组织支持和地理位置等组织变量，也可能与职业成功有关[9]。职业成功被定义为一个人通过工作经历获得的积极的心理或与工作相关的成就。对个人而言，职业成功反映了个人自我价值的实现。对组织而言，职业成功意味着该组织充分利用其人力资源并最终为其成功做出贡献。

（2）社会资本对收入水平差异的影响。研究发现，个体综合素质越高，越容易初次就业，就业起薪越高。一般来说，社会资本对收入的影响为锦上添花式，人力资本对收入水平的影响为一视同仁式，劳动时间对收入水平的影响为雪中送炭式。[10]社会资本的重要性越强，家庭选择的社会资本投资力度越大，知识生产和经济增长速度越快[11]。

（3）社会资本可能造成的负面效应。在通过增强社会关系联系、国家政策支持等措施提升社会资本、促进人的全面发展的同时，也应警惕社会资本可能造成的负面效应。社会资本在很大程度上影响着人们社会地位的高低。那些在传统再分配体制下拥有较高社会地位的精英们会在市场转型过程中充分利用自己在传统体制下积累的社会资本，并将这些资本迅速转化为在市场经济体制下可用的资源，从而使自己在新的社会中继续获得较高的经济社会地位。

因此，随着高等教育发展的大众化、市场化、国际化，社会资本将成为大学组织竞争优势的来源。大学组织、筹划和发展社会资本，既能获得有价值的资源，又能增强大学组织的凝聚力，促进组织内部形成良好的和谐氛围，增进大学组织与外部其他组织的交往和联系。

四、实践自觉：全面发展

（一）以理论认识世界，以实践改变世界

新时代的青年，要以理论认识世界，以实践改变世界。2022年4月21日，国务院新闻办公室发表《新时代的中国青年》白皮书，这是我国首次专门就青年群体发布白皮书。白皮书全面介绍了新时代党和政府为青年发展创造的良好条件、取得的巨大成就，充分展现了新时代中国青年奋进新征程、建功新时代的青春担当，是一部记录新时代中国青年发展事业成果、反映新时代中国青年精神风貌的重要文献。《新时代的中国青年》白皮书指出，新时代中国青年应积极主动学理论、学文化、学科学、学技能，不断提升思想素养、身体素质、精神品格、综合能力，努力成长为堪当民族复兴重任的时代新人。

（二）要更加独立自主地融入社会

想要更加自主地融入社会，青年首先要认知社会资本。青年要以更加包容开放的心态认识社会资本的不同形态和观点。下面归纳了部分国外学者关于社会资本的观点，以供参考。

（1）社会资本是一种可转换的社会资源和权利。布迪厄（Pierre Bourdieu）认为社会资本分为经济资本、文化资本和社会关系资本，三者之间可以相互转换。社会成员和社会团体因占有不同的位置，所以可以获得不同的社会资源和权利。

（2）社会资本是一种利益交换的社会关系。科尔曼（James S. Coleman）认为社会结构资源作为个人拥有的资本财产，可以称为社会资

本。社会资本与物质资本、人力资本并存，每个人生来就具有这三种资本，三者之间可以相互转换。人们为了自身利益相互进行各种交换，结果便形成了持续存在的社会关系。

（3）社会资本是一种需要遵循的社会规则。林南（Nan Lin）认为，社会资本是经过某些程序而被群体认为是有价值的东西，对这些东西的占有会增加占有者的生存机遇。社会资本存在于社会结构之中，人们必须遵循其中的规则才能获得行动所需的社会资本。

（4）社会资本是一种紧密组成的公民精神。帕特南（Robert D. Putnam）认为社会资本是一种团体的甚至国家的财产，而不是个人的财产。由于共同的历史渊源和独特的文化环境，人们容易相互熟知并形成一个关系密切的社区，组成紧密的公民参与网络，这种公民精神及公民参与所体现的就是社会资本。

20世纪70年代以来，经济学、社会学、行为组织理论以及政治学等多个学科都不约而同地开始关注社会资本。社会资本的表现方式多样，有行动力资本（让目标得以迅速实现）、思维力资本（有效地找到成功出路）、管理力资本（充分发挥时间的价值）、控制力资本（让生活和工作有条不紊）、创造力资本（超越他人的捷径）、人脉资本（有效地借用他人力量）、胆商资本（有效把握机遇）、才学资本（成功的泉）、心态资本（不断进取的强大动力）、健康资本（为成功奠定良好的基础）等。

（三）要更加开放自信地融入世界

在新时代，中国青年认识世界的渠道更为广阔，国际视野不断拓展。出国留学是中国青年了解世界的重要途径之一。根据《新时代的中国青年》白皮书的统计报告，1978年，中国选派出国留学人员仅800余名；2019年，超过70万人出国深造，40多年来各类出国留学人员累计超过650万人；1978年留学归国人员仅248人，2019年超过58万人学成回国，40多年来回国留学人员累计达420余万人。与此同时，大批中国青年通过旅游、考察、商务、劳务等方式走出国门、感知世界，2019年国内居民出境达1.7亿人次。

展望中国青年融入世界的未来。在与世界各国青年的交流合作中，弘扬和平、发展、公平、正义、民主、自由的全人类共同价值，展现构建人类命运共同体的青春担当[12-13]。根据《新时代的中国青年》白皮书的报告，新时代中国青年更加开放自信地融入世界，走出去的道路越来越宽，沟通合作的朋友圈越来越大。随着中国对外开放的大门越开越大，新时代中国青年以前所未有的深度和广度认识世界、融入世界，在对外交流合作中更加理性包容、自信自强。中国青年以极大的热情和包容的心态，全方位、深层次了解世界、融入世界、拥抱世界，学习借鉴其他国家的有益经验和文明成果。

结语

新时代中国青年生逢中华民族发展的最好时期，物质环境更为优越，精神成长空间更为富足，拥有更高质量的发展条件；教育机会更加均等，职业选择丰富多元，发展流动畅通自由，实现人生出彩的舞台越来越宽阔；享有更全面的保障支持，成长成才有了更良好的法治环境、更有力的政策支持、更可靠的社会保障、更温暖的组织关怀。要在青年的人生发展中充当引路人的角色，帮助他们积极投身中国特色社会主义建设，在服务人民、奉献社会的实践活动中实现自己的人生价值。

参考文献

［1］［2］［3］中共中央马克思恩格斯列宁斯大林著作编译局. 马克思恩格斯文集：第1卷［M］.北京：人民出版社，2009：6，161，503-504，527.

［4］习近平. 习近平谈治国理政：第1卷［M］.北京：外文出版社，2018：54.

［5］朱银端. 大学与青年发展［M］.北京：清华大学出版社，2022：76.

［6］习近平向2019世界青年科学家峰会致贺信［N］.人民日报，2019-10-27（1）.

［7］陈乘风，许培源. 社会资本内生化的技术创新与经济增长模型［J］.宏观经济研究，2017（9）：98-106.

［8］周文霞，辛迅，潘静洲，等. 职业成功的资本论：构建个体层面职业成功影响因素的综合模型［J］.中国人力资源开发，2015（17）：38-45.

［9］周文霞，辛迅，潘静洲，等. 人力资本、社会资本和心理资本影响中国员工职业成功的元分析［J］.心理学报，2015，47（2）：251-263.

［10］朱诗娥，杨汝岱. 资本投入对不同收入阶层差异化回报研究：基于CFPS数据的微观经验分析［J］.财经问题研究，2018（11）：106-115.

［11］严成樑. 社会资本、创新与长期经济增长［J］.经济研究，2012，47（11）：48-60.

［12］习近平主席在联合国教科文组织第九届青年论坛开幕式上的贺词［N］.人民日报，2015-10-27（1）.

［13］让青春在不懈奋斗中绽放绚丽之花：习近平总书记在清华大学考察时的重要讲话激励广大青年肩负历史使命坚定前进信心［N］.人民日报，2021-04-20（1）

华侨大学　继续教育学院

华侨大学　马克思主义学院

哲学理论在马克思主义基本原理概论教学中的应用研究

蒋 迪

摘 要： 马克思主义哲学是马克思主义基本原理概论的重要组成部分。哲学基础理论对于马克思主义哲学的教学尤为重要。将马克思哲学置于哲学理论沿革传统的背景之下能够更好地突出其创新性和革命性，也可以使教学内容更具趣味性和深刻性。在教学中融入西方哲学理论，对于马克思主义基本原理概论的框架以及重要的知识点的教学都具有重要意义。

关键词： 马克思主义基本原理概论；哲学；历史唯物主义；辩证法

马克思主义基本原理是马克思主义思想政治教育的重要组成部分。马克思主义基本原理概论教学的难点主要在于：第一，它横跨哲学、经济学、政治学、历史学等多门学科，需要大量的背景知识作为支撑；第二，如何将马克思主义哲学理论作为基础，将马克思的政治经济学和科学社会主义的思想融会贯通。这就突出了对于马克思主义哲学理解的重要性。毋庸置疑，马克思主义理论离不开哲学的学术传统，马克思主义哲学中的革命性成分也正是在继承和发展了前人的理论成果的基础之上才得以孕育成熟。因此，在马克思主义基本原理概论的教学中阐述相关的哲学理论就是必要的。

一、哲学理论有助于理解《马克思主义基本原理概论》教材的框架

马克思主义哲学教科书体系肇始于20世纪20年代苏联对于马克思主义理论的普及工作。其中，普列汉诺夫对于教科书的形成起到了至关重要的作用。在《马克思主义的基本问题》一文中，他指出："马克思主义是一个完整的世界观。简单说来，这是现代唯物主义，也就是现今发展到最高阶段的世界观，这种世界观的基础早在古希腊就由德谟克利特奠定了。"[1]而普列汉诺夫认为历史唯物主义理论和政治经济学则是马克思和恩格斯的原创。他反对"论证"马克思主义的要求，希望将"马克思主义哲学追溯到历史上的唯物主义那里去，以便为马克思主义的唯物史观奠定一个更为一般的基础"[2]。在此之后的马克思主义哲学原理教科书都没有背离这一初衷，都是在一般哲学的基础之上阐释马克思主义理论。

《马克思主义基本原理概论》教材的基本框架主要包括马克思主义哲学、马克思主义政治经济学和科学社会主义三个部分。其中马克思主义哲学同整个西方哲学的理论传统密切相关。在这一部分的教学中适当地引入西方哲学的理论，能够帮助学生更好地理解马克思主义哲学理论的深刻内涵。

《马克思主义基本原理概论》的第一章是"世界的物质性原理"，这是马克思主义哲学的唯物论。那么这里首先需要解决的一个问题是，为什么要先从世界的物质性开始学起呢？对于这个问题，比较重要的答案是，世界的物质性是马克思主义哲学的逻辑起点。众所周知，马克思主义哲学的重要理论旨趣之一就是要寻找人类社会的发展规律。人类社会是物质世界的一个组成部分。而人类的物质生产则是人类社会从自在自然中脱离出来的根本动因。同时，人类的物质生产也是人类社会发展的基础。

然而对于这一问题的回答还有一个易被忽略的隐蔽的线索，那就是世界

是什么，以及我们该如何认识世界，这两个问题是自哲学发展伊始就困扰着哲学家的根本问题。每一个哲学理论想要合理构建就必须对这两个问题做出明确的回答。对于这个问题的回答，我们称为哲学本体论。因此，在讲授第一章之前，对学生进行适量的哲学理论的铺垫，有助于学生理解教材之后的内容。比如，通过列举古希腊哲学家的朴素唯物主义的观点，让学生了解唯物主义理论的初始形态。通过讲解中世纪神学，对比理解近代科学产生的重要意义。教师可以借此调动学生学习本门课程的积极性。

《马克思主义基本原理概论》中的第二章是关于认识的本质及发展规律，主要涉及马克思主义哲学认识论部分。从世界的物质特性进入认识论的学习，正是符合了哲学的发展走向。认识论是近代西方哲学的核心问题，对于人们能否认识这个世界的问题的不同回答将近代哲学划分为经验论与唯理论。旧唯物主义者大多将认识看作是一种直观的反映，例如亚里士多德的"蜡块说"以及洛克的"白板说"。这种认识理论忽视了主体的能动性，主体在旧唯物主义者那里只能被动接受外界刺激。而唯心主义则将认识看作是先验的过程。例如，客观唯心主义者认为人的认识产生于上帝的启示或绝对精神；主观唯心主义者则认为人的认识是主观自生的、是心灵自由创造的产物。德国古典哲学家康德和黑格尔曾经试图弥合横亘在唯心主义与唯物主义、经验论与唯理论之间的鸿沟，但最后都止步于人的思维之中。马克思首次使认识论走出思维的范畴，走向现实的人类生活。他既承认客观现实对于认识的重要作用，同时也承认人的能动性对于认识的意义，他把实践的观点引入认识论之中。而后才有了人民群众创造历史的历史唯物主义理论以及对于资本主义社会的发展规律的科学判断。

通过引入西方哲学对于本体论、认识论的讨论，我们能够更深刻地理解马克思的理论不仅仅在现实社会中引起了变革，同样也是对整个西方哲学史的批判与继承。

二、哲学理论在历史唯物主义教学中的应用实例

《马克思主义基本原理概论》教材的第三章介绍了人类社会及其发展规律，这是马克思主义哲学的历史唯物主义理论。出于对教材整体架构的考虑，《马克思主义基本原理概论》教材在历史唯物主义部分的历史观思想史只是做了一个较为简要的介绍。对于历史观的看法，可以粗略地划分为唯物史观和唯心史观。然而，这种粗浅的划分方式弱化了历史唯物主义在整个哲学思想史上的伟大突破。似乎唯心史观不过是把历史看作是人类意识的产物，而唯物史观则将历史看作是物质生产运动的结果。因此，在讲解历史唯物主义之前，对于整个西方历史哲学思想史的简要介绍是十分必要的。

历史哲学门类众多，理论跨度较大。本文在此仅以历史哲学的早期理论为例进行说明。众所周知，欧洲的文明源于"两希"，即希腊文明和希伯来文明。古希腊文明孕育了欧洲早期的形而上学、伦理学和物理学等诸多学科。而希伯来文明则孕育了犹太—基督教。这两种文化不同的发展走向决定了二者的历史观也是存在着巨大的差别。

古希腊历史观是一种循环史观，它追求的是不变的知识和普遍法则。当时的希腊人认为正是这种永恒的法则——逻各斯在推动着历史车轮的行进。古希腊历史观的基础是一种自然本体论。当时的哲学家们更多地关注于宇宙的秩序和看得见的美，认为历史不过是对宇宙生灭规律的再现而已。在这种自然观支配下的希腊人，认为一个单独的历史事件是没有可能对整个历史产生任何决定性的影响的。

犹太—基督教的历史观是一种末世论的历史观。这一历史观中的历史从上帝创世开始，到末日审判结束，而历史中所有发生的事件都是为了见证和实现"神意"。这种历史观在漫长的中世纪乃至近代都占有支配的地位。在该历史观中，"神意"是核心概念，人类的一切活动均是"神意"的安排。这里的历史已经不同于希腊时期的永恒循环的历史，相反，历史是线性的、有尽头的历史。

从这两种历史观中，我们可以看到无论是在古希腊还是希伯来的历史观中，人类对于自己的历史总是无能为力的。人类社会的发展方向要么受控于神秘的自然力量，要么受控于神。人类在这样漫长的岁月中，对于自身的命运总是处于束手无策的恐惧之中。而马克思历史唯物主义则告诉我们一个振聋发聩的真理，即历史掌握在人类手中，历史是由人民群众创造的。而先前控制我们命运的神秘规律和上帝，不过是我们自己头脑中的虚假观念而已。

在《德意志意识形态》中，马克思写道："迄今为止人们总是为自己创造出关于自己本身、关于自己是何物或应当成为何物的种种虚假观念。他们按照自己关于神、关于标准人等观念来建立自己的关系。他们头脑的产物不受他们支配。他们这些创造者屈从于自己的创造物。他们在幻象、观念、教条和臆想的存在物枷锁下日渐萎靡消沉，我们要把他们从中解放出来。我们要起来反抗这种统治。"[3]我们可以看到，如果用这段话来批判"两希"历史观依旧是铿锵有力的。所以，马克思的历史唯物主义不仅仅是对于黑格尔、费尔巴哈和青年黑格尔派历史观的批判，他的历史唯物主义批判了以往所有那些将自己束缚于自己的观念，批判了所有那些不为我们人类自己操控的命运。

在西方历史哲学理论中，类似的例子俯拾皆是。通过对这些历史观的阐述，能够更好地突出马克思历史唯物主义的批判性和革命性。也能够让学生理解历史唯物主义的深刻性，并且更愿意去接受这样的历史观。

三、哲学理论在唯物辩证法教学中的应用实例

马克思主义基本原理概论教学中的另一个重点就是对于基本概念的解释。例如，在教授唯物辩证法这一部分的内容时，首先需要解释的是"辩证法"这一概念的内涵。正确地理解辩证法的内涵有助于学生们正确掌握对立统一规律以及人类历史与社会的辩证运动。众所周知，马克思的辩证法更多地继承了黑格尔的辩证法，亦非辩证法的创立者。辩证法源于古希腊文δναλεχειχ，意为进行谈话的艺术。在柏拉图对于苏格拉底谈话的记录中，辩

证法就是苏格拉底帮助对话者澄清概念的论证形式。通过找出对话者的逻辑漏洞来质疑他对于概念的理解。柏拉图则认为辩证法是一种研究终极原则的思想，它是"对各种'学科'的那种无法规定和无法证明的东西的探究"[4]。但此时的辩证法同黑格尔、马克思的辩证法有很大差别。但是在这里，我们首先要明确的是，辩证法首先是一种思维形式，这种思维形式力图寻找的是最普遍、最一般的原则。

学生在马克思主义基本原理概论唯物辩证法学习之初都会产生一个疑问：辩证法的含义是什么？为什么要用普遍联系、对立统一的观点来看待世界？对于这些问题的回答，可以通过对于形而上学和唯心主义认识理论的局限来让大家对于辩证法概念产生更加深刻的理解。

在黑格尔之前的近代理性主义哲学的传统都是运用形式逻辑的方法去构筑一个逻辑自洽的体系。然而这种自诩为"科学的体系"在其开端就遇到了难题：为了追求纯粹的真实可靠，必须把所有不确定的意见清除出去，只保留确定无疑的东西。而什么是真正确定无疑的东西呢？以往的形而上学哲学家在头脑之中思考得出了他们哲学的"确定无疑"的开端，在此基础上建立整个哲学大厦。而这种思维方法是一种静止的、单向度的思维方法。这种方法建立起来的"科学哲学"的开端就会受到逻辑上的质疑和诟病，更遑论同现实相结合了。黑格尔充分认识到建立哲学开端这件事情本身就自相矛盾，"黑格尔解决这一形式逻辑的矛盾的办法，是把它理解为一个辩证的矛盾，即：他不是僵死地理解开端而将开端看作为一个最完满和最终的根据，他把开端看作生命，看作生命的种子，它本身是不完备的，但正因为如此，它才'赋有引身向前的冲动'，才是真正的开端。"[5]黑格尔的辩证法将世界看作是不断运动的过程，这既是以往哲学理论所匮乏的观念，也是后来马克思唯物辩证法的一个重要的理论基础。虽然黑格尔此时的辩证法仍是"头足倒置"的，但是它已经将变化看作是一切事物固有的属性。事物与事物之间也不再是静止的和孤立的状态，而是相互联系，相互影响的。

辩证法到了马克思那里已经发生了巨大的变化，他批判黑格尔辩证法中的绝对精神，而将之作为解释人类社会发展规律的武器。在马克思基本原理概论教学中，对于辩证法的讲解往往需要大量的图式化方法，例如一颗种子从发芽到成熟，或者蝴蝶的蜕变等过程。这一方法使得原本抽象的辩证法概念具象化，使之易于理解。然而这种图式化的教学方法却容易让学生们将辩证法看作是现实的绝对规律的呈现，一种绝对正确的、有效性思维的"先验根据"，这就把马克思的辩证法重新变成了"偶像学"[6]。而这恰恰违背了辩证法的初衷。通过上文对于辩证法起源的讨论，我们知道辩证法最初是一个怀疑的和诘问的谈话方式，是一种帮助我们的认识不断深入的工具，而不是陷入一种"新的拜物教"。马克思的理论之所以正确，是因为它始终以实践的状态存在，它始终指向现实的实践活动。对于西方哲学辩证法理论的讲解，有助于让学生理解辩证法为什么将世界看作是对立统一的，为什么世界是变动不居的，以及让学生深刻理解马克思的唯物辩证法内在的革命性与批判性特征。

四、当代西方哲学可以开阔对于马克思主义基本原理理解的新视野

《马克思主义基本原理概论》教材系统地介绍了正统马克思主义理论的方法以及精神内核。而在当今全球化经济迅速发展的背景之下，我们面临的时代问题必然已经不同于马克思和恩格斯所处时代所面临的问题。那么，如何将传统的马克思主义原理应用于当今时代便成为《马克思主义基本原理概论》教学中的一个重点和难点。

在马克思主义理论诞生后的200多年里，这一理论并不是静止不变的圭臬，它是随着时代的变迁而发展的。在《马克思主义基本原理概论》的教学过程中，不仅要将马克思主义原理的内核进行阐释。同时，也要对当代马克思主义理论的发展路向进行一个简要的介绍，以这样的方式让学生了解马克思主义理论并没有停止发展的脚步。国外学者对于马克思主义理论仍然抱有浓厚的理论旨趣。

与此同时，西方哲学也发生了巨大的变化。德国古典哲学之后的西方哲学经历了语言学转向、生活世界转向以及实践哲学等转向。这些理论的发展也给西方马克思主义理论家带来了新的理论视野。当代西方马克思主义理论就是西方哲学与马克思主义理论的一个结合，例如"精神分析的马克思主义""结构主义的马克思主义"等。了解西方哲学能够让我们更好地理解西方马克思主义各学派的理论，也能够从不同的视角将西方马克思主义理论同我们的社会现实结合起来。

比如，"精神分析的马克思主义"代表人物——当代最著名的左翼激进理论家斯拉沃热·齐泽克。他的理论融合了拉康、黑格尔与马克思等哲学家的理论资源。拉康的精神分析学理论是齐泽克理论的核心基础。齐泽克的代表作《意识形态的崇高客体》就是他在拉康的精神系的基础上对于黑格尔和马克思理论的发展。齐泽克将拉康精神分析中的无意识理论同马克思商品拜物教批判结合研究，并由此发现了二者之间的密切联系。

而"结构主义的马克思主义"代表人物路易·皮埃尔·阿尔都塞则将结构主义语言学研究中心的"症候式阅读法"应用于马克思的著作。并在此基础上重申了历史唯物主义的重大意义以及马克思在早期与晚期理论中存在的"认识论的断裂"。

对于当代马克思主义理论的理解离不开西方哲学的理论背景。西方哲学理论在"马克思主义基本原理概论"教学中的运用能够让学生掌握马克思主义在当代研究中的最新进展。与此同时，也可以凭借西方马克思主义理论的教学来证明马克思主义理论在当代学界仍有着蓬勃的生命力和创造力。

美国哲学家罗蒂曾经说过："最好的解释总是运用。"对于马克思主义基本原理的解释就是在实践中的运用。不仅是在现实生活中的运用，也是在理论教学中的运用。在同西方哲学诸理论的对比中，可以让学生认识到马克思主义理论至今仍具有源源不绝的批判性和革命性。

参考文献

[1][2]王南湜. 重估哲学教科书体系的意义：从启蒙理性科学主义被纳入之后果视角的考察 [J].学习与探索，2014（3）：1-8.

[3]中共中央马克思恩格斯列宁斯大林著作编译局. 马克思恩格斯文集：第1卷 [M].北京：人民出版社，2009：509.

[4]斯塔克，邵水浩. 论辩证法的概念 [J].哲学译丛，1981（1）：17-21.

[5]邓晓芒. 思辨的张力：黑格尔辩证法新探 [M].北京：商务印书馆，2016：102.

[6]张文喜. 论错误使用辩证法概念的深刻思想根源 [J].贵州社会科学，2011（8）：17-23.

华侨大学　马克思主义学院

高校语料库语言学课程思政的改革与实践①

张 晶②

摘 要："立德树人"是新时代中国特色社会主义教育的重要理念和根本任务。以应用语言学专业的必修课程语料库语言学为例，探讨在教学过程中融入思政教育的优势和意义，并结合课程的教学和改革经验，从教学内容、教学方法、教学资源、考核方式四个方面，探讨开展语料库语言学课程思政的具体实施路径，为相关课程的思政教学改革提供参考。

关键词：语料库语言学；课程思政；实施路径；教学改革

引言

2020年5月，教育部印发的《高等学校课程思政建设指导纲要》（教高〔2020〕3号）强调要"将各类课程与思想政治理论课同向同行，将显性教育和隐性教育相统一，形成协同效应"。因此课程思政作为一种综合教育理

---

① 基金项目：教育部人文社科青年基金项目（19YJCZH247）；华侨大学高层次人才启动项目（18SKBS215）；华侨大学一流本科课程"语料库语言学"（教务〔2021〕71号）。

② 作者简介：张晶（1989— ），女，黑龙江省哈尔滨市人，讲师，博士，主要研究方向：语言监测。

念，指明"立德树人"是新时代中国特色社会主义教育发展的根本任务[1]，这促使高校教师在积极提升育人意识，承担好育人责任的同时，更要系统性的谋划课程的教学内容，灵活施教，在教学中努力探索课程思政的建设方案。

语料库语言学课程作为应用语言学专业的必修课，旨在培养学生利用大规模语料库研究语言的能力，具有较强的实践性和应用性。华侨大学文学院2016年秋季开始招生的应用语言学专业也开设了语料库语言学课程，该门课程作为专业核心课，是现代汉语和语言学概论等专业基础课的后续课程，以及语言调查等专业实践课的前序课程，共计36学时，2学分。依据华侨大学"面向海外、面向港澳台"的办学方针以及"为侨服务、传播中华文化"的办学宗旨，在教学过程中不断挖掘课程蕴含的思想价值和精神内涵，积极开展新时代下应用型人才培养的教学体系改革与实践，以培养学生的人文素养和创新精神，增强学生的专业自豪感、民族自信心，厚植学生爱校荣校的情怀。通过对这门课的讲授，笔者对语料库语言学课程的思政教学有所探索和思考，拟从建设意义和实施路径两个方面进行总结，以期对相关课程的思政教学改革提供参考。

一、"语料库语言学"课程思政的建设意义

高校的语料库语言学课程开展课程思政改革有其自身的优势和意义，这主要体现为以下三个方面：

首先，在新文科背景下，我国语言学跨学科研究趋势日益显著。新文科倡导人文社会科学内部以及人文社会科学与自然科学之间的交叉与融合[2]，而语料库研究则融合了语言分析、研究方法、统计学以及信息技术等多种学科的知识，成为语言学跨学科研究的重要领域。因此语料库语言学课程密切对接新文科国家战略，在授课过程中，重点关注语料库在相关研究领域的应用，使学生具备利用语言大数据分析技术进行语料处理分析的基础能力，以及能够自觉运用语料库语言学知识指导语言实践，观察并处理如港澳台及东南亚地区复杂语言现象的综合能力。通过语言、技术、思政和教育的有机融

合，在培养学生从事语言信息处理工作的专业能力的同时，也努力提高学生专业课程的思政教育实效，培养学生严谨细致的做事态度，迎难而上的奋斗精神，持之以恒的意志品质，推动"立德树人"根本目标的实现。

其次，实践是检验真理的唯一标准。在语言研究中，语料库能够提供大量真实自然的语言材料，为语言的定量分析提供条件，有助于研究者观察并把握语言事实，根据语言实际得出相对客观的结论，进而分析和研究语言系统的规律。比如在利用语料库进行同义词辨析时，可从搭配词、类连接和语义韵等角度对词语进行比较分析，利用量化数据实事求是地揭示同义词意义和用法上的异同。又如在利用语料库进行语言风格研究时，可从语言结构长度、词汇丰富程度、词类和句式结构等方面，量化计算不同作家作品中各类语言结构的使用频率，进而揭示作家在语言表达中所形成的共性和个性的言语特征，为文学作品的作者身份判定提供可靠依据。这些研究可充分发挥语料库的实证优势，将大量语言使用者的语言直觉汇集起来，从而使得语言分析的结论更具普遍性和代表性。因此语料库语言学课程可将求真务实的科学精神融入课堂与教学，培养学生大胆假设和严格求证的思维方式，促使学生以一种实事求是的态度和艰苦奋斗的精神投入到社会服务之中。

最后，语料库语言学课程在培育家国情怀中发挥着重要作用。在夺取新时代中国特色社会主义伟大胜利的关键时期，学生要秉承中华文化基因，将个人志向与国家和民族的前途命运紧密相连，增强民族自豪感和文化自信心。而语料库语言学课程可在教学中充分利用人工智能的教学手段，为学生设计、创造具有特色的课程实践机会。比如，可以带领学生对中美外交新闻发布会语料库中模糊限制语使用的异同进行分析，使学生充分认识其中所蕴含的社会文化差异。又如，可以通过对政府工作报告语料中用词用语的分析，使学生充分把握国家方针政策，解析社会发展取得的成就和面临的挑战。再如，可以通过对中国大陆、中国台湾地区、中国香港地区、中国澳门地区的报刊语料中繁简汉字使用情况的分析，使学生充分认识繁体字与简化字间的前后关系、衍生关系以及汉字在民族文化传承，增强民族凝聚力向心力中的作用。这些课程实践活动不仅能有效提高学生语言应用能力，也可促使学生践行正确的人生观、世界观和价值观，鼓励学生在大数据和互联网技术利用等方面回应国家发展的现实需求，汇集实现中国梦的青年力量，为国家的现代化建设做出积极贡献。

二、"语料库语言学"课程思政的实施路径

学生修读语料库语言学课程后所形成的专业素养和解决问题的能力体现着高校语料库语言学课程建设的成效。为了使学生具备基本的职业胜任力，成为德智体美劳全面发展、堪当民族伟大复兴重任的时代青年，必须让思政教育贯穿语料库语言学课程教学的整个过程，下面从教学内容、教学方法、教学资源、考核方式四个方面，分别阐述"语料库语言学"课程思政的具体实施路径。

（一）结合教学内容开展思政教育

在教学内容设置上，要合理安排理论内容与实践内容在课程教学中所占的比例，做到理论与实践并重。针对现有教学中缺乏对学生跨学科研究能力培养的问题，语料库语言学课程以自然语言文本的采集、存储、加工和统计分析的理论和操作为主要教学内容，着重培养学生运用语料库语言学的方法进行语言分析和数据处理的实际能力。在教学安排上帮助学生在了解语料库语言学的基本概念和研究内容、熟悉国内外语料库资源以及语料库设计原则的同时，掌握常用语料库工具软件的用法，使学生能够独立运用NLPIR、AntConc、UAM Corpus Tool、Python等语料库工具，开展基于语料库的中文自动分词、搭配抽取、语篇信息标注、字词频统计等语言研究实践，让学生通过课程的学习能够学有所获并学以致用，促进知识向技能转化，从而更好地服务于国家和社会。

此外，在教学过程中还要把语言知识的传授、语言能力的培养与思政德育教育相融合。比如在讲利用AntConc进行语料检索统计时，可以将两岸汉

语（即大陆普通话和台湾普通话）的口语语料作为分析对象，引导学生基于语料库，利用定量分析与定性分析相结合、描写与解释相结合的研究方法，对两岸汉语口语中的词汇和语法进行对比分析，使学生切实认识两岸汉语的共性和个性特征，进而引申到汉语古今演变历程，指明两岸汉语同根同源，是汉民族共同语在同一层次上的两个变体的密切关系[3]，进而鼓励学生利用好华侨大学的地域优势和生源优势，积极开展两岸汉语的对比研究，推动两岸汉语共通共融，为构建两岸命运共同体，实现中华民族伟大复兴而奋斗。又如在讲利用Python进行词频统计分析时，涉及代码编写、语句逻辑、bug（漏洞）清除等方面的操作，可谓是差之毫厘，谬以千里，在这过程中需要学生有耐心、够细心。故在实践操作中结合实例引出感悟，引导学生在实际生活和工作中也要着眼大局、注重细节，做到懂规矩、守纪律，努力学习，不断提高自己的能力，使学生通过语料调查的实践操作，领会并践行社会主义核心价值观。

（二）优化教学方法提升思政效果

在教学方法运用上，针对学生学习主动性不强的问题，语料库语言学课程坚决贯彻"以学生为中心"的教学理念，以线下课程为重点，以线上练习和答疑为拓展。在线下教学过程中，充分利用PPT、语料库软件、智慧黑板等信息化教学手段，详细形象地呈现、演示语料爬取、统计、分析的方法和步骤，并运用"问题驱动"的教学模式，围绕具体研究问题展开教学内容，使得课程的理论、方法、工具的学习都与实现研究目的紧密关联，有针对性地引导学生进行案例式、参与式、探究式学习。

比如在"语料库的加工和使用"一章的教学过程中，努力将知识积累和知识扩展相结合。一方面，通过边讲边练的方式，结合具体语料中的语言现象，讲授利用AntConc进行节点词检索、复杂检索、统计常用词、生成主题词表、分析常用搭配词、制作词汇云图等操作的思路和方法，并在演示过程中强调关键步骤和注意事项，使学生边做边学，提升师生互动的频率和效率；另一方面，布置课下的拓展性思考题，并合理引入分组协作式学习，让学生都参与到语料库调查的实践之中，在分组合作的过程中完成任务（详见图1）。这有助于激发学生深入思考复杂语言问题的兴趣和潜能，在完成具有挑战性任务的过程中强化学生对语料库语言学的认知和应用，使学生在学习过程中主动吸收所学知识，从而实现让兴趣领着学生学、让任务带着学生做、让创新引导学生走的教学目标，强化理想信念教育，培养学生集体主义和团结合作精神，引导学生勤于学习、善于创造，成为有理想、有道德、有文化、有纪律的社会主义建设者的育人目标。

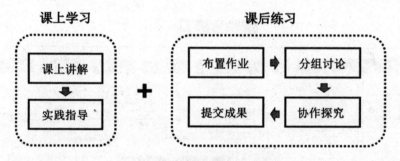

图1　协作式学习的过程

又如在"语料库的建设和开发"一章的教学过程中，采用师生共建的模式构建了"当代大学生日常口语语料库"。在语料库建设过程中，由学生按照语料采集的原则和规范，采集不同性别、年级、地域大学生的日常口语会话，然后按照口语语料转写方案，进行口语语料的转写，并遵照语料标注原则和规范，从词汇、语法、语用三个方面，标注会话语料中的语言结构和语言特征。教师对学生标注结果进行校对，并利用计算机建库技术将修正后的熟语料建库返还给学生，供学生进行文本的处理分析、撰写学术论文，从而有效提高学生科研能力。这种教学方式突破了传统以课堂授课为中心的教学模式，注重培养学生的自主思考和实践操作的能力，使学生在实践中学真本领、练真本领，紧跟时代、肩负使命，认识语言学专业学生应有的责任和担当，积极适应新技术迅猛发展的新时代的需要。

（三）利用教学资源展示思政元素

在教学资源建设上，计算机技术的发展促使教育教学手段逐渐多样化，教学模式也更加多元化，并逐步向基于多媒体和互联网的数字化应用模式转变。针对学生课下学习主动性不强的问题，语料库语言学课程致力于利用信息网络技术和现代教育手段开展课程教学，并积累了体系完整、类型多样的课程教学资源（详见图2），具体包括教学课件、课程教案、课程大纲、教学计划、课程视频库、线上资源库、习题库、思政素材库等，并能根据学术前沿及时进行更新和充实。

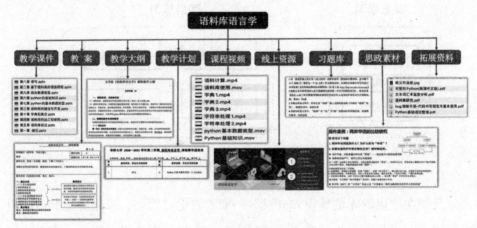

图2 课程教学资源

这些涵盖文字、声音、影像、动画等多种形式的立体式、互动式教学资源，不仅可以有效适应学生的知识接受习惯，满足学生进行自主式、探索式、反复式学习的需求，还可成为思政教育的良好媒介，实现高校思政课中显性教育与隐性教育相统一的目标。比如，在教学课件的背景中放入与思想道德相关的汉字图片，如"诚""信""礼""勤"等作为背景，让学生体会汉字之美的同时，践行汉字所积淀的民族智慧和所凝聚的民族精神。

本课程专门建设了思政素材库。该素材库中包含抗击新型冠状病毒肺炎疫情的中英文报道，基于该教学素材，教师可以带领学生利用语料分析工具，剖析中西方新闻报道里的中国形象，激励学生认清目标所在、责任所在、担当所在，讲好中国故事，塑造国家形象，加强中华语言文化的传承传播。也包含中美外交新闻发布会的会语语料。外交新闻发布会话语是代表国家立场、传播外交政治理念、塑造国家形象的官方话语。基于该教学素材，教师可以带领学生利用语料分析工具，归纳政治场合，尤其是新闻发布会话语中，增强语言表现力和交际效果的语用策略，并通过中美的对比分析，解析外交部新闻发言人答语的制约因素以及答语策略的生成机制，让学生在开展基于语料库的语用分析的同时，了解党和国家重大方针政策，并深刻领会党和国家事业取得的历史性成就以及所面临的重大机遇和挑战，重点引导学生正确认识世界和中国的发展大势，正确认识时代责任和历史使命[5]，深化学生对"中国道路、中国精神、中国力量"的认识和理解，使学生将个人的理想追求融入国家和民族事业之中，将国家担当与个人发展紧密结合，让家国情怀扎根于学生内心，鼓励学生为实现中华民族伟大复兴的中国梦贡献青春和力量。

（四）改革考核方式增强思政实效

课程的考核方式是影响课程思政改革实效的关键要素。为了进一步破除"高分低能"的积弊，针对学生过多关注知识背诵的问题，语料库语言学课程改革了课程考评机制，以多维的评价目标、多样的考核方式和全面的考核内容为目标，以解决实际研究问题作为考核重点，将课堂参与度和课程实践纳入评价体系，实现过程评价与结果评价相融合，考核学生的综合素质。

结合课程的性质和特点，期末考试采用课程论文的结课方式，占课程成绩的60%。课程结课论文的撰写要求学生不仅要严格遵守学术规范和格式规范，更要在研究中利用语料库调查的研究方法，开展基于语料库的语言学研究，并在分析中将定量分析和定性分析相结合，得出基于量化计算的研究结论，形成语言流畅、思路清晰、结构合理的学术论文，这可有效推动学生对已学知识的梳理和总结，锻炼学生的学术思维和书面语言的表达能力，为今后从事相关研究和工作打下坚实基础。

此外，本课程提高了平时成绩的比重，实施多样化考核。平时成绩包括课程调研、课程练习和课程表现三个部分，共占课程成绩的40%。其中课程调研包括调研语料库的分类和用途、调研某语料库研究的文献，以锻炼并考察学生的文献搜集、整理、归纳的能力；课程练习包括爬取清洗文本、检索分析文本、标注口语文本、统计计算文本等操作实践，以锻炼并考查学生运用语料库分析软件进行实践操作的能力；而课程表现则主要包括课程考勤和课程互动，以强化并考查学生学习的主动性和积极性。课程还针对境外生，开展了课下的学习帮扶和辅导，重视对其课程调研和课程练习作业的批改、指导，使境外生也能快速适应课程的学习节奏，有效提升课程的学习效果。

结语

思政教育是提升学生思想政治觉悟和道德修养，培养学生家国情怀和法治意识，使学生树立正确的祖国观、民族观、文化观、历史观的重要手段，故应贯穿于本科课程教学的始终。语料库语言学作为语言学和计算机科学交叉融合而成的专业必修课程，更应立足国家新文科建设的现实需求，顺应新科技革命和产业变革的大趋势，突显课程的学科性质和育人价值。因此，教师在教学过程中要积极把语言知识的传授、语言能力的培养与思政德育教育相融合，坚决落实"学生中心、产出导向、持续改进"的课程建设思路[6]，充分结合学生的知识储备和层次需求，不断更新教学内容，设计更具针对性的思政实践案例，并不断优化课程资源，加强线上资源在教学中的推广和应用。同时，全力完善学生的自主学习体系，积极开展丰富多样的第二课堂教学活动，以培养知识复合、创造力和实践力强、能担重任的高素质专业人才，进而塑造精品、强化特色，充分发挥语料库语言学课程在高校课程思政建设中的示范作用，实现为党育人、为国育才的目标。

参考文献

［1］武东生，宋怡如，刘巍. 立德树人是新时代中国特色社会主义教育发展的根本任务［J］.思想理论教育导刊，2019（1）：66-70.

［2］戴炜栋，胡壮麟，王初明，等. 新文科背景下的语言学跨学科发展［J］.外语界，2020（4）：2-9.

［3］李行健. 深化两岸语言对比研究，促进民族共同语的融合统一［J］.语言文字应用，2017（4）：2-10.

［4］中共中央宣传部、教育部.新时代学校思想政治理论课改革创新实施方案［EB/OL］.(2020-12-18）.http：//www.gov.cn/zhengce/zhengceku/2021-01/01/content_5576046.htm.

［5］教育部高等学校教学指导委员会.普通高等学校本科专业类教学质量国家标准［M］.北京：高等教育出版社，2018.

华侨大学　文学院

新时代高校思政工作中
"伟大建党精神"教育的思考

张晓岚　王　俐

摘　要： 伟大建党精神作为中国共产党精神之源，是党的最新理论成果。高校是对大学生进行思想政治教育的主阵地。在新时代高校思政工作中融入伟大建党精神教育问题，不但可以巩固马克思主义意识形态领导权，同时也可以加强大学生理想信念建设，提高其成为社会主义建设者和接班人的历史使命感和责任感。伟大建党精神内涵丰富，应着力于思政理论教育内容创新、思政教育工作机制创新、思政课教学设计等方面，研究其意蕴。此外，在新时代高校思政工作中融入伟大建党精神教育要创新其管理机制，优化其教学机制，改革其研究机制，创建配套的大学生"自我革命"教育的学习机制。

关键词： 高校思政工作；建党精神；教学体系；马克思主义；意识形态领导权

伟大建党精神作为庆祝中国共产党成立100周年大会上重要讲话中的理论创新，其内涵层次丰富，价值意蕴深远。百年来创党实践所形成的三十二字宝贵原理在不同层面昭示着中国共产党的筚路蓝缕，风雨兼程。习近平总书记指出，伟大建党精神是中国共产党的精神之源，要继续弘扬光荣传统、赓续红色血脉，永远把伟大建党精神继承下去、发扬光大[1]。如何通过开展高校思政工作提高青年学生的思政觉悟，端正马克思主义政治方向，明确新时代新青年的时代担当和历史使命，是新时代高校思政工作的一个关键环节，而"伟大建党精神"教育恰恰能够在这一环节中发挥举重若轻的作用。

一、"伟大建党精神"教育是新时代高校思政工作的一个重要主题

高校是开展青年思想政治教育工作的主阵地，肩负着培养新时代社会主义建设者和接班人的现实重任。高校思政工作在广义上指思政课和课程思政以及对大学生日常的教育实践活动、学生事务等全程、全员、整体的管理工作。而其中占据关键地位的高校思想政治理论课是"落实立德树人根本任务的关键课程"[2]。因此，在高校思政工作中加强伟大建党精神教育既是"为党育人，为国育才"的合理做法，也是提升高校大学生思想政治素质的重要环节。

（一）"伟大建党精神"教育，是强化新时代高校思政工作马克思主义意识形态领导权的重点

高校思想政治工作是意识形态工作的前沿。习近平总书记在全国高校思想政治工作会议上提出"三全育人"的各项要求，并明确了高校教育立德树人的立身之本离不开思想政治教育的全面相互融通。高校思想政治理论课作为思政工作的主阵地，在教育和引领意识形态工作中发挥核心作用。中共中央办公厅、国务院办公厅印发的《关于深化新时代学校思想政治理论课改革创新的若干意见》（2019年）中明确提出深化思政课改革创新要"坚持思政课建设与党的创新理论武装同步推进"的基本原则。而伟大建党精神作为中国共产党理论创新的最新成果，在高校思政课的教学中融入伟大建党精神教育，是加强高校思政工作马克思主义意识形态导向功能的新契机。

伟大建党精神作为党的创新理论为高校思政工作的开展提供了宝贵的理论资源。在伟大建党精神未提出之前,红船精神作为中国共产党的精神代表感染并激励着许多高校大学生。在官方定义中国共产党的精神之源产生之后,其与之前理论的联系和区别可以作为思政工作开展过程中的一个创新环节,在认知、学习、对比中加强对于建党精神的深入了解,在了解建党精神的同时又与"四史"教育结合起来,充盈思政工作的丰富性和趣味性,在此过程中全方位加强高校思政工作中马克思主义意识形态的导向功能。让理论的接收过程不再生硬而偏学理,更能与实践相结合,让高校大学生愈发领会理论来源于实践,是实践过程的概括和升华。

(二)"伟大建党精神"教育,是强化新时代高校大学生共产主义理想信念建设的重要环节

伟大的建党精神内涵丰富,三十二个字从认知层次、目标层次、特质层次、主体层次对中国共产党百年来建党实践进行概括。伟大的建党精神正是在丰富的建党实践中形成的,它不是一个空泛的理论,而是有十分厚重的党史作为支撑,具有较重大的思想政治教育价值。继承和发扬伟大的建党精神,发挥其价值,能够确保在思政工作过程中政治指向的正确性,巧妙促进价值引领,从而强化高校大学生共产主义理想信念建设。

强化高校大学生理想信念教育中的精神力量。理想信念教育是思政课教育中万古长青的话题。理想信念就是精神之钙,人没有了理想信念就会得软骨病。坚定理想信念一直是思政工作实现价值引领的首要环节,而伟大的建党精神正是在百年党史的锤炼中形成的,其内涵的形成具有丰富的史料支撑。伟大建党精神中的信念不但建立在对马克思主义学说的深刻理解之上,而且也是对马克思主义信念的无上追崇。少年的意志关系国家的未来及人民的期望,所以要从学生时期便形成坚定的意志。由此可见,在思政工作中融入伟大建党精神教育问题可以强化高校大学生理想信念教育中的精神力量。

强化了高校大学生文化自信中的精神底气。文化自信首先体现在政治

信仰和信念上的自信。中国特色社会主义文化，"源自于中华民族五千多年文明历史所孕育的中华优秀传统文化，熔铸于党领导人民在革命、建设、改革中创造的革命文化和社会主义先进文化，植根于中国特色社会主义伟大实践"[3]。在光辉探索中孕育出了伟大建党精神，而共产党人的精神谱系也就是在一次次光辉探索中建立的。伟大建党精神的提出无异于给予高校大学生文化自信以更多精神底气。因为伟大建党精神本身的产生正是由马克思主义基本原理和中华传统文化、中国近现代优秀革命文化、世界社会主义先进文化等相结合而产生的理论创新结果。

强化社会主义核心价值观的培育与践行。在强化共产主义理想信念建设的过程中培育和践行社会主义核心价值观是基础工程。伟大建党精神是中国共产党精神的集中表现，其深远的内涵中蕴藏的是中国共产党的核心价值观，这与社会主义核心价值观在本质上是一脉相承的。"坚持真理、坚守理想"是建设"富强、民主、文明、和谐"这一国家层面价值目标的信念和信仰驱动；"践行初心、担当使命"是体现"爱岗、敬业、诚信、友善"这一个人价值指向的实践路径；"不怕牺牲、英勇斗争""对党忠诚、不负人民"为建设"自由、民主、公正、法治"的社会提供执行力保障[4]。

（三）"伟大建党精神"教育，是增强新时代高校大学生作为社会主义建设者和接班人历史使命感和责任感的重要环节

伟大建党精神中"践行初心、担当使命"的深刻内涵切实体现共产党人的历史使命感和责任感。这对于培养什么人、怎样培养人、为谁培养人的根本问题有引导和激励作用。"培养担当民族复兴大任的时代新人"[5]是习近平总书记在十九大报告中提到的新的育人命题。习近平总书记在学校思想政治理论课教师座谈会上进一步强调："我们党立志于中华民族千秋伟业，必须培养一代又一代拥护中国共产党领导和我国社会主义制度、立志为中国特色社会主义事业奋斗终身的有用人才。"[6]这一系列的重要讲话，对于高校思政工作提出了更高的育人要求，而这些更高的育人要求的实施与践行离不

开伟大建党精神的教育问题。

伟大建党精神是中国共产党筚路蓝缕奋斗之路的凝练和体现。这一精神，完美地将中国共产党人的精神品格展示出来。在高校思政工作中弘扬伟大建党精神对于强化高校大学生的历史使命感和责任感，践行高校思政课育人使命来说是一个崭新的格局。官方的表述所定义出的伟大建党精神是中国共产党的精神之源，这不仅是理论创新的一部分，更是对于思政课主阵地抓手的极大开拓。在弘扬伟大建党精神的过程中，高校大学生们会去了解、体会、解读中国共产党的革命、建设、改革的历史。在这一阶段学习的过程中，高校大学生的历史使命感和社会责任心得以增强，在生动的历史事例和历史人物的精神洗礼下，引领着高校大学生赓续中国红色血脉，继承和弘扬伟大的建党精髓，努力成为能够担当民族复兴大任的时代新人。

二、新时代高校思政工作融入"建党精神"教育的基本着力点

提升新时代高校思政工作的效率和品质是一个时代性课题，深入开展伟大建党精神教育恰恰是做好这一课题的基本着力点。那么，新时代高校思政工作融入伟大建党精神教育，有哪些基本着力点？

（一）着力于思政理论教育内容创新中开展伟大建党精神教育

在努力开拓学校思想政治工作新局面的过程中，广泛融汇了党的创新理论思想，让党的创新理论入脑入心是学校思政理论教学创新的主要组成部分。而伟大建党精神则是在马克思主义理论的指导下，发扬了马克思主义政党的前瞻性，在为中华民族救亡图存的不懈努力的实践中，在为革命先行者创党实践的奋斗历程中形成的，其学说源头、历史血脉和现实基石共同构成了伟大建党精神的产生逻辑[7]。在创党实践中产生的机理，是将伟大建党精神呈现给人们的系统性的体现。从伟大建党精神形成过程中产生出的理论渊源、历史脉络和实践基础正是高校思政理论教育内容创新的有效着力点。

伟大建党精神生成的理论逻辑体现在马克思主义揭示的自然界、人类

社会和人类思维发展的普遍规律中；伟大建党精神生成的历史逻辑体现在自鸦片战争以来中华民族经历的屈辱历史和中国人民不屈不挠的斗争历史中；伟大建党精神的历史逻辑体现在马克思主义中国化的理论进程中。此外，还要从中国精神的学习中，引导高校大学生学习弘扬伟大建党精神的价值逻辑等。以伟大建党精神的生成逻辑为主线，贯穿高校思政工作的主线，保证伟大建党精神融汇的完整性，是高校思政工作中伟大建党精神教育问题的内在要求。

（二）着力于在思政教育工作中开展伟大建党精神教育

思政理论教育关系理论内容层次上的价值引领，思政教育工作关系到推进价值引领的实效性问题。党的理论在创新，高校大学生的思想文化活动在变化，思政教育工作机制的创新就一刻也不能停止。这是一个仍然要进行许多新的历史特点的伟大斗争的时代，因此要实现伟大梦想，必然要不停地根据时势的变化进行思政教育工作创新，从而更高效率地把握新时代大学生的思想动态变化。在思政教育工作变化的过程中开展伟大建党精神教育，可以更加凝心聚力，有的放矢。

行动内化于心，精神外化于行，是高校大学生在接受思想政治教育过程中必不可少的两个阶段。合理地开展思政教育工作运行机制创新、工作保障机制创新、工作监督机制创新、工作评价机制创新可以使得高校大学生在接受思政政治教育的过程中接触到不同的思想、观念和规范，这些要素与其原有的价值观念碰撞、矛盾，最终会内化为自己的意识，并外化为良好的思想行为和习惯[8]。所以，在高校思政教育机制创新的过程中，以什么为切入点尤其重要。伟大建党精神的内涵包含四层，"坚持真理，坚守理想"的强烈信念；"不忘初心，担当使命"的艰巨责任；"不怕牺牲，英勇斗争"的意志品质；"对党忠诚，不负人民"的高尚情怀。在高校思政教育工作机制创新中有侧重地切入这四层内涵，对于培育高校大学生的信念意识、责任意识、斗争意识以及人民意识具有重要的启迪作用。

（三）着力于在高校思政教学实践中彰显伟大建党精神教育

人无精神不立。弘扬伟大建党精神是中华民族伟大复兴的必然要求。弘扬伟大建党精神始终要以人民为中心，不断推进马克思主义中国化，推进党的理论创新。认识伟大建党精神中的各个要素从历史养分中汲取力量。在新时代新的风险挑战面前要敢于亮剑，敢于胜利，确保党在造福人民的历史进程中始终成为坚强领导核心等方面的时代价值[9]。这一时代价值的体现与高校思政课教学致力于帮助高校大学生"树立正确的世界观、人生观、价值观，把实现个人价值同党和国家前途命运紧紧联系在一起"[10]的价值追求是契合的。

在思政课的教学设计中体现伟大建党精神的教学实践，是传播伟大建党精神的内生力量。一方面，可以根据课程目标的内容、能力和价值目标的维度，把宣传伟大建党精神的当代意义纳入整体价值目标的设定中，使广大高校大学生在感受宣传伟大建党精神的当代意义中提高思政课教育目标的整体价值。另一方面，也可以选择各个方面真实有趣的史实，通过各种教学载体，以达到宣传伟大建党精神的总体目标，从而展示宣传伟大建党精神的当代意义。

三、新时代高校思政工作融入伟大建党精神教育的可行性思路

高校大学生是祖国的希望，民族的未来。思想政治教育在高校思政工作中最为灵动。融入伟大建党精神教育，使得新时代高校大学生思想政治工作开辟新阵地，面临新挑战。由此来看，在高校思政工作中融入伟大建党精神教育，需要从管理、教学与科研三个环节协同进行，尤其要优化教育机制、创新教育手段，激活教育实践。

（一）创新新时代高校思想政治工作的管理机制

伟大建党精神融入高校思想政治工作是一项需要长期坚持的系统性工

作，坚持党委统一领导是必不可少的一部分。除党委统一领导外，需要党政双管齐下，并保持各个部门与马克思主义学院的紧密结合。

第一，在创新新时代高校思政工作管理机制中构建"大思政"格局，必须落实党委的集中统一领导。负主体责任的高校党委要落实思想政治教育工作的主体主线，不仅要在思想上高度重视伟大建党精神融入思政工作，而且要在行动上带头重视。

第二，在理论层面加强对伟大建党精神这一党的创新理论的研究。新时代高校思想政治工作的管理机制中离不开对创新理论的研究，新兴理论的研究与实践要有数字化、系统化的平台。可由校级党委领导班子主持，配备高水平团队、划拨专项资金支出，搭建学术平台。特别是要充分发挥马克思主义学院专职教师的主要功能，针对伟大建党精神这一重大创新理论的科学内涵、历史脉络、社会发展动向等展开细致深入的研究，以此为伟大建党精神进一步深入新时代高等学校思想政治工作，奠定坚实的理论基础。

第三，创新新时代高校思想政治工作的管理机制中配套保障机制不可少，构建将伟大建党精神融入大学思想政治教育的"同向同行、同频共振"新体制。一是积极完善与同行领导的工作。明确马克思主义学院、教务处、师资工作部、学生工作部、团委等在伟大建党精神浸润下从事大学思想政治工作应该承担的职责。二是采取教育观摩、说课制度、比赛制度和集中备课等机制，并定时进行专题教学等活动，将伟大建党精神常态化、固定化、制度化地融入大学的思想政治教育工作[11]。

（二）优化新时代高校思想政治工作的教学机制

将伟大建党精神的深远意蕴融入新时代高校思政工作的教学中，不是简单宣读伟大建党精神的基本内涵，而是要根据各个课程内容特点进行有机结合。将科学的教学理念、艺术的教学方法、多元的教学载体融入伟大建党精神教育，从而收获入脑入心的教学效果。

创新教育理念。面对党的创新理论，教师要做到教育者先受教育，先行一步，先学先懂。教育能够说服人是因为有深刻的感召力，教育者要创新教育理念，把以往专注于学习新理论的内容内涵转变为领会新理论的精神，通过教育者自身的处理与加工，将新理论的精神转化为教学资源，并与实际相结合，用鲜活生动的事例激发高校大学生对于新理论的兴趣与好奇心，通过鲜活有力的事例和坚实可信的论证，激发高校大学生学习党的创新理论的兴趣，从而加剧其强烈的使命感和责任感。

第二，更新教学形式。内容与形式作为一对辩证的概念，从来都是你中有我，我中有你，不可分割的紧密关系。对于新理论的教学，要选择运用新的方法，使得灵活多思的高校大学生更能接受。秉持紧扣教学目的、聚焦主题主线、融入重要论述等原则，以重要历史节点为依托融入伟大建党精神，从理论与实践双重视角引导学生知其然并知其所以然，避免空洞化的说教。

第三，搭建多元教学载体。深邃而学理的理论需要灵活多变的呈现形式，才能在高校大学生的心中埋下火种。伟大建党精神作为党的创新理论，一经提出就受到广泛关注，对于伟大建党精神内涵的学习，在内容的体会方面每一个群体都有其不同的方式，在融入高校思政工作时要充分依托高校既有的系统化理论学习平台，如理论大课堂、实践大课堂、网络大课堂等，丰富高校大学生对于创新理论的接触与认识，从而优化教学机制。

（三）全面深化改革新时代高校思想政治工作的研究机制

任何工作都离不开理论的指导，思想政治工作更是如此。思想政治工作的每一次创新发展都离不开理论指导和实践探索。思想政治工作的特殊性决定了其与党的理论创新关系密切。思想政治工作的丰富实践为党的理论创新提供了源头活水，党的理论创新成果又为思想政治工作提供了指导。伟大建党精神作为党的创新理论为高校思想政治工作的研究深化增添了新的活力。

思政工作的开展要与最新的理论研究相适应，掌握学界最新研究动态。当前学界对于伟大建党精神的理论研究取得了一些成果，但不能将伟大建党精神仅作为党的理论创新的一部分束之高阁。新时代高校思想政治工作的主要对象还是高校大学生，怎样使得高校大学生在听到伟大建党精神的内涵时被触动，能够从三十二个字的原理之中体会到理论背后创党实践的丰富与艰难，这是理论工作者在进行理论研究时对科研进一步探索，体会伟大建党精神的内生力量，将其外化在教学研究与教学实践之中。理论一经掌握群众，就会变成物质的力量。理论只要说服人，就能掌握群众。

（四）创建配套的高校大学生"自我革命"教育的学习机制

勇于自我革命是中国共产党最鲜明的品格和最大的优势。新时代高校大学生应强化"自我革命"的学习教育机制，促使其自省、自查、自检、自纠，充分参与到高校思政工作中。而伟大建党精神中"不怕牺牲，英勇斗争"这一鲜明的政治品质正是对于"自我革命"的生动写照。中国共产党在其奋斗历程中，经历了许多磨难与考验，无论是在民主革命时期、新民主主义革命时期还是社会主义建设时期，都几度面临中国共产党生死危亡的关键时刻。然而幼年时期的中国共产党从来没有因为在奋斗路上取得的些许成就居功自傲，一叶障目。而是对于出现的错误、问题、危机及时调整，做到自省、自查、自检、自纠。这对于新时代高校思政工作的开展具有强烈的指示作用。

新时代面临许多新的伟大斗争，这些斗争具备新的历史特点。高校思政工作者的队伍里不能只依靠部分同志的力量，应该创建配套的高校大学生"自我革命"教育的学习机制，让思政工作中数量最庞大且富有朝气的高校大学生充当开展思政工作的排头兵。由于思政课教学中面对的是各个学科不同年龄段的学生，这些学生有不同的认知需要，因此在教学中也有不同的教学需要。传统的教学模式也有许多可取之处，灌输教学有其显著的成效。但是在教学模式的选择上应该发挥主观能动性，利用参与式、启发式、沉浸式等多元方法，满足学生的个性需要。

启发式教学和沉浸式教学对于提升高校大学生对思政课堂的兴趣具有重要作用。在思政课教学课堂上，教师阐释理论知识的同时，可以运用互联网上海量的案例和资讯启发高校大学生们对于伟大建党精神的思考。同时在课后巩固中,鼓励高校大学生们自主演绎革命先烈们的光荣事迹,通过演短剧、拍微电影等形式,使高校大学生熟悉百年来创党实践中鲜活的人物形象,提高学生对于思政课堂的参与感和建设感,从而推动思政工作的纵深发展。

这是伟大建党精神教育问题融入高校思政工作的探索,更是对百年党史的学习、继承和发展。这需要一代又一代的青年人接续奋斗。精神的力量在于使信仰信念更加坚定,责任担当更加有力,意志品格更为凸显,高尚情怀历久弥坚。高校思想政治工作要大力传承并弘扬伟大建党精神,培育更多能够担当中华民族伟大复兴大任的时代新人。

参考文献

[1]习近平. 在庆祝中国共产党成立100周年大会上的讲话[N].人民日报,2021-07-02(2).

[2]习近平. 思政课是落实立德树人根本任务的关键课程[J].新长征(党建版),2021(3):4-13.

[3]习近平. 决胜全面建成小康社会 夺取新时代中国特色社会主义伟大胜利:在中国共产党第十九次全国代表大会上的报告[M].北京:人民出版社,2017:41.

[4]高忠芳. 伟大建党精神融入高校思想政治教育的价值和路径[J].苏州科技大学学报(社会科学版),2021,38(6):19-23.

[5]习近平. 习近平谈治国理政:第3卷[M].北京:外文出版社,2020:328.

[6]习近平. 思政课是落实立德树人根本任务的关键课程[J].新长征(党建版),2021(3):4-13.

［7］蔡志强，袁美秀. 伟大建党精神的内涵、形成机理与实践要求［J］. 思想理论教育，2021（8）：4-11.

［8］张耀灿，郑永廷，吴潜涛，等. 现代思想政治教育学［M］.北京：人民出版社，2006：256.

［9］董振华. 伟大建党精神的科学内涵与时代价值［J］.红旗文稿，2021（14）：16-20，1.

［10］习近平. 思政课是落实立德树人根本任务的关键课程［J］. 新长征（党建版），2021（3）：4-13.

［11］王兴中. 伟大建党精神融入高校思想政治教育探析［J］.学校党建与思想教育，2022（2）：18-20.

华侨大学　马克思主义学院

港澳台侨生设计概论教学中课程思政的融入研究①

孙振涛

摘　要：高校课程思政的开展，需要具有与时俱进的视野，既要结合时代热点，使课程思政内容"接地气"，也要关注和尊重学生的心理特点，使学生乐于接受。在设计概论课程思政的开展过程中，通过针对性的创新设计，积极探索"理论教学融入与实践教学融入相结合""找准结合点，提升认知度""探索新形式，提高积极性""采取新语态，展现平等性"等方式，有效提升融入效果，保障思政教育质量。

关键词：新时代；课程思政；设计概论；港澳台侨生

随着社会发展与技术更新，今天的我们和现在的中国都处于一个崭新的发展阶段。一方面，时代主题发生了变化，美好生活、民族复兴、文化自信等成为新的时代话语；另一方面，新的社会文化语境下，随着互联网、新媒体等技术和拟态环境的演化，人们的价值观念受到更加多元的震荡冲击，意识形态建设面临更加复杂的挑战。对于高校而言，挑战更为严峻。青年大学生正是世界观、人生观、价值观形成的关键时期，思想尚未稳定，国内外不

①　基金项目：华侨大学第二批面向港澳台侨学生授课课程升级改造建设立项项目·设计概论（项目编号：116）。

良社会思想极易对大学生形成负面影响，因此，高校的思政建设尤为重要。党和国家非常重视高校的思想政治教育。习近平总书记在学校思想政治理论课教师座谈会重要讲话中指出："青少年阶段是人生的'拔节孕穗期'，这一时期心智逐渐健全，思维进入最活跃状态，最需要精心引导和栽培。'蒙以养正，圣功也。'就是说青少年教育最重要的是教给他们正确的思想，引导他们走正路。思政课是落实立德树人根本任务的关键课程，思政课作用不可替代，思政课教师队伍责任重大。"[1]

一、课程思政与港澳台侨生教育

置身新语境，高校办好思想政治教育需要结合新的时代话语，充分尊重学生的心理特点，有针对性地创新教育理念、教育手段、教育形式等，从而有效提升思想政治教育质量。除了专门的思想政治理论课以外，高校的思想政治教育还需要广泛开展课程思政，把思政教育渗透和扩散进各门专业课程之中，破除不同学科、专业之间的教育壁垒，以期建构起不同学科所属的课程与思政课相融互通的立体化育人模式。对此，习近平总书记曾在全国高校思想政治工作会议上指出："要用好课堂教学这个主渠道，思想政治理论课要坚持在改进中加强，提升思想政治教育亲和力和针对性，满足学生成长发展需求和期待，其他各门课都要守好一段渠、种好责任田，使各类课程与思想政治理论课同向同行，形成协同效应。"[2]

针对港澳台侨生的课程思政，除了需要遵循课程思政的一般规律之外，还要特别注意港澳台侨生的特点，有的放矢。相较于境内学生，港澳台侨生一般都是通过申请审核入学，未曾参加过高考，也未曾接受过境内从小学到中学体系化的基础义务教育，因此其知识结构与境内生具有明显差异，对境内高校课程体系的熟悉和了解程度不如境内生，但其往往在交流互动和动手操作能力上比较突出。同时，国内高校针对港澳台侨生的教育目标，除了传授专业知识和技能外，也要特别重视加强爱国主义教育和中华文化认同等方面的内容，以培植港澳台侨生对国家、民族和中华文化的认同意识。

二、"设计概论"课程思政融入中的主要问题

笔者在高校从事设计概论课程教学多年，既教过境内生，也教过港澳台侨生。经过多年比较分析，设计概论课程思政融入过程中存在的问题主要体现为如下几点：

1. 前期知识准备不足，理论讲解融入效果不佳

设计概论作为一门理论课，课程内容的主体部分以理论讲解为主。但经过多年观察，相较于境内生，港澳台侨生对于纯粹理论讲解过程中的课程思政，接受态度和接受效果均不太理想，主要原因在于设计概论课程中涉及的理论，比如设计符号学、设计美学、设计文化学、设计心理学等知识点相对抽象，思辨性较强，且该课程属于设计"入门"课程，一般安排在大学一年级开设，而港澳台侨生是申请审核入校的，与境内生相比，没有接受过"艺考"培训，前期相关知识准备比较欠缺，所以存在一定程度的理解障碍。因此，对于他们来说，建立在纯粹理论讲解环节的课程思政融入很难达到预期效果。

2. 侨生偏重互动交流，单向传授融入效果不好

传统教学方式以"老师讲，学生听"的单向式教学为主，延续数千年，直到今天，有很多高校教师依然如故。但以这种传统教学方式面对港澳台侨生开展课程思政融入教学时，却面临诸多不适。首先，课堂秩序很难维持。相对于境内生，港澳台侨生更喜欢互动交流，他们更喜欢发问、深谈、讨论，单向式融入教学往往会不断被打断。其次，港澳台侨生的听课注意力很难保持。在单向式融入教学过程中，一开始学生的注意力还能够集中，但很快就会涣散，会出现看手机、交头接耳等小动作。最后，单向式教学不但影响到课程思政的融入效果，还附带影响了专业教学效果。如果学生听课和参与教学的积极性大打折扣，那么任何教学效果都很难实现，无论是专业培养还是课程思政融入。

3.侨生思想更为多元，政治宣传融入效果不强

相对于境内生，港澳台侨生出生成长在不同的社会文化环境里，在进入境内高校之前，他们没有接受过境内生体系化的思想政治教育，所以，他们的思想更为多元，对政治话语也颇为敏感。在设计概论课程思政教学融入过程中，笔者发现，如果对港澳台侨生进行直白的政治宣传，融入效果不是特别理想，但是如果变换一下话语，由直白的政治宣传变为"接地气"的时代热点话语，虽然同样都是进行爱国主义教育和中华文化认同教育，但港澳台侨生就会呈现出完全不同的接受状态。他们会聚精会神地听讲，还会积极参与讨论交流，课程思政的融入效果得到改善。

三、港澳台侨生课程思政融入问题的原因分析

教学活动是一个由"教"和"学"共同组成的体系，两者缺一不可，好的教学设计一定涉及"教"和"学"两个方面，同样，如果出现问题，也往往需要在两个层面找原因；同时，教学活动又是在一定的社会文化空间进行，它必然也会受到社会大环境的影响。对于港澳台侨生"设计概论"课程思政融入中出现的问题，其产生原因主要有如下几点：

1.教师课程思政创新度不够

从"教"的层面来讲，港澳台侨生设计概论课程思政融入中出现问题，根本原因在于授课教师对课程思政的创新度不够。首先，从教学态度上，授课教师需要具备饱满的课程思政创新意识，只有教师主观上想要进行课程思政融入，才能充分调动其教师的主观能动性。其次，授课教师仅具有课程思政创新意识还不够，还需要对课程思政的教育内容、教育话语、教育手段、教育方式等方面进行创新性设计，这样才能实现课程思政的创新效果。但遗憾的是，目前在港澳台侨生设计概论课程思政融入教学中，这两方面都还存在明显欠缺。

2. 生源特点造成的接受度差异

从"学"的层面来讲，港澳台侨生设计概论课程思政融入中出现问题，原因则在于生源特点造成的接受度差异。相对于境内生，港澳台侨生因其出生成长的环境不同，在知识储备、待人接物、思想观念等方面确实存在很多鲜明特点。如前期知识准备不足、偏好交流互动、价值观多元等，这是不容否认的客观存在，这些特点也确实对设计概论课程思政的融入带来了影响。比如在设计概论课程教学过程中，讲到海报设计、字体设计、广告设计时，很多传统文化的内容，以及这些传统文化背后的道德、哲学等信息便是很好的课程思政接入口，能够把中华民族悠久的文化、独特的审美、优良的品德等融入其中。但港澳台侨生因其自身知识积累限制，不太了解当时的历史背景，对传统文化内容本身也不甚明了，所以领会不到其中的文化意蕴，课程思政的融入效果也就很难实现。

3. 未能与时代话语进行"热点"对接

每个时代都有自己的时代话语，置身其中，我们因对时代的切身感受，也会对这些时代"热点"具有更高的认知度和接受度。"设计"学科，本就是一门与时代密切相关的学科，大到航天工程，小到穿衣吃饭，无不与时代语境深度互动。因此，设计概论的课程思政本可以具有广阔的时代对接空间，可以将那些能够培植社会主义核心价值观的、身边发生的、当下发生的"热点"内容，完美融入港澳台侨生"设计概论"的课程思政教学中。但实际情况却并不尽然。在当下"设计概论"课程思政的融入教学中，有很多教师仍在使用那些"老掉牙"的案例进行教学，与时代话语格格不入，课程思政的融入效果可想而知。

四、"设计概论"课程思政融入效果的提升路径

高校课程思政的开展需要具有与时俱进的视野，既要结合时代热点，使课程思政内容"接地气"，同时也要关注和尊重学生的心理特点，使学生喜

欢接受、乐于接受，这样才能达到预期效果。

针对设计概论的课程思政，可以从如下几个层面切入，提升课程思政融入效果：

1. 理论教学融入与实践教学融入相结合

针对目前单纯理论教学融入效果不理想的问题，港澳台侨生的设计概论课程思政可以转变方式，由"单纯理论融入"转向"理论与实践相结合"的融入方式，除了坚持在课堂理论讲解过程中的有效融入外，把课程思政开在教室外，广泛开展社会调研和社会实践，带领学生走进博物馆、文物馆、展览馆、故居、历史遗址等场所，通过学生的直接感受和现场讲解，把课程思政具体化、形象化、感性化，使学生可感、可视、可观、可听，既增添了课程思政的趣味性，也提升了课程思政的融入效果。

2. 找准结合点，提升认知度

课程思政的开展，找准结合点很重要，好的结合点能够使融入效果事半功倍。设计概论中很多章节内容能够对中华优秀文化有很好的文化衍展，从而增强学生的文化自信。比如在讲到家具设计时，可以自然而然地延伸到中国古典家具设计的辉煌成就。以宋明家具设计为例，作为中国传统家具设计的高峰，至今仍熠熠生辉，无论是在样式设计，还是在功能设计层面，均达到了极高的水准，兼具实用与美学的完美形态，在海内外都享有盛誉，成为藏家们的珍品。类似这样的结合点，既深度关联课程内容，也可以培植学生对于中国传统文化的喜爱和自豪之感，强化他们的文化自信。

3. 凸显时代性，内容"接地气"

改革开放以来，我国取得了巨大的成就，无论是社会生活还是科技研发，均得到了极大的提升，国家崛起、民族复兴已是不可阻挡的发展趋势。在"设计概论"课程思政融入过程中，不妨根据课程内容，多关联和融入一些当下的、可感可知的、具有突出时代性的内容，比如讲到设计领域的从

"中国制造"到"中国智造"，就可以多列举我们的5G（第五代移动通信技术）、高铁、卫星、登月、歼-20等内容，强化学生对国家和民族的认同和自豪感。这些例子都是近年来的社会热点，新闻媒体广泛报道，学生们都具有普遍认知，同时，这些内容又都是世界性的前沿科技，代表着我国在全球的科技引领形象，能够极大地提升学生们的爱国主义热情。

4. 探索新形式，提高积极性

课程思政的开展，形式创新也很重要。一方面，鉴于单向"灌输"式教学的融入效果不佳，设计概论课程思政有必要探索新的教学方式，比如小组讨论式、互动交流式、主题研究式等新的融入方式，提高学生参与课程内容的积极性，使学生由"旁观者"变为"参与者"，激活他们的思考力和主动性，从而有效活跃教学氛围，提升思政效果。另一方面，设计概论课程思政的融入教学，也要加大新媒体内容的介入，相较于枯燥的书面文字内容，影音形式的新媒体教学内容更为直观形象、具体生动，尤其是一些广受好评的、与课程内容相关的纪录片作品。多年教学实践证明，这些多媒体影音教学材料很受港澳台侨生欢迎。这样一来，无论是互动教学形式的创新，还是多媒体影音材料的介入，都能够有效增强学生的课堂参与度与积极性，提升"课堂思政"的融入效果。

5. 采取新语态，展现平等性

教学活动，说到底是人际活动。虽然在传统教学方式中，"师者，传道受业解惑也"，尊师重教是传统美德，但如果过于凸显"师者"高高在上的位置感，难免也会影响教学效果，尤其目前以"00后"为主体的大学生群体，他们更为自我、敏感，也更为在乎自己是否受到尊重。所以，面对新的学生群体与新的心理状态，课程思政的开展有必要调整语态，彰显师生之间的平等关系，教学相长，互为主体，而不是一方"高高在上"，另一方"居于下位"的从属主客关系。设计概论课程思政的开展，对教师的角色调整也有这样的要求。授课教师要从平等的视角开展思政教学，而不是居高临下式的"命令"与"强制"，要采取新语态，展现平等性。

结语

随着互联网和新媒体的广泛介入，大学生群体能够方便接触到更加多元的思想，有正向积极的，也有负面颓废的，高校校园已成为一个思想博弈的场所。因此，高校思想政治教育势必加强。课程思政的开展，能够打破专业间的壁垒，使思想政治教育渗透进各个专业各门课程。在设计概论课程思政的开展过程中，虽然目前尚存在一些问题，但通过针对性的创新设计和积极改变，一定能够扬长避短，有效提升课程思政的融入效果，保障学生的思政教育质量。

参考文献

［1］习近平. 思政课是落实立德树人根本任务的关键课程［J］. 求是，2020（17）.

［2］习近平在全国高校思想政治工作会议上强调　把思想政治工作贯穿教育教学全过程开创我国高等教育事业发展新局面［N］. 人民日报，2016-12-09（1）.

华侨大学　美术学院

"新工科"背景下思政教育融入案例式翻转课堂教学模式的研究

——以物理化学为例[①]

郑　云　杨卫华　陈亦琳　翁建新　周家璇[②]

摘　要：将思政教育融入案例式翻转课堂教学模式应用于物理化学的教学改革，有利于促进知识教育与人文教育的有机结合，加快高校"新工科"建设的实施和发展。通过建设课程团队、构筑融入思政教育目标的教学资源、运用案例式翻转课堂教学模式、构建

① 基金项目（课题信息）：2021年度华侨大学本科教学示范团队"物理化学教学团队"（教务［2021］103号文件）；2019年度华侨大学新工科示范课程建设立项项目"物理化学"（华大教［2020］22号文件）；2021年度华侨大学实验教学与管理改革课题"应用计算机参与的实验项目研究"（SY2021J03）；2021年度华侨大学校基金项目"人工智能赋能劳动教育研究"（2021DJSZ02）。

② 作者简介：郑云（1990—　），女，福建漳州人，福州大学博士研究生，华侨大学材料科学与工程学院副教授，主要研究方向：物理化学、光催化；杨卫华（1974—　），女，河北邯郸人，浙江大学博士研究生，华侨大学材料科学与工程学院教授，主要研究方向：物理化学、电催化；陈亦琳（1977—　），男，福建漳州人，福州大学博士研究生，华侨大学材料科学与工程学院副教授，主要研究方向：物理化学、光催化；翁建新（1971—），男，福建泉州人，华侨大学硕士研究生，华侨大学材料科学与工程学院高级实验师，主要研究方向：材料学、化学；周家璇（1989—　），女，湖南永州人，中山大学硕士研究生，华侨大学材料科学与工程学院讲师（思政），主要研究方向：思想政治教育研究。

多维度评估体系的实施路径，对物理化学课程的师资队伍、教学内容、教学模式以及评价方式进行改革。这种创新型教学模式有利于展现物理化学独特的人文魅力和哲学内涵，帮助学生实现多元化学习，提高学生判断、分析、解决实际问题的能力，对培养创新创业型、综合素质高的人才具有重要的促进作用。

关键词：新工科；课程思政；案例教学；翻转课堂；物理化学

"新工科"建设是我国为应对新一轮科技产业革命提出的新理念，也是当前高校教育改革创新的必由之路[1]。基于"新工科"建设的发展潮流，开创新的教学模式来促进科学、人文、工程教育的整合，对于塑造科学工程基础深厚、综合素质卓越、跨界整合能力强的人才大有裨益[2]。物理化学课程是大学化学、化工、材料、环境、生物等专业基础课程，对学生的科学思考方式、严格的实验态度、创新创业能力的培养起着重要作用[3]。物理化学课程因为具备较强的理论性、逻辑性及抽象性，被认为是一门学生难学、教师难教的课程。在传统的教学模式中，教师更加重视知识和职业技能的传授，而人文素质教育不足，学生被动地接受知识和完成任务，学生的好奇心和想象力受到压抑，难以获得学生的认同和理想的结果[4]。

与传统教学模式相比，案例导向学习法（case-based learning，CBL教学法）是教师以案例为素材并引导学生探索—发现—解决问题的一种教学策略，能够激发学生自主学习的能力，提高实践和创新能力[5]。翻转课堂（inverted classroom）是一种先学后教的新型教学模式，先让学生在课前利用网络学习平台完成知识点的学习并提出问题，然后教师设计教学内容和方式，引导学生在课堂上通过交流讨论、互动合作方式来完成知识点的理解和应用[6]。翻转课堂中师生之间开展多元化交流讨论，学生畅所欲言，有助于培养学生的沟通能力、团队合作能力和批判精神。在互联网时代，将教学大纲、教材和课堂讲授以视频方式在网络平台上供学生学习，并将课外练习、作业、讨论等移植于课堂里，是翻转课堂的一种教学实践模式。案例式翻转课堂是将案例导向学习法与翻转课堂相结合的混合式教学模式，是一种以学生为主体、在教师指导下进行课前案例思考、课堂案例研讨、课后复习实践的探究性学习模式。这种教学模式让学生从"要我学"变为"我要学"，提高学生的自主学习动力和兴趣，培养学生分析、解决问题的能力和团队协作精神[7]。该教学模式使学生具有终身学习的能力，满足社会对具备较强实践能力、科学精神、学习能力、科研能力和发展潜质的新工科人才需求[8]。因此，在物理化学教学中发展案例式翻转课堂教学模式，让学生能够学习物理化学的真理，掌握物理化学的学习方法，并提高他们的创新和实践能力，是"新工科"背景下物理化学教学改革的一项重要任务。

课程思政是以社会主义核心价值观为指导，以立德树人为根本任务，将思想政治工作贯穿于教育教学全过程，引导学生树立正确人生观、价值观和世界观的综合性教育理念[9]。在物理化学课程的教学中引用与知识点相关的趣闻轶事、科学发展史、科学伦理等蕴含思政元素的案例，适度体现物理化学的人文魅力和哲学内涵，有助于培养学生的内生学习欲望、专业认同感、职业道德和社会责任感[10]。思政教育融入案例式翻转课堂教学模式能够在调整课上和课后学习时间的同时，让教师根据教学内容和目的事先准备好相关思政教育案例，让学生在课堂上进行讨论和分析，引发学生思考，在查询文献和讨论中使知识内化，并在思辨中得到启发[11]。因此，将思政教育融入的案例式翻转课堂教学模式应用于物理化学的教学中，有利于培养学生的自主学习能力、解决问题能力、合作能力和创新能力，并对学生进行价值引领，树立社会主义核心价值观，为培育综合素质高的"新工科"建设人才奠定良好的基础。

本文探讨了高校物理化学课程中思政教育融入"案例式"翻转课堂教学模式的实施路径和作用，旨在促进"新工科"建设和课程思政教育的开展，对今后理工科教育教学发展改革起到一定的指导作用。

一、思政教育融入案例式翻转课堂教学模式的作用

（一）建立学科融合体系，提升学习效果

思政教育融入案例式翻转课堂教学模式注重学科的相互融合，有科学合理的理论知识体系，扩大了专业知识的共同点，构建了多学科知识互联体系，并且可以划分容易混淆的知识点，避免单一学科知识的灌输，帮助学生进行多元化的学习，赋予学生更广阔的思维空间和视野。把案例作为知识的载体和课堂的主要组成部分，辅助思想政治教育能够更好地发挥其学科整合效益，使学生摆脱传统的灌输式学习。在案例中进行分析和探究，有利于学生的理解和记忆，提高学生的学习积极性，更牢固地掌握多门学科的知识。这类模式可以最大限度地阐明物理化学的学科意义、科学价值，建立高效的物理化学课堂教学模式。

（二）锻炼逻辑思维能力，提高分析和解决问题的能力

以课程思政教育目标为指导，整理课程知识，形成系统理论框架，辅助案例式教学，加强学生对相关基本原理和方法的掌握，进而运用物理化学基本原理分析实际过程的影响因素，提出合理的解决方案，释放学生的想象力，锻炼逻辑思维能力，提高判断、分析和解决问题的能力。通过案例分析、讨论、辩论引导学生进行学习和思考，运用物理化学的知识和辩证唯物主义的方法来解决科学问题和实际工程问题，鼓励学生发现问题和遗漏，不断超越自我、敢于批判、勇于创新，为学生未来的职业发展奠定坚实的基础。

（三）提高学生人文素质，促进全面发展

思政教育融入案例式翻转课堂教学模式打破了传统的课堂学习观念，使学生在课内和课外都能学习，增加了课堂的灵活性，帮助他们保持积极的学习状态并树立终身学习的理念。同时，也为学生提供了丰富而有价值的学习

内容。学生的自由化程度高，学生可以自己查阅文献寻找答案，在探索中激发潜能。这有利于培养学生的探索精神、创新意识，开发学生的学习潜力。通过分析并探讨蕴含正确的世界观、人生观、价值观的思想政治教育案例，对学生的道德品质、信念理想、科学素养产生积极的影响。在学习"物理化学"课程的学生群体中，境外生是其中很重要的一部分。为了在传播物理化学知识和中华文化的同时，弘扬社会主义核心价值观的时代精神，教师可将加入思政元素的"物理化学"课程引入境外生的课堂，加深境外生对中华民族优秀传统文化和祖（籍）国的感性认识，增强其对祖国的认同感和归属感，充分体现华侨大学"为侨服务，传播中华文化"的办学特色。

二、思政教育融入案例式翻转课堂教学模式的实施路径

将思政教育融入案例式翻转课堂的教学模式应用于物理化学的教学中，对师资队伍、教学内容、教学模式和评价体系进行改革。主要实施路径包括以下四个方面：

（一）建设师资队伍，提升教师思政教学能力

学校和学院成立专业工作指导小组，鼓励教师积极参加课程思政建设，形成教学团队。教师在知识传授和专业能力培养过程中充分挖掘思想政治教育的元素，并将其融入教学的方方面面，合理更新课程目标和课堂教学目标，编写课程大纲、教学计划等教学文件，并充分体现课程思政教育的思路，发挥教学主导作用，注重价值导向，使学生形成对职业和社会现象的正确认知。注重对中青年骨干教师的教育教学能力培养，组织部分青年教师进修学习或合作教学与研究，鼓励教师积极参加教学观摩、教学研讨和教学竞赛等。鼓励教师申请境外生授课教师资格，开展全英文教学。通过教师兼任班主任、社团指导教师、课外科技竞赛指导教师、"三创"指导教师、就业指导教师等方式，培养教师管理育人、服务育人的能力。

（二）构建案例库，开展课程思政建设

依据物理化学教学大纲，精心编写极具代表性、综合性、启发性和讨论性的案例，将趣闻轶事、科学家经历、化学史、生产生活、科技前沿、哲学人文、思政教育等案例纳入整体教学布局和课程安排中。物理化学理论教学包括六个模块：热力学、多组分系统、化学平衡和相平衡、电化学、动力学、界面现象和胶体化学。编写相应案例如下：（1）热力学：发动机及尾气、宇宙热寂说；（2）多组分系统：反渗透技术淡化海水、污水治理；（3）化学平衡和相平衡：水蒸气蒸馏、冷冻干燥、钢制工件淬火、乙苯脱氢制苯乙烯反应平衡的因素；（4）电化学：锂离子电池发展史、新能源汽车、电镀工业、金属防腐；（5）动力学：温室效应、臭氧层空洞、光催化剂；（6）界面现象和胶体化学：粉尘爆炸、纳米材料、雾霾、电泳分离蛋白质。借助这些融入思政元素并结合生产生活实际应用的案例，在物理化学教学过程中引导学生树立科学发展观、辩证唯物主义思想、团队合作意识、严谨求实的科学精神。

（三）运用案例式翻转课堂教学模式，改革教学方法

采用思政教育融入案例式翻转课堂的教学模式，分为课前、课中、课后进行。课前，教师借助网络通信工具和MOOC（慕课）教学平台向学生发送教学资料，包括案例资料、课件、进度表、自学手册等相关资料，并为学生定制学习目标和任务。通过对案例进行深入分析并提出有针对性的问题引发学生的思考。教师还可以引导学生如何通过检索文献获得信息，利用搜索引擎、学校图书馆数据库和网络资源搜索知识。学生利用课余时间观看案例资料。小组成员共同完成典型案例的初步讨论，并制作学习内容的PPT，内容包括学习过程中的问题与解答，以及对学习过程的思考与建议。通过超星学习通、雨课堂、微信、QQ、钉钉、腾讯会议等网络平台和聊天工具实现师生互动。教师督促学生按时完成课前学习，密切关注学生在平台上提交的问题，及时有针对性地进行指导和解答。课中，学生分组围绕案例进行探索、

讨论和辩论，并合作解决问题；教师及时给予个性化的指导和建议，促进学生全面了解物理化学的相关知识。教师对每个小组的报告内容进行点评，回答讨论过程中的常见问题，总结本节的知识点，突出重点和难点。通过小组分工合作，帮助学生解决个人、团队和社会的关系，了解人的成长规律，认识到个人是在为团队和社会发展做出应有贡献的过程中发展和成长起来的，培养学生的团结协作和服务社会的意识。课后，进行知识的巩固和实践。教师根据课程章节重点难点和课堂讨论中出现的问题设计思考题或测试题，发送给学生，并为学生提供进一步思考的机会。通过参加专题研究、实验探索、科创项目、科技竞赛、生产实习、金工实习和社会实践，使学生能够运用书本的知识解决实际问题，体验专业知识服务于社会生产的成就感和责任感[12]。

（四）改革评价方法，构建多维评价体系

教师从学习效果、能力素质、思想政治水平三个方面对学生进行综合评价。总成绩由形成性评价和终结性评价结果得出。形成性评价是自我评价、相互评价和教师评价的有机结合，包括讨论参与度、小组探究、知识开拓报告、章节测试、实验实践、学习成果报告。原课程考核成绩为：理论成绩70%、平时成绩30%。为满足教学改革评价需求，现将成绩比例调整为：理论成绩50%、实践成绩30%、平时成绩20%。平时成绩是从PPT制作及内容准备方面对学生线上翻转课堂表现进行综合评价，考察学生的主观能动性及创新思维能力[13]。实践成绩是对学生现场讲解案例的准确性与课程思政目标的契合程度进行打分，评估学生理论结合实际的能力及人文素质。此外，建立课堂学习效果评估体系和调查问卷，包括教学目标和内容是否按时完成、学生参与度如何、学生的沟通交流和团队协作能力是否有提高、学生的自主学习能力是否有进展、是否有利于学生人文素质、科学态度、社会责任感、环境伦理道德、全球意识的培养等方面。学生通过学校网络平台、QQ、微信等向教师提出一些教学建议，有利于完成后续课程的建设和学习。基于试卷

分析结果、调查问卷数据、访谈记录，教师小组提出改进措施，进一步完善评价体系和教学模式。该评价体系不仅实现了对学生学习效果、能力素质和思想政治水平的多维度评价，而且实现了对教师教学能力的评估。

三、分析与展望

在"新工科"建设背景下，思政教育融入案例式翻转课堂作为一种创新型教学模式，在物理化学教学中具有广阔的应用前景。通过师资队伍、教学资源、教学模式以及评价体系的构建与改革，实现了知识技能教育和思政人文教育的有机融合。一方面，这种教学模式有助于激发学生的学习兴趣和主动性，加深学生对物理化学基础知识的理解和应用，提高分析解决问题的能力；另一方面，能够引导学生形成严谨的科学态度、卓越的创新创业创造精神、优良的团队合作精神，树立正确的理想信念、价值观、政治信念、社会责任感。思政教育融入案例式翻转课堂教学模式契合了"新工科"建设的精神，为培养专业技能强、道德修养高、理想信念好、科学素养好的高素质人才提供了新途径，为当代物理化学教育增添了活力，值得同行尝试和大力推广。

参考文献

[1]王斌楠."新工科"背景下省域高等工程教育发展路径研究［J］.教育评论，2020（4）：94.

[2]王芙蓉，张雄，胡建强.新工科背景下的物理化学教学改革和探索［J］.化工高等教育，2019，36（4）：60.

[3]谭瑶.新工科背景下高校化工类专业课程思政建设初探：以《物理化学》教学为例［J］.广东化工，2020，47（6）：245.

[4]李广利，贺全国，王海飞，等."新工科"背景下物理化学教学对学生人文素质的培养［J］.化工高等教育，2018，35（3）：86-90，95.

[5]张亚萍，张红平，霍冀川．基于案例教学法的物理化学课程教学改革探索与实践［J］．大学化学，2018，33（11）：82．

[6]胡殿明，宋海燕，翟志军，等．基于"翻转课堂"的案例教学法在《微生物学》教学的应用研究［J］．教育现代化，2019，6（42）：173．

[7]马汉俊，赵士博，韦雨忻，等．STEM教育联合"案例式"翻转课堂教学模式在医用化学中的研究［J］．山东化工，2019，48（24）：151．

[8]刘向华，袁栎，李仲，等．CBL+翻转课堂在生物化学与分子生物学教学中的实践［J］．基础医学教育，2020，22（10）：705．

[9]王旭珍，王新平，王新葵，等．大道至简，润物无声：物理化学课程思政的实践［J］．大学化学，2019，34（11）：77．

[10]管航敏，冯燕，张小娟，等．"物理化学"课程思政教育建设初探［J］．广东化工，2019，46（10）：190，196．

[11]［12]张雅洁，金浩，朱学伸，等．"课程思政"与物理化学智慧课堂的融合探索：以可逆电池为例［J］．云南化工，2020，47（5）：166．

[13]吴宇，卜其涛，李耀昕，等．基于CBL的翻转课堂在药用植物学线上教学中的应用［J］．药学教育，2021，37（3）：62．

华侨大学　材料科学与工程学院

理论力学中物体的受力分析教学探讨[①]

梅　真　阚　晋　胡红松　赵珧冰

摘　要：理论力学是土木类专业本科生必修的一门专业基础课。物体的受力分析是理论力学基础教学内容中静力学和动力学均涉及的一个重要内容。结合多年的理论力学课程教学实践，分别从工程中常见约束及其约束力、画受力图的三个步骤、物体受力分析重难点解析、物体受力分析教学策略等方面，对物体的受力分析教学进行较为系统的探讨，以期为这部分内容的教学提供参考。

关键词：理论力学；受力分析；受力图；教学方法

理论力学是研究物体机械运动一般规律的科学，属于古典力学范畴。理论力学是土木类专业本科生必修的专业基础课。这门课程的基础教学内容包括静力学、运动学和动力学三个部分。其中，物体的受力分析是静力学和动力学均涉及的一个重要内容。在中学和大学的物理课中，学生已经掌握了一些受力分析的知识和经验，容易不重视理论力学中的这部分教学内容[1]。物体的受力分析教学看似简单，实质不易，要让学生掌握好受力分析这部分内容，教师必须在教学方法上多下功夫[2]。

结合多年的理论力学课程教学实践，分别从工程中常见约束及其约束

① 基金项目：华侨大学一流本科课程建设项目（第二批）"理论力学"；2020 年华侨大学研究生教育教学改革研究资助项目（20YJG012）。

力、画受力图的三个步骤、物体受力分析重难点解析、物体受力分析教学策略等方面，对物体的受力分析教学进行较为系统的探讨，以期为这部分内容的教学提供参考。

一、工程中常见约束及其约束力

熟练掌握常见的约束及其约束力是正确绘制物体受力图的重要前提之一。表1中给出了工程中常见的几种约束及相应的约束力[3]，特别指出的是：约束力的方向与该约束所能阻碍的位移方向相反。教学时教师要讲清楚各种约束的特性，以便学生掌握约束的本质。例如，光滑铰链约束和球铰链约束本质上均属于光滑接触约束。

表1　工程中常见约束及其约束力

约　束	约束力
光滑接触约束	作用在接触处，方向沿接触处公法线，并指向被约束的物体。
柔索约束	作用在接触点，方向沿柔索背离物体，即柔索只能承受拉力。
光滑铰链约束	约束力垂直于轴线并通过铰链中心，一般用两个正交分力表示。
滚动支座	约束力垂直于支承面，且通过铰链中心，约束力的指向待定。
球铰链	方向不能预先确定的空间约束力，一般用三个正交分力表示。
止推轴承	约束力用三个正交分力表示。
平面固定端约束	约束力用两个正交分力和一个力偶表示。
空间固定端约束	约束力用三个正交分力和三个空间力偶表示。
非光滑支承面（不考虑滚动摩阻）	约束力作用在接触处，包括法向约束力和切向约束力（滑动摩擦力），滑动摩擦力沿接触处公切线，与相对滑动趋势或相对滑动方向相反。

二、画受力图的三个步骤

（一）取研究对象

取研究对象（取分离体）是指把需要研究的物体（受力体）从周围的物

体（施力体）中分离出来，单独画出它的受力简图。画受力图时，研究对象必须明确，可用文字简要描述，例如取杆AB、取圆轮O。确定研究对象后，除去其约束并画出它的简图。画简图时，只要画出研究对象的主要轮廓，并标注关键部位的字母符号。对于杆件，可用其轴线代替，并标注两端点等部位的字母；对于圆轮，一般画一个圆，再标注圆心的位置即可。课堂教学时要特别强调，不同研究对象的受力图应分开画，不可画在一起。

（二）画主动力

画主动力是指在研究对象的简图上画出其所受的全部主动力。由于主动力通常是已知的，画主动力时一般按照题图画出各主动力即可。课堂讲授时要提醒学生注意以下几点[4]：画主动力时不能有遗漏，无须沿力的作用线移动或用力的平移定理简化；对于分布载荷，可按题图中的形式画出，必要时也可用其合力等效替换；当重力忽略不计时，不可自己加画上去，以免画蛇添足。

（三）画约束力

画约束力是画受力图的关键，也是学生平时练习和期末考试时容易出错的地方。画约束力的方法是：首先正确判断各处约束的类型，然后按照约束的性质逐个画出约束力。画约束力时，要留意约束力的作用点和方向（作用线），约束力的指向不明确时可以假设（滑动摩擦力除外，其指向应根据相对滑动趋势或相对滑动方向确定）。此外，画约束力时不能有遗漏，凡是研究对象解除约束的地方都有约束力。

受力图中的力矢量是用带箭头的有向线段和相应的字母符号表示的，这两者应该标注齐全。课堂教学时，教师要向学生说明[5]：表示约束力的字母符号应反映约束的性质，例如光滑接触约束的约束力为法向约束力，用F_N表示；此外，字母符号还应反映约束力的作用点和方向（作用线），例如A点的水平约束力记为F_{Ax}。

三、物体受力分析重难点解析

（一）二力杆的正确判断

只在两个力作用下平衡的构件称为二力构件[6]，简称二力杆。由二力平衡条件可知，二力杆所受的两个力必定沿两个力作用点的连线，且等值、反向。一个构件是不是二力杆，与其形状无关。二力杆可以是直杆、曲杆或其他形状的构件。

对结构进行受力分析时，时常遇到两端均为光滑铰链约束，并且两个铰链之间（不包括铰链本身）不受主动力（包括集中力、力偶、分布载荷）作用的构件。作者在教学中将这一类的构件称为"狭义二力杆"，以区别于参考文献第三条中定义的二力杆（本文称之为"广义二力杆"）。狭义二力杆的受力特点是：两端的约束力必定沿两个铰链中心的连线，且等值、反向；受拉或受压，不能判断时可以假定。与广义二力杆类似，一个构件是不是狭义二力杆，与它的形状也没有关系。

若结构中含有二力构件，应首先判断出来，以简化结构的受力分析，并减少未知约束力的数目。图1铰接结构1中，构件CD是狭义二力杆，可以判断CD杆受拉，其受力图见图2。

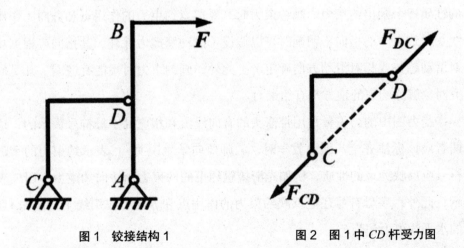

图1　铰接结构1　　　　图2　图1中 CD 杆受力图

（二）光滑铰链约束的约束力

光滑铰链约束有径向轴承（向心轴承）、圆柱铰链、固定铰链支座等。

径向轴承中的轴可在轴承孔内任意转动，也可沿孔的中心线移动，但是轴承阻碍着轴沿孔的径向向外的位移。当轴所受的主动力尚未确定时，轴承对轴的约束力的方向预先不能确定，该约束力可用通过轴心的两个大小未知的正交分力表示（这两个正交分力均垂直于轴的轴线，指向可以假定）。

与径向轴承相同，圆柱铰链和固定铰链支座也是轴与光滑孔的配合问题。这两种约束的约束力也是一个方向不能预先确定的力，一般用两个正交分力表示。对包含圆柱铰链或固定铰链支座的结构进行受力分析时，"销钉的处理"是教学时要特别关注的焦点。若圆柱铰链或固定铰链支座中的销钉只与两个物体（构件或支座）连在一起，可将该销钉与其中任何一个物体固连在一起，当成是一个整体进行考虑。当销钉与三个或三个以上的物体（构件或支座）连在一起时，作者在教学中一般建议学生将销钉单独取出进行受力分析，以免因销钉的受力情况复杂导致受力分析有误。当销钉上作用有集中力时，也建议学生将销钉单独取出进行受力分析。

对于销钉与三个或三个以上的物体相连接和销钉上作用有集中力的情况，受力分析时也可以将销钉固连在与它相接触的其中任意一个物体上（作者通常建议学生受力分析较为熟练后采用这种分析方法）。

图3中的铰接结构2由构件AB、BC、AD通过光滑铰链A、B、D以及滚动支座A、固定铰链支座C连接而成，构件AB上作用有集中力F_1，销钉D上作用有集中力F_2。销钉B和销钉C分别只与两个物体（构件或支座）连在一起。受力分析时，可将这两个销钉分别与相接触的任何一个物体固连在一起（图4受力图中，销钉B固连在构件AB上，销钉C固连在固定铰链支座C上），相应的约束力分别用两个正交分力表示。由图3可知，销钉A与构件AB、AD以及滚动支座A这三个物体连在一起。鉴于此，图4中将销钉A单独取出进行受力分析，它分别受到构件AB、AD以及滚动支座A对其施加的约束力。特别指出的是，构件AB与AD只是分别与销钉A相接触，这两个构件未直接接触，并且

它们与滚动支座A也没有直接联系，因此构件AB、AD在A处均受到圆柱铰链约束。课堂教学时，教师可以将销钉A以及与其相连的三个物体的实物构造图展示给学生，以利于学生加深理解。图3中，销钉D上作用有集中力F_2，图4中也将其单独取出进行受力分析。销钉D受到构件AD、BC对其施加的约束力以及主动力F_2。构件AD满足上文中"狭义二力杆"的定义，因此它是二力杆（图4a中假设AD杆受拉）。图3铰接结构2中各构件以及销钉A、D的受力图见图4。

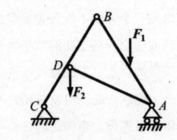

图3 铰接结构2

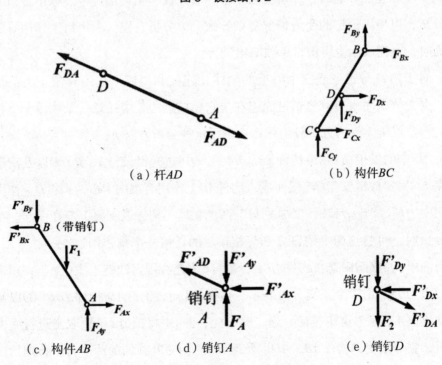

（a）杆AD　　　　　　　　（b）构件BC

（c）构件AB　　　（d）销钉A　　　（e）销钉D

图4 图3中构件及销钉受力图

（三）三力平衡汇交定理的应用

由三力平衡汇交定理可以确定第三个力的作用线。三力平衡汇交定理的使用条件是：刚体只在三个力（集中力）作用下平衡，且已知其中两个力的作用线交于一点。画物体受力图时，三力平衡汇交定理可以用，也可以不用。若使用了三力平衡汇交定理，可快速确定第三个力的作用线，一般可以减少未知约束力的数目；反之，未知约束力的数目会有一定增大。课堂讲授时应当指出，画受力图时不使用三力平衡汇交定理，有时会给后续的步骤——列静力学平衡方程带来一定便利，计算量可能相对更小[7]。

图1铰接结构1中，构件AB的受力图见图5。由图5a可知，若使用三力平衡汇交定理（图中的虚线要画出来），A处的约束力为一个力F_A，此时构件AB受平面汇交力系作用；图5b中未使用三力平衡汇交定理，A处的约束力用两个正交分力F_{Ax}、F_{Ay}表示，此时构件AB受平面任意力系作用。

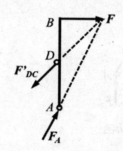 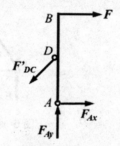

（a）使用三力平衡汇交定理　　　　（b）不使用三力平衡汇交定理

图5　图1中构件 AB 受力图

（四）作用力和反作用力的画法

由作用和反作用定律可知，作用力和反作用力等值、反向、共线。画受力图时，要注意作用力和反作用力的画法：表示作用力和反作用力的有向线段中箭头的指向应相反；表示作用力和反作用力的字母符号应统一，且在其中一个字母符号的右上角加一撇以示区别。作者在教学中引导学生关注作用力和反作用力的施力体和受力体，以强调作用力和反作用力的方向相反这一要点。

图4中出现了多组作用力和反作用力，例如，构件*AB*（带销钉*B*）和*BC*在*B*点的相互作用力。参考该图可以进一步明确作用力和反作用力的表达方法。

（五）内力和外力的区别与联系

内力是指系统内各物体之间相互作用的力。内力总是成对出现，对系统的作用效果相互抵消，故在受力图上一般不画出。在受力图上只要画出系统以外的物体对系统的作用力，即外力。课堂教学时应指出，内力与外力不是绝对的，与选取的研究对象有关。事实上，内力与外力的区分只有相对某一个确定的研究对象才有意义。

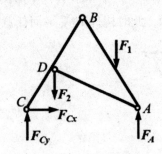

图6　图3结构整体受力图

图3中的铰接结构2，若取系统整体为研究对象，受力图如图6所示。图6中只画出了系统整体所受的两个主动力F_1和F_2以及滚动支座*A*、固定铰链支座*C*的约束力，这些力都是所取研究对象受到的外力；而内力，例如圆柱铰链*B*处的约束力等，则不用画。刚才提到，图6中圆柱铰链*B*处的约束力为内力，然而当取构件*BC*为研究对象时（见图4b），该处的约束力则是外力。

（六）受力图的协调性

对于物体系统，当选取整体、局部、单个构件等作为研究对象分别画受力图时，这些受力图应彼此协调[8]，即同一个约束的约束力通常只能有一种表示方法。例如，在某一个构件的受力图上已经假定或确定了一个或一组约束力，那么在系统整体或局部的受力图上，表示这个或这组约束力的有向线段（含箭头指向）及字母符号都要和该构件受力图中的分别保持一致。受力图的协调性在教学中容易被学生忽视，教师要反复强调，以引起学生关注。

图4b中，构件BC受力图上已经表示出了固定铰链支座C（含销钉C）的约束力——两个正交分力F_{Cx}、F_{Cy}。因此，在图6结构整体受力图上只能将图4b中相应的约束力"照搬"过来，而不能重新假设该处两个正交分力的方向，也不能用其他的字母符号表示这两个正交分力。

（七）选取研究对象的顺序

对物体系统特别是复杂系统进行受力分析时，合理确定选取研究对象的顺序是非常关键的。一般应遵循先易后难的顺序依次选取研究对象。首先，对受力情况相对简单（主动力和约束力的数目相对较少）的构件进行分析，画出其受力图，然后，再对其他的构件或局部等进行受力分析。课堂教学时，教师可通过举例的方式向学生说明如何合理确定选取研究对象的顺序。

图3铰接结构2中，构件AD是二力杆，受力情况最为简单，应首先画出它的受力图；然后绘制受力情况相对较为简单的构件BC、AB的受力图；最后对受力情况较为复杂的销钉A、D分别进行受力分析。

四、物体受力分析教学策略

（一）强调与物理课中受力分析的异同

学生在中学和大学的物理课中已经积累了一些关于物体受力分析的知识，这会导致部分学生不重视理论力学中的这部分教学内容。因此，教师有必要强调理论力学课中物体的受力分析与物理课中相关教学内容的异同[9]。对物体进行受力分析的基本方法以及画受力图的步骤等方面，两门课表现出较大的相似性。不同点在于：物理课中物体的力学模型多采用质点，而理论力学的重点研究对象是刚体；由于研究对象力学模型上存在差异，物理课中所有力的作用点通常可以画在质心上，而理论力学中一般要按实际情况绘制各力的作用点；物理课中物体的受力主要有重力、法向约束力、摩擦力等为数不多的几种（主要是集中力），而理论力学中物体所受的主动力种类相对较多（集中力、力偶、分布载荷等），并且所受约束的情况也相对更为复杂。

假设重为P的物块置于倾角为θ的斜面上，物块与斜面间的静摩擦因素为f_s，物块上作用一水平力F。当物块有沿斜面下滑的趋势时，其受力图见图7a。当物块采用质点模型时，其受力图可以画成图7b（各力作用点均画在质心上）。理论力学中物体的大小和形状一般不能忽略，因此画受力图时物体所受各力的作用线和作用点要按实际情况绘制，如图7a。

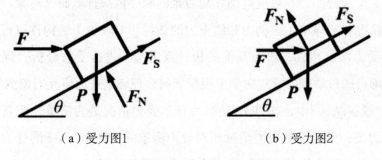

（a）受力图1　　　　　　　　（b）受力图2

图7　斜面上的物块受力图

（二）联系工程实际，加深理解，激发兴趣

目前的理论力学教材大多针对简化好的力学模型进行分析、计算。由于课本上的理论知识与工程实际联系不够紧密，学生对学习内容的掌握有时不够深入、不够透彻[10]。例如，表1中的滚动支座约束，其约束力垂直于支承面、指向待定。教学时，一些学生对滚动支座约束力的指向可以是两个不同的方向难以理解。这时，可以将实际工程中滚动支座的结构图通过PPT直观地展示给学生，以便学生加深理解。进一步地，教师要向学生说明，土木工程结构所受的主动力（例如风荷载等）具有不确定性，当主动力改变时约束

力一般相应发生变化。图8a和8b中，由于主动力F_1、F_2作用点不同，滚动支座B处约束力的方向分别为垂直于支承面向上、向下。此外，还可以在课堂上提问——在土木工程结构中设置滚动支座的作用是什么？通过书本理论联系工程实际，加深学生对所学知识的理解，激发学生的学习兴趣和求知欲。

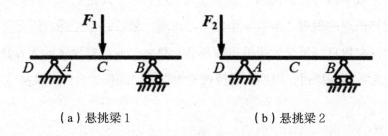

（a）悬挑梁1　　　　　　　　　（b）悬挑梁2

图8　悬挑梁举例

（三）反复练习，纠正错误，提高教学效果

课后习题练习是理论力学教学中非常重要的一环，对于物体的受力分析这部分教学内容同样如此。学生通过反复练习，逐渐加深对各种约束的理解、突破物体受力分析的重点和难点，从而提高画受力图的正确性。针对课后作业抄袭这一问题，教师可以灵活利用课堂讲解最后十分钟左右的时间布置随堂作业，要求学生独立完成，下课时上交，以了解学生对学习内容的真实掌握情况。批阅学生作业时，教师要把学生作业中出现的问题记录下来。在作业讲评时，再将这些错误展示给学生并讲明缘由。对于学生画受力图时容易忽视或出错的内容，教师在课堂上要特别指出，甚至反复强调。经过学生反复练习、教师不断纠错，物体的受力分析这部分内容有望取得良好的教学效果。

结语

物体的受力分析是理论力学中非常重要的教学内容。这部分内容的教学需要注意以下几个方面：首先，通过课堂讲解和习题练习让学生熟练掌握工程中常见的几种约束及相应的约束力。其次，课堂教学时有必要系统总结画受力图的三个步骤，并指出其中的注意事项；对物体受力分析中存在的易错、疑难知识点，教师在课堂上要有针对性地反复强调、多次讲解，以帮助学生避开雷区、解疑释惑；引导学生注意理论力学中物体的受力分析与物理课中相关教学内容的异同点；教学过程中做到书本理论联系工程实际，加深学生对知识点的理解，激发学生的学习兴趣。最后，学生课后练习与教师课堂讲评是取得良好教学效果的重要环节。总之，通过对物体的受力分析教学进行较为系统的探讨，以期为讲授理论力学这门课程的教师提供参考。

参考文献

［1］李俊峰. 我怎样讲受力分析：理论力学教学札记之一［J］. 力学与实践，2003，25（5）：68-69.

［2］李立兵. 理论力学中受力分析教学研究与探索［J］. 高教学刊，2020（20）：121-124，129.

［3］［6］哈尔滨工业大学理论力学教研室. 理论力学［M］. 8版. 北京：高等教育出版社，2016.

［4］［5］［8］王飞月. 理论力学中物体的受力分析［J］. 教学与科研，1993（3）：52-57.

［7］汤占岐. 谈"理论力学"中受力分析的教学实践［J］. 中国电力教育，2011（13）：92，99.

［9］李世远. 理论力学教学中与大学物理的异同点及关系把握［J］. 教育教学论坛，2019（29）：61-62.

［10］游帆，王国杰. 土木工程专业理论力学教学改革探讨［J］. 西部素质教育，2017，3（4）：69，71.

华侨大学 土木工程学院

地震模拟振动台虚拟仿真实验
教学方法研究与实践①

郭子雄　陈荣淋　柴振岭　刘　阳　黄群贤

摘　要：虚拟仿真实验教学是一种符合当前实验教学信息化发展趋势的新型实验教学方式。针对地震模拟振动台实验这一类长周期、高成本、高危险实验项目难以开设的现状，结合"虚实结合、相互补充、能实不虚"的要求，利用信息技术和"互联网＋"等技术手段，研发了结构震损可更换地震模拟振动台虚拟仿真实验教学系统。将基于网络的远程教学和互动自主式教学模式相结合，实现了线上、线下相结合的个性化、智能化、泛在化实验教学新模式。其在实验教学中的应用极大拓展了学生的学习资源和空间，丰富了学生的学习方式，也是当前疫情背景下实验教学顺利开展的主要保障手段。

关键词：实验方法；振动台实验；虚拟仿真；震损可更换；教学方法

教育信息化是教育理念和教学模式的深刻变革。教育部加强了对实验教学工作和实验教学信息化工作的宏观指导，先后出台了强有力的政策，明确

①　基金项目：福建省高校教育教学改革研究项目（项目编号：FBJG20200143）：国家一流专业建设背景下"土木工程"人才培养模式创新与实践。

提出创新优质数字教育资源共建共享机制、实现教育信息化可持续发展的新思路[1-2]。虚拟仿真实验教学是一种符合当前实验教学信息化发展思路的新型实验教学方式，通过仿真实验可拓宽学生的知识面，有效培养学生的创新能力、实践能力和自主学习能力，有效解决传统实验教学方式存在的短板[3-4]。

土木工程专业是一个实践性较强的理论型与实践型相结合的专业，实践性教学在土木工程专业人才培养中占有重要地位。通过这种"虚实结合、相互补充、能实不虚"的教学方式，以"实"为目标，以"虚"为手段，扬长避短，以"虚"来加强理论知识与实际操作的联系，以"实"来提高学生解决实际问题的能力。通过将虚拟实验手段融入课前预习、课上实训和课后实践等环节中，最大限度地提高学生的综合能力。本文将重点介绍华侨大学土木工程学院结合学科发展需求，成立土木工程虚拟仿真实验教学中心，构建新型完整的土木工程专业实验教学模式，促进优质教育资源共享体系的形成，加强实验教学的信息化进程。

结合多年来开展震损可更换技术研究和工程结构抗震虚拟仿真实验教学实践，整合多种信息化虚拟仿真实验教学资源，实施自主研发、校企合作开发与充分利用成熟软件相结合的策略，研发了震损可更换钢框架振动台虚拟仿真实验教学软件系统。该虚拟仿真实验教学项目不仅将抗震性能可恢复这一国际最新抗震设防理念融入了实验教学，而且有效解决了地震模拟振动台实验这一类长周期、高成本、高危险实验项目难以开设的现状。

一、虚拟仿真实验教学项目描述

（一）实验目的和主要知识点

1.实验目的

了解抗震设计中"性能可恢复"的设计理念，熟悉震损可更换技术和耗能减振技术；加强学生对土木工程专业核心课程"结构抗震设计"中结构振型、频谱特性、结构动力放大效应和结构地震反应规律等知识点的理解和掌握；掌握刚度、阻尼等不同参数对结构破坏形态、动力特性和地震响应规律的影响；掌握设防烈度和不同设防水准的地震动输入，熟悉震损可更换钢框架在不同设计地震动输入下的地震反应、损伤特征和动力特性变化；了解地震模拟振动台系统的组成及相关仪器设备的功能，熟悉地震模拟振动台的实验方法；增强学生的专业实践能力和专业视野，提高学生的综合应用能力，进一步提高学生发现、提出、分析和解决复杂工程问题的能力；培养学生树立正确的防灾意识、价值观和职业担当，以充分发挥该虚拟仿真实验教学项目的课程思政作用，培养新时代土木工程事业的合格建设者和接班人。

2. 关键知识点

该实验项目的主要知识点如下：（1）地震区划、设防烈度、设计基本地震加速度和三水准设防目标等基本概念；（2）结构的振型、频率和阻尼等动力特性参数；（3）结构动力特性测试及分析方法；（4）场地特征和地震波频谱特性对结构动力响应的影响；（5）梁柱相对强弱对结构破坏模式的影响；（6）结构的地震破坏特征和不同破坏机制，主要包括梁铰机制和层间机制；（7）震损更换技术和梁端震损更换的设计要求；（8）消能减震技术和阻尼对结构动力响应的影响。

（二）实验项目核心要素仿真度

地震模拟振动台实验原理为通过控制系统向振动台输入实测或人工地震波，激起台面上结构的动力反应，从而再现地震动作用下结构地震反应全过程。通过地震模拟振动台实验可研究结构动力特性、结构地震力分布规律、结构弹塑性地震反应特征，探究结构地震破坏机理、破坏模式，并揭示结构薄弱部位、评价结构整体抗震性能等。该项目主要有以下仿真手段。

1. 实验环境

通过三维空间建模，按照1：1的比例建立了虚拟的土木工程实验室。该虚拟实验环境主要包括实验厂房、刚性实验地面、大型反力墙、地下室、控制室及部分周边环境。用户在线实验过程中还可以通过漫游的方式了解实验室的空间环境。

2. 实验设备

振动台实验设备包括振动台刚性台面、MTS电液伺服作动器加载系统、蓄能器、高静音液压油源系统、输油管路、循环冷却系统以及数据采集系统等。所有涉及设备均为1∶1三维建模。用户在系统中也可以通过"设备认知"功能详细了解设备的详细组成。

3. 实验算法

采用大型通用有限元软件ANSYS对试验结构进行弹塑性动力时程分析。通过由项目组研发的虚拟教学软件SVT-SBST对三维模型结构进行振动过程渲染，科学、逼真地表达结构在给定地震工况下的实际振动效果，达到较高的仿真度。

4. 实验对象和设计参数

实验构建的测试模型为五层单跨足尺震损可更换钢框架模型，两个方向的柱距均为4.5米，总高度13米。用户可自行设计并选择参数允许范围内的框架柱和框架梁的截面尺寸。

为实现震损结构的性能快速恢复，在框架钢梁端部设置可更换梁段。用户可自由选择可替换梁段截面尺寸。为进一步减小结构的地震响应，用户可根据需要选择设置黏弹性阻尼器。阻尼器可以仅设置在一层，也可以同时设置在一、三两个楼层。用户可以采用预设的参数，建造一个不设置阻尼器的五层钢框架结构，该结构刚度较小，在大震下可能发生倒塌。在此基础上，用户可以通过调整结构构件截面尺寸或设置阻尼器的方法，以提高结构抗震性能，并避免结构在罕遇地震下的倒塌，从而加深用户对不同参数下结构抗震性能的感性认知。

二、实验教学方法与实施过程

（一）使用目的

虚拟仿真实验在实验教学中的应用极大拓展了学生的学习资源和空间，丰富了学生的学习方式。利用虚拟仿真技术开展地震模拟振动台实验这一类长周期、高成本、高危险性的实验项目，弥补了以前难以开设振动台实验教学的不足。该实验教学项目采用自主、交互和教学融合等实验教学方法，致力于培养学生的主动学习能力和创新能力。同时，将基于网络的远程教学和互动自主式教学模式相结合，可以更好地激发学生的实验兴趣。

改变传统的注入式教学方式，强调"以学生为中心"的互动自主式实验教学理念，实现从"以教为主"到"以学为主"再到"学教互动"理念的转变。学生成为学习的主体，教师成为学习的帮促者、引导者、合作学习者。教师与学生通过线上和线下的互动交流，共同完成实验项目，帮助学生获取相关的知识和技能。

（二）教学实施过程

1. 沉浸式地感知实验环境

在对实验室环境1∶1仿真现实基础上，学生在进行正式实验之前可以通过漫游体验虚拟的结构实验室空间，直观形象地体验和认知结构实验室的空间布局，结合视频介绍，加强学生对实验和环境的了解。

2. 采用自主式教学方法学习实验相关知识

地震模拟振动台实验教学平台设置了实验预习模块和实验学习两个模块。通过实验预习模块，学生可以掌握振动台实验的基本知识、试件的基本信息、实验的主要内容和流程等。本模块还提供相关的学习和参考资料，为学生自主学习提供依据。学生完成预习模块的学习后，进入学习模块开展实验操作演练，再系统引导，逐步学习并完成整个实验流程。

学生的模拟操作和练习均可通过软件系统自动记录。学生既能被软件系统及时纠错，还能通过出题模块考核每一个学生的学习效果。学生在实验过程中犹如老师随时陪伴左右，达到教与学的高度融合。

3. 采用交互式教学方法完成振动台实验

在选择不同的地震动参数（如设防烈度、场地条件、地震波、峰值加速度等）和结构设计参数（如梁柱截面尺寸、阻尼器布置等）基础上，开展震损可更换钢框架地震模拟振动台试验，获取地震作用下结构的响应（如位移时程、加速度时程等）。通过震损后结构的原位修复及修复后结构的振动台实验，对比修复前后结构的响应差异。

通过实验，学生将会学习到影响震损可更换钢框架结构抗震性能的主要因素，并结合不同钢框架设计参数和地震工况，虚拟再现结构的动力响应，定量评价各设计方案的实施效果。通过训练，学生可以深刻理解各种影响因素综合作用下震损可更换钢框架的抗震性能，有效帮助学生提升专业综合思考能力。

4. 采用团队合作式教学方法实现结构优化设计

由于影响结构抗震性能的因素很多，单一学生的实验参数难以揭示众多因素的综合影响。软件平台主要通过学生之间和师生之间互动的模式，让学生了解不同设计参数的影响效果。在研究型教学和互动教学的基础上，将学生分为若干团队，每一个团队通过对震损可更换钢框架的抗震设计，研究某个参数对结构抗震性能的影响，提出该参数的最优化设计方案。例如，针对可替换钢梁截面尺寸对结构抗震性能的影响，小组内成员可以在保持其他参数不变的情况下选择三种不同截面尺寸，并进行不同地震工况下的计算分析。在此基础上将每一个团队的方案进行汇总，最终得到抗震性能最优的结构设计方案。

该教学方法设计多层次方案的集成仿真，引导学生自主、开放性提出震损可替换钢框架结构抗震设计的总体要求。并通过团队合作的方式研究各种参数的改变对结构抗震性能的影响，获取虚拟仿真振动台试验的可视化效果，进而不断优化设计方案。

三、实验方法与实施步骤

（一）实验方法描述

震损可替换钢框架振动台实验采用观察法、控制变量法和比较法等实验方法，使学生掌握不同设计参数的钢框架在不同地震作用下的破坏模式和优化方法。

观察法是土木工程实验中最基本的方法。在本项目实验中，学生采用观察法可以熟悉震损可更换钢框架的施工过程和可更换钢梁震损后的震后更换过程。同时，在加载过程中，学生通过观察模型结构的损伤部位及损伤发展过程，了解不同设计参数对结构损伤破坏机制的影响，从而加深对震损可更换技术和钢框架抗震性能的理解。

影响震损可替换钢框架抗震性能的因素众多，本实验项目采用控制变量法让学生掌握某个参数对结构地震响应的影响规律。比如，让学生先通过选择模型参数确定一个实验对象，再由学生采用交互式方式输入不同的地震波峰值加速度，从而分析不同地震动幅值对结构动力响应的影响。学生也可以通过选择相同地震动峰值加速度的2条地震波，来研究地震波的频谱特性对结构动力响应的影响。该实验方法可以配合团队合作式教学方法，让某一组学生研究某个参数变化时结构地震响应和抗震性能的不同表现，从而提高学习效率和教学效果。

通过比较法，学生可比较试验对象（震损可更换钢框架）在不同设计参数下的地震响应和抗震性能，从而优化结构的抗震设计。本项目试验过程比较法、观察法和控制变量法往往组合使用。比如不同参数下结构破坏模式的比较，即观察法和比较法的结合。控制一组参数而变化某一个特定参数，再比较两组实验结果的差异，即控制变量法和比较法的结合。总之，灵活使用观察法、控制变量法和比较法等不同的实验方法，学生就可以快速掌握"结构抗震设计"课程中的相关知识点，达到实验教学的目的。

（二）学生交互性操作步骤

震损可替换钢框架振动台虚拟仿真实验项目，主要包括以下步骤：

（1）进入实验软件主界面并自主进行实验预习。学生登录系统后，进入震损可替换钢框架振动台虚拟仿真实验教学项目。学生可下载安装实验必需插件和观看实验视频，了解本虚拟仿真实验教学项目。点击实验预习按钮，了解实验目的、实验原理、实验设备、实验材料、实验方法和步骤等。完成实验预习后，学生点击实验学习按钮可进入实验操作界面。

（2）试件设计。点击试件设计按钮，选择工程所在地以确定基本设计加速度，选择地震波。配置钢框架、可替换梁段截面尺寸。完成试件上加速度传感器、位移传感器和阻尼器安装设置和振动台台面加速度传感器安装，并将传感器连接至数据采集仪接口。

（3）数据采集系统参数设定。点击数据采集按钮，打开数据采集系统。首先点击新建实验，弹出文件选择对话框，填写实验数据保存的文件名和路径，确保实验数据未被覆盖。接着选择采集频率和采集方式。选择台面输入，检查传感器与采集系统的连接状态。点击平衡按钮，对量测信号进行初始化。

（4）振动台控制系统参数设定和振动测试。点击振动测试按钮，打开振动台控制软件。首先选择波形，并输入加速度峰值；接着依次打开冷却塔开关和油源。点击振动测试按钮，振动台台面按照输入地震动发生振动，学生根据数据输入波形图和台面反馈波形图，检查振动台对此条输入地震波的重现情况。

（5）试件和加速度传感器安装。点击实验准备按钮，再点击吊装试件按钮，完成试件吊装及固定。再点击安装配重块按钮，输入荷载，计算配重；最后点击安装，完成配重块安装。再依次点击安装加速度传感器按钮和安装位移传感器按钮，将加速度传感器逐层安装在梁中部。安装完毕后，点击采集仪器连线按钮，将各传感器数据线连接至数据采集仪接口。

（6）选择地震波并进行结构地震反应测试。打开振动台控制软件，选择地震波波形，并输入加速度峰值。点击执行按钮，进行结构地震反应测试。学生可观察结构的实时响应和破坏现象等。地震动测试过程中和结束后，学生可通过缩放和拍照功能，学习观测并记录关键位置的变形和损伤状态。

（7）数据处理。点击数据处理按钮，学生可对不同工况、不同传感器的数据进行处理，也可对结构的动力参数进行识别和处理，绘制振型图等。

（8）结束实验，依次撤除配重块、加速度传感器，将试件吊至指定位置，将所有实验数据另存至指定文件夹，关闭振动台控制系统和数采系统，实验结束。实验结束后，学生按照实验大纲要求分析实验数据，撰写实验报告，然后在管理系统在线提交。

四、实施效果

（一）教学内容的突破

为了了解地震作用下结构的抗震性能，可分别采用拟静力实验、拟动力实验、混合实验和地震模拟振动台实验等不同方法进行实验模拟，其中地震模拟振动台实验是目前研究结构抗震的最可靠方法。然而，由于振动台实验设备昂贵、实验投入经费高、周期长，实验过程中风险大、维护要求高，因此无法在土木工程本科教学工作中开展。因此，开展振动台实验的虚拟仿真教学，可以培养学生的结构抗震设计能力，弥补工程结构抗震实验训练不足，提升学生对土木工程结构抵御地震灾害作用的认识和理解。因此，开展地震模拟振动台虚拟仿真实验是提高"结构抗震设计"教学水平和教学效果的重要途径。

（二）人才培养质量的提高

通过虚拟仿真实验教学，学生可以直观了解结构在不同地震工况下的动力响应全过程，深刻掌握结构抗震设计的基本概念和原理，熟悉相关设计过程和设计参数。同时可激发学生对土木工程结构抗震前沿研究领域的兴趣，培养其创新意识和专业知识应用实践能力。采用学生之间和师生之间的互动模式提高了学生的沟通能力和团队配合能力。

（三）教学对象和教学资源的拓展

由于采用基于互联网的虚拟仿真技术，可以突破校际壁垒，面向全国土木工程专业高校进行开放共享。也可以突破学校和社会之间的壁垒，开展对土木工程技术从业人员专业培训，也可以对广大群众进行抗震防灾的科普宣传，提高整个社会的抗震防灾意识。

参考文献

［1］王卫国.虚拟仿真实验教学中心建设思考与建议［J］.实验室研究与探索，2013，32（12）：5-8.

［2］王晓迪.虚拟仿真实验教学中心建设中八项关系的理解与探讨［J］.实验技术与管理，2014，31（8）：9-11.

［3］李炎锋，杜修力，纪金豹，等.土木类专业建设虚拟仿真实验教学中心的探索与实践［J］.中国大学教学，2014（9）：82-85.

［4］胡今鸿，李鸿飞，黄涛.高校虚拟仿真实验教学资源开放共享机制探究［J］.实验室研究与探索，2015，34（2）：140-144.

华侨大学　土木工程学院

"新工科"理念下数字系统课程
教学改革初探①

邱应强②

摘　要： 新工科建设是应对新经济的挑战，从服务国家战略、满足产业需求和面向未来发展的高度提出的一项持续深化工程教育改革的重大行动计划。为了更好地培养符合"新工科"要求的高素质复合型人才，以"学生中心、产出导向、持续改进"为理念，从教学目标、教学内容、教学方法和教学评价四个方面对数字系统课程进行初步的教学改革探索，以期在新工科建设理念下打造数字系统课程教学新内容、新模式、新方法、新质量。

关键词： 新工科；数字系统；教学改革

随着互联网、大数据、物联网、云计算、人工智能、区块链、5G等为代表的新一代数字技术蓬勃发展，数字经济已经成为带动中国经济增长的核心动力，人类社会正在迈向数字文明新时代。在知识与技术快速更迭的今天，新经济快速发展迫切需要高素质复合型"新工科"创新人才的支撑。对此，教育部于2017年启动了新工科建设，形成了新工科建设"三部曲"——"复

---

① 基金项目：华侨大学2019年新工科示范课程建设项目："数字系统组成原理和设计技术"。

② 作者简介：邱应强，博士，华侨大学信息科学与工程学院副教授，主要研究领域为信息隐藏、图像处理。

旦共识"[1]"天大行动"[2]和"北京指南"[3],探索建立工程教育的新理念、新标准、新模式、新方法、新技术、新文化。新工科建设是"卓越工程师教育培养计划"的升级版,即卓越工程师教育培养计划2.0[4]。

21世纪,人类迈入信息时代。社会需求推动电子技术飞速发展,数字电子技术在全球信息化进程中占据了主导地位,成为社会和经济发展的主力军,数字系统已广泛应用于人们生活的方方面面。"数字电子技术""微机原理与接口技术"是国内大多高等院校电子信息类工科专业的数字系统核心基础课程,是引领学生进入现代复杂数字系统领域的基石[5]。然而,自数字集成电路问世以来,数字电子技术发展日新月异,电子产品的更新迭代也越来越快。但是国内很多高校的数字系统课程教学没有跟上数字电子技术发展的步伐,存在课程内容陈旧、重叠、衔接不够、脱离产业实际需求等问题,导致培养出来的学生缺乏设计复杂数字系统的能力、缺乏熟练使用现代数字系统设计、调试和测试工具的能力、缺乏软硬件协调设计的能力等,即使学生能具备一些系统集成能力,也缺乏原始创新能力[6]。对此,华侨大学遵循"学生中心、产出导向、持续改进"的教育理念,对数字系统课程从教学目标、教学内容、教学方法和教学评价进行初步的教学改革探索,以期在新工科建设理念的指导下打造数字系统课程教学新内容、新模式、新方法、新质量。

一、课程教学目标

新工科建设人才培养应该使学生掌握更先进的知识包括自然科学、数学、工程科学、人文社科等专业和学科方面的知识;具备综合能力,包括应用所学知识解决实际工程问题、工程设计、创新创造创业能力、团队沟通交流和领导能力、终身学习能力以及专业所涉及的核心技能和职业态度等[7]。

产出导向(Outcome Based Education,OBE),又称成果导向。OBE理念强调专业教学设计和教学实施以学生接受教育后所取得的学习成果为导向,并对照毕业生核心能力和要求,评价专业教育的有效性。华侨大学电子信息类专业按照"反向设计,正向实施"的基本思想,从产业需求和专业培养目标出发制定课程教学目标。在学生已具备较坚实的自然科学、数学、人文社科等方面知识的基础上,数字系统系列课程的教学目标有:①培养学生打下坚实的工程科学、现代信息科学与技术和电子信息类专业基础;②培养学生能够熟练运用现代EDA(电子设计自动化)工具和软件开发工具,应用数学、自然科学、工程科学和专业知识分析、研究数字系统工程问题,进而设计/开发/测评解决方案;③培养学生具有科学精神、人文素养、社会责任感、家国情怀、工程意识、团队协作精神、创新精神和创业意识,具备较强的学习能力、实践能力、专业能力、项目管理能力、沟通交流和领导能力;④培养可从事电子信息及相关领域数字系统研究、设计、开发、制造、应用、维护、管理等工作的高素质复合型创新人才。

二、课程教学内容

"学生中心、产出导向"理念强调以学生为中心,注重学生学习产出,即专业培养目标。以终为始,根据培养目标设计科学合理的培养方案并落实到具体课程,形成课程教学目标。教学目标指引教学方向,指引教师科学合理地设计教学大纲以及有效合理地确定和组织教学内容。

数字系统可定义为由实现各种功能的数字逻辑电路互相连接构成的、能够以数字信号存储、处理或传输信息的整体。数字系统涉及面广,数字逻辑电路可分成组合逻辑电路和时序逻辑电路,其基本单元是逻辑门;逻辑门可构建基本逻辑器件,如编码器、译码器、数据选择器、加法器等组合逻辑功能器件和寄存器、计数器等为代表的时序逻辑功能器件;逻辑器件进而可以构建功能更复杂的逻辑部件,如微处理器、存储器等。随着集成电路技术的高速发展,数字逻辑电路早已从分立元件数字电路转向集成数字电路,而且集成度越来越高,功能也随着小规模(SSI)、中规模(MSI)、大规模(LSI)、超大规模(VLSI)、甚大规模集成电路(ULSI)的发展从门级、器件级、部件级上升到系统级。数字系统应用范围广，涵盖了消费电子、汽车电子、通信系统、数字仪器、工业控制、航空航天、军事工业等国民经济和国防建设的各个领域。

数字系统领域存在三种基本的器件类型：存储器、微处理器和逻辑器件，这也是集成电路除模拟器件外的其余三大品类。存储器是用来存储程序和各种数据信息的记忆部件，属于时序逻辑电路；以由运算器和控制器组成的微处理器为核心配备存储器、输入/输出设备则可构成微型计算机，再加上软件系统就构成微型计算机系统，现已进入通用计算机系统和嵌入式计算机系统两大分支并行发展的时代；逻辑器件则可分成以专用集成电路ASCI为代表的固定逻辑器件和以FPGA为代表的可编程逻辑器件两大类。

最典型的数字系统当属于计算机系统。作为一个生态系统，计算机系统不仅包括运算器、控制器、存储器和输入输出设备所构成的硬件系统，还需要由系统软件和应用软件所构成软件系统的支撑。数字系统小到日常家用电器，大到复杂的计算机控制系统，其中必定包含数字逻辑电路硬件，可能还需要软件编程控制，甚至通过网络连接构成更复杂的数字系统，如互联网、物联网。

数字系统涉及内容广而深，为了在有限的教学时间内达成教学目标，引导学生走进数字系统、迈向数字时代前沿，我校电子信息类专业开设了"数字电子技术课、微机原理与接口技术课、电子设计自动化课、嵌入式系统原理与应用课、数字系统组成原理与设计技术课等与数字系统紧密相关的课程，以嵌入式系统和FPGA数字系统两条主线交叉融合贯穿这些课程的教学内容，培养学生知识和技能的纵深拓展。数字系统课程具体教学内容可组织与安排如下：

（1）数字电子技术课程以逻辑代数（布尔代数）为数学基础，重点讲授组合逻辑电路和时序逻辑电路分析设计的基本原理，突出CMOS（互补金属氧化物半导体）逻辑门电路原理以拓展集成电路（IC）设计基础知识并强调IC应用时的外电气特性，强化典型组合/时序逻辑电路功能，弱化中小规模集成芯片应用；将"数字电子技术"知识直接贯穿到"电子设计自动化"，传授采用"硬件设计软件化"思想、使用硬件描述语言（VHDL、Verilog HDL等）与现代EDA工具、运用寄存器传输级抽象模型对组合逻辑电路和时序逻辑电路（有限状态机）的高层次描述方法，打造FPGA（现场可编程门阵到）数字系统学习主线。

（2）"微机原理与接口技术"课程[8]将讲授通用微型计算机系统和嵌入式微型计算机系统的共性知识，即微型计算机系统的软硬件系统架构及基本工作原理，进而以低端应用中仍然占有一席之地且简单容易上手的51单片机为教学原型机，重点讲授单片机工作原理和实际应用系统软硬件设计开发方法；将微机原理与接口技术知识直接贯穿到"嵌入系统原理与应用"，从简单的8位51单片机过渡到复杂的已占据半壁江山的ARM嵌入式系统，打造嵌入式系统学习主线。

（3）数字系统组成原理与设计技术课程则以硬件描述语言设计微处理器为教学原型融合FPGA数字系统和嵌入式系统；对于能力强的学生，可研究探索基于FPGA的51内核/RISC-V内核分析与设计、基于ARM软核的FPGA系统设计等，学习用FPGA对ASIC设计进行原型验证，提升课程的高阶性、创新性和挑战度。

数字技术日新月异、数字经济蓬勃发展，数字系统教学内容需紧跟数字系统产业发展前沿。此外，课程教学内容设计还要注重工文渗透、理工结合、工工交叉的学科交叉融合，打造新工科理念下数字系统课程新内容。

三、课程教学方法

教学实施过程是实现教学目标的关键阶段。在有效组织教学内容的基础上，教师在课堂教学中应突出学生的主体地位，并采用先进的教学工具和教学方法有效地达成教学目标。在数字系统课程的教学过程中，可采用以下教学方法来组织教学实施。

（一）体验式学习（Experiential learning）

学习是指从阅读、听讲、研究、实践中获得知识或技能的过程，学生只有通过亲身体验才能最终有效地完成学习。在数字系统课堂教学过程中，教师应以学生为主体、以课堂为舞台，不仅可利用现代化教学媒体，而且可制作数字系统教具（如心形流水灯、模拟交通灯、数字时钟、超声波测距仪、音乐电子琴灯等）进行课堂展示，让知识以可视、可听、可感的"寓教于乐"方式给学生带来全新的学习体验并留下深刻的印象，从而激发学习动机、培养学习兴趣，进而可充分调动、培养学生学习的主动性与积极性，并以小组合作学习方式投身于实践教学，"学中做、做中学"，通过实践与反思的有机结合来获取期望的知识、技能和态度。

（二）基于问题的学习（Problem based learning）

建构主义（constructivism）或结构主义（structuralism）学习理论认为学习是学习者基于原有的知识经验生成意义、建构理解的过程。基于问题的学习是一种符合建构主义理论的以学生为中心的自我引导学习。教学目标要求培养学生能解决实际数字系统工程问题，基于问题的学习模式将学生以小组合作学习方式共同解决实际数字系统工程问题作为学习途径。在教师提供获取学习资源的途径和学习方法的适当指导下，学生们在共同学习的过程中需通过图书馆、互联网等各种学习途径收集和处理可以用于解决问题的文献资料，分工协作获取解决问题的策略和方法，从而培养获取知识和意义建构知识的能力，将碎片化知识转换成结构化知识。

（三）探究式学习（Inquiry based learning）

探究式学习，又称探究性学习、研究性学习。探究是一种多层面的活动，既是科学学习的过程，又是科学学习的目的。数字系统课程可创设类似于学术研究的情境，从数字系统领域或实际应用需求中选择课题，学生通过小组合作学习方式自主探究，在主动动手做、做中学的过程中通过发现问题、调研文献资料、表达与交流、实验实践操作等探索活动，获得专业知识，培养职业态度、探索精神、团队意识、创新意识和实践动手技能。

（四）项目式学习（Project based learning）

项目式学习是一种围绕项目组织学习的模式，需以学生为中心，以数字系统概念和原理为基础，学生通过参与实际数字系统项目，对真实的具有挑战性的数字系统问题进行探究，进行问题分析、文献调研、讨论研究、协作实践，最终形成数字系统产品或演示系统，从而构建数字系统知识，并且能够在现实生活中将所学知识学以致用。项目式学习符合杜威的"从做中学"实用主义教学思想与库珀的体验式学习理论，高水平的项目式教学可提高学习者高阶思维能力。

数字系统课程的教学不应拘泥于上述某种特定的教学模式，往往需要综合应用多种教学思想以取得更好的教学效果。无论是简单的还是复杂的数字系统，都可视为数字产品，可采用自上而下的设计方法从系统设计开始逐渐向子系统设计、模块设计、功能点设计等更细的层次推进，特别适合采用CDIO（构思、设计、实现和运作）工程教育模式。在教学过程中，教师可将数字系统研发作为项目任务来组织实施，学生以数字系统研发到系统运行的生命周期作为载体，以"构想→设计→实现→运行"为主线，以小组合作学习的方式从需要解决的工程问题出发开展自主探究，以主动的、实践的、课程之间有机联系的方式通过自身体验来学习，从而培养学生具备在现代工程环境下生存的工程技术基础知识、个人能力、团队合作能力和工程系统能力。对于学习能力强的学生，可针对他们的需求、兴趣、动力、能力和学习进度设计个别化教学，采用适应性教学模式提高项目高阶度和挑战度来满足不同学生的技能需求和学习能力，同时培养其创新能力。在教学过程中，教师不再是教学过程中的"主角"，而是退居幕后的"导演"，同时还兼具引导者、咨询者、学科专家等多重身份，可进一步运用案例教学、智慧课堂、翻转课堂、慕课、线上线下混合式教学等先进教学手段来提高教学效果，打造新工科理念下的数字系统课程教学新理念、新模式和新方法。

四、课程教学评价

以"学生中心、产出导向"理念制定合理的教学目标和教学内容，配置匹配的教学资源和教学方法开展教学实施后，需根据教学产出以目标达成评价为基础对课程教学进行全面考核评价，并进行反馈和持续改进。

"学生中心"聚焦于学生的能力达成，而不是偏重于教师传授知识；"产出导向"重点定位于发展学生的能力体系，而不是偏重于知识体系。传统的考试方式过于强调对理论知识的考核，容易造成学生思维方式僵化，无法满足"新工科"对工程实践能力的考核要求。对于学生数字系统课程考核，可采用渐进式的多元化考核方式，比如对于数字电子技术和微机原理与接口技术这类专业基础课程，需采用考试与实验实践相结合的考核方式，并减少考试所占比重、提高实验实践环节比重；对于电子设计自动化、嵌入式系统原理与应用和数字系统组成原理与设计技术这类重工程实践类课程，则取消课程考试考核，采用实验加课程设计实践相结合的考核方式，学生组队并根据团队能力选择难易程度不一的开放性课题作为课程设计项目，通过方案设计、系统设计、系统验收、课设报告和技能评估五个环节全面考核学生的专业知识、使用现代化EDA工具能力、设计能力、研究能力、项目管理能力、团队协作能力、沟通素质等。

课程教学评价不仅要对学生学习情况进行科学考核，还要评价课程教学质量。教学质量决定了高校人才培养质量，提高教学质量首先要提高教师的教学水平。高校立身之本是立德树人，师德师风是新时代教师评价的第一标准。新工科建设面向发展新兴产业，应注重学科之间的跨界交叉融合以及学生创新实践能力的培养，因此教师应具备多学科的专业知识和专业能力并且能够贯穿多学科知识融入课程教学内容和教学实施过程中。数字系统相关课程可自成体系。首先，以课程为单位，对教学过程的所有环节引入监控机制，再以产出导向——学生的学习成果作为课程教学质量的评价依据，征求学生对课程教学的反馈意见，分析教学过程中的问题及其原因，提出下一轮教学改进方案。其次，将各门课程纳入数字系统课程体系内，并根据学生后续课程的学习成效以及学生意见对前导课程进行反馈；学生毕业时，征求毕业生根据各自毕业要求达成情况对专业培养目标和课程目标、课程内容和课程教学实施的反馈意见，综合分析毕业生毕业要求达成情况以及各课程对毕业目标达成的贡献度，提出专业培养目标、培养方案以及各课程实施的改进措施；学生毕业后，跟踪调查学生工作状况、社会与用人单位的反馈意见和建议，从毕业生、用人单位的实际工作需求中找差距、补短板。

"持续改进"是一个不断更新完善的动态过程，具有"评价—反馈—改进"反复循环特征。在课程、课程体系和毕业要求多维度对学生学习成效考核和教学质量评价的基础上，综合在校学生、毕业学生、社会与用人单位的反馈意见，持续追踪国内外新兴产业发展的动态与趋势、数字系统产业的人才需求，将专业培养目标、培养方案的持续改善落实到数字系统课程的培养目标、课程内容上，并引入更好的教学资源和教学方法不断提高教学质量，打造新工科理念下数字系统课程教学新质量。

结语

新工科建设是主动应对新一轮科技革命与产业变革的战略行动，改造升级传统工科专业、培育发展新兴工科专业，实现从学科导向转向产业需求导向、从专业分割转向跨界交叉融合、从适应服务转向支撑引领。在新工科建设背景下，依据"学生中心、产出导向、持续改进"的教学理念，从教学目标、教学内容、教学方法和教学评价四个方面，对"数字电子技术""微机原理与接口技术""电子设计自动化""嵌入式系统原理与应用""数字系统组成原理与设计技术"等数字系统课程进行教学改革，以期打造新工科建设下数字系统课程教学的新理念、新内容、新模式、新方法、新质量，从而更好地培养可从事数字系统研究、设计、开发、制造、应用、维护、管理等工作且符合新工科要求的高素质复合型创新人才。

参考文献

［1］"新工科"建设复旦共识［J］.复旦教育论坛，2017，15（2）：27-28.

［2］"新工科"建设行动路线（"天大行动"）［J］.高等工程教育研究，2017（2）：24-25.

［3］新工科建设指南（北京指南）［J］.高等工程教育研究，2017（4）：20-21.

［4］朱正伟，李茂国. 实施卓越工程师教育培养计划2.0的思考［J］.高等工程教育研究，2018（1）：46-53.

［5］［7］顾佩华. 新工科与新范式：概念、框架和实施路径［J］.高等工程教育研究，2017（6）：1-13.

［6］左冬红，程文青，罗杰，等. "新工科"理念下数字系统贯穿式教学探索［J］.电气电子教学学报，2019，41（5）：78-80.

［8］邱应强. 微机原理与接口技术课程教学改革探索［J］.中国现代教育装备，2014（11）：69-72.

华侨大学　信息科学与工程学院

虚拟仿真技术在土木工程测量
实践教学中的应用[①]

庄致滨　褚英杰　曾国庆　李安琪　余皇成　贾涵冰　郑双杰[②]

摘　要：虚拟仿真是采用信息化手段对真实环境进行模拟的综合集成技术，具有沉浸性、交互性、虚幻性和逼真性等特点，其应用载体或平台通常操作界面简洁，可反复多次练习测评，无人身伤害危险。为解决土木工程测量课程传统现场实习方式安全隐患大、可重复性差、数据处理粗浅等弊端，提升测量实习的教学效果，提出基于虚拟仿真技术的测量实习创新实践方法。通过实例分析，阐述虚拟仿真技术在测量实习教学过程中的应用，分析其相较于传统现场实习的优势，并结合土木工程测量教学的实践体系，为今后的工程测量教学发展方向提出参考性的意见。

关键词：土木工程测量；实验教学；虚拟仿真；学科建设；创新实践

近年来，国家大力推行建设创新型国家和人才强国战略，力图在新时期

① 基金项目：中央高校基本科研业务费（项目编号：ZQN-813）；华侨大学大学生创新创业训练计划（项目编号：202110385030）。

② 作者简介：郑双杰（1985—　　），男，福建厦门人。博士，副教授，主要从事土木工程专业的教学与研究。

追赶信息化与工业化融合发展的国际趋势。高校作为国家培养技术、科研和管理人才的重要高地，"互联网＋教育""新工科建设"的理念正在深入人心，对教育教学改革的方方面面产生深刻的影响。在此背景下，土木工程作为新工科中的重要专业，其教育教学模式也面临着来自信息化的诸多挑战和机遇[1]。

土木工程专业非常重视理论与实践教学的深度融合。实验教学作为实践教学的重要环节之一，可有效提高大学生理论联系实际、分析复杂问题和动手实践的能力。传统实验教学方法大多基于实体实验室或现场教学，普遍存在实验场所不足、手段方法滞后、课时大大压缩、现场条件复杂、实验成本高昂、可重复性较低等问题，不利于专业课程理论知识体系的完整构建和应用[2-4]。急需借助信息化技术在"互联网＋教育"中的应用，克服传统现场实验方式的弊端，激发学生自主学习和创新实践的积极性。

随着信息化高速发展，虚拟仿真技术在实验教学领域的应用得到了大力推广。该技术结合虚拟现实技术和仿真技术，可具象模仿物体的外观组织结构，并抽象模拟其内在运行机理，让体验者产生身临其境的感受，达到寓教于乐的目的。以华侨大学土木工程测量课程教学实践环节为例，借助基于虚拟仿真技术的建筑信息化模型与新型教学平台，围绕沉浸式全景观察、体验式数字测量、探究式知识综合的建设目标，介绍土木工程测量虚拟仿真实验实习的实践与探索。

一、土木工程测量实践教学目标

测量实验与实习是土木工程、工程管理、给排水科学与工程、城市地下工程、土地资源管理和工程造价等专业本科生必修的专业基础课程，它是一门实践性的技术基础课，也是对学生进行必备的基础工程素质和技能教育的工程实践性教学环节。主要包括操作检校仪器、外业记录计算、内业数据处理、详细地形图测绘等。通过实践，达到以下教学目标：

（1）基于水准测量、角度测量、导线布设、地形图测绘原理和知识，加深对工程测量相关知识的理解，熟悉现代主流仪器如全站仪、数字水准仪和GNSS RTK等测量仪器常用操作方法和工具使用方法，能开发、选择和使用与工程测量相关的制图、计算、分析等方面的技术和工具。

（2）通过导线的布设、水平角观测、距离观测、四等水准测量、地形图的识读、绘制和应用等系统的相关工程实习经历，熟悉土木工程相关的技术标准，认识现代测量仪器工具和测量技术等的适用范围及特点，能够综合利用多种现代测量技术的优势，解决复杂工程问题，并能够理解其局限性，并形成全面综合分析、思考和解决实际工程问题的能力。

（3）培养测量实习小组团队合作精神，能独立完成测量实习过程中，观测、记录、计算、展点、绘图、选择碎部点等实习任务，能配合团队的工作、胜任团队成员的角色与责任，能主动与其他学科的成员合作开展工作，为以后在解决土木工程专业的复杂工程问题打下基础。

（4）加强工程测量的理论与实际相联系，培养勤奋实干的工作作风，能在测量实习小组中承担个体、团队成员或负责人的角色，能组织、协调实习小组成员完成实习任务。

二、测量实验与实习存在的问题

（一）测量仪器成本高且易损坏

土木工程测量实验与实习过程中，需要学生应用多种测量仪器，包括水准仪、经纬仪、全站仪、GNSS RTK及其他辅助配件，如水准尺、棱镜、钢支架、测钎、木质三脚架、皮尺与小钢尺等。其中，许多光学类测量仪器，如光学经纬仪仅做教学用途，厂家已经普遍减少生产，造成购买成本不降反升；光电类测量仪器，如全站仪仍是测量生产作业中的重要仪器，近年来新款国产型号的采购成本约为单台1万元；采用卫星导航信号的GNSS RTK价格更高，基础款约为每套2万—4万元。这些仪器往往组装精密，易损难修，需要专人维护和修理，使用成本较高，从而限制了学生人均使用测量仪器的台数和时间。

（二）课堂教学与实践环节脱节

在土木工程测量的课堂教学环节，主要讲授测量学的基本原理和基本方法。大部分教材将教学内容划分为：测量学概论、三大基本测量技能（水准测量、角度测量和距离测量）、测量误差分析、控制测量、地形图测绘、地形图应用与工程测量。从理论体系上来说，这样的内容安排合理且符合逻辑。学生在完成测量实验任务时，也就是测量高程、角度和距离等基本测量物理量时，尚能够较好地完成任务，这是由于实验内容与课堂教学章节内容恰好是对应的。但是，等到测量实习环节时，学生普遍反映较难独立完成实习任务，缺乏对地形图测绘实习任务的总体把握与完整认识。

（三）教学内容落后于生产实际

随着测绘行业与相关产业的发展，新型测绘仪器层出不穷，测绘生产方式日新月异。由于高校与企业的联系并不紧密，教师和企业工程技术人员的交流相对较少，对于行业和企业的了解不够深入。在此情况下，土木工程测量的部分实践教学内容难以赶上生产实际的发展变化，往往是多年重复使用，形式较为单一。很多学生虽然经历了实验、实习、课程设计和毕业设计等实践环节，但是这些实践内容大部分都源于教材和其他媒体，在实际操作过程中仍缺乏一个可以供教师和学生将理论和实际相结合的环境和平台载体。这最终导致工程测量教学不能够跟上社会科技的发展，与满足企业的实际需要仍存在不小的差距。

（四）实习创新性和开放性不足

非测绘专业的工程测量实验与实习教学，主要目的在于验证课堂教学的基本理论和基本方法，锻炼学生动手实践完成小型测绘任务的能力。教师设计的实习题目大部分都是自拟的，学生往往不能亲临现场去考察并自己提出问题，缺乏对工程测量教学改革产生全面理解和认识的机会。测量实习任务多数为1：500小区域大比例尺地形图测绘，将班级划分4—8人的实习小组，组内自行确定分工协作关系。但受现场条件制约，各组的实习任务和测量区域都是重复的，大部分实验内容都是为具体的课程内容服务的，以验证性和训练性实验内容为主，还有待研发创新性和开放性更好的实验教学方案。

三、测量实训虚拟仿真实践教学

（一）基本教学内容

数字地形图测绘原理是将地面上的地形和地理要素（或称模拟量）转换为数字量，然后，由计算机对其进行处理，得到表示地物和地貌的电子地图，由图形输出设备（如显示器、绘图仪）输出地形图。地形图要素可分解为点、线、面三种图形要素，其中点是最基本的图形要素，因为一组有序的点可连成线，而线可以围成面。要准确地表示地形图上的点、线、面的具体内容，需要确定其三维坐标以及采用规定符号、注记来表示。独立地物可以由定位点及其符号表示，线状地物、面状地物由各种线划、符号和注记表示，等高线由高程值表达其意义。

测量的基本工作就是测定点位。定位信息也称点位信息，是用全站仪、GNSS接收机或其他仪器在外业测量中获取的、以（x，y，H）表示的三维坐标。点号在地形测图系统中是唯一的，根据它可以提取点位坐标。连接信息是指测点的连接关系，包括连接点号和连接线型，据此可将相关的点连接成一个地物。上述两种信息合称为图形信息，又称几何信息。由此可以绘制房屋、道路、河流、植被、地类界、等高线等图形。属性信息又称为非几何信息，包括定性信息和定量信息。属性的定性信息用来描述地形图要素的分类和对地形要素进行标名，用特征码或文字表示；属性的定量信息是说明地形要素的性质、特征或强度，例如面积、楼层、人口、流速等，一般用数字表示。

（二）虚拟仿真技术

测量实训虚拟仿真实验教学系统主要由虚拟仿真外业与数字化成图内业两大部分组成，主要包括：（1）利用虚拟仿真环境完成外业碎部测量工作；（2）利用CASS数字化成图软件完成线划图的绘制工作。其中，虚拟测图部分为线上系统，学生通过申请账号和密码方可连线使用；数字化成图部分为线下系统，可利用南方生态圈（http：//o.southgis.com）提供的CASS或SouthMap等平台进行教学。

虚拟仿真实验教学平台的实验场景为某建筑楼群的数字化三维街景地图，学生进入该系统可真实模拟测绘工程师外业操作，包括踏勘选点、选定导线和水准路线、操作GNSS RTK和全站仪等仪器进行控制测量与碎部测量等。训练营功能可专项训练学生操作水准仪、全站仪、GNSS RTK等测量仪器的分解动作，从而达到实时反馈、逼近真实任务的教学效果。

将虚拟测图环节得到的控制点、碎部点数据导入数字化成图系统，从而得到路灯、消火栓、电子眼、栏杆、房屋、停车场、悬空通廊、台阶、室外楼梯、行树、门顶雨罩、旗帜、人工绿地、花圃、导线点、不埋石图根点等重要地物和地貌的数据信息，然后利用CASS或SouthMap丰富的绘图模块功能，按国家测图规范进行勾绘等高线、地物以及地形图的整饰，得到1∶500比例尺的数字地形图，作为该虚拟仿真实验教学的最终成果。

（三）核心教学环节

1.仪器训练营

专项训练学生操作水准仪、全站仪、GNSS RTK等测量仪器的分解动作，从而达到实时反馈、逼近真实任务的教学效果，如图1所示。

（a）仪器训练列表　　　　　　　　（b）仪器操作界面

图1　仪器训练营

2. 控制测量

如图2所示，该部分任务：一是图根控制点布设，在测区进行图根点布设，从而建立测区的控制网，为下一步碎部测量时架设仪器提供参考点；二是图根控制测量，利用GNSS RTK设备进行控制测量，并导出控制点数据成果，上交成果形式为控制点成果文件，采用dat文件格式。

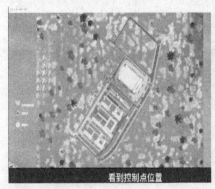

（a）布设控制点　　　　　　　　　（b）采集控制点坐标

图2　控制测量

3. 碎部测量

如图3所示，利用GNSS RTK设备进行碎部测量，采集重要地物和地貌的数据信息，如路灯、消火栓、电子眼等。对于利用GNSS RTK采集数据时，卫星信号不好，要采用全站仪进行碎部测量，以保证特征点的测量精度，主要有房屋角、停车场、悬空通廊、室外楼梯、门顶雨罩、旗帜、人工绿地、花圃等。

| （a）GNSS RTK测量 | （b）全站仪测量 |

图3　碎部测量

4. 数据传输

由GNSS RTK和全站仪导出碎部点数据成果文件，采用dat格式。通过数据传输线，将GNSS接收机手簿和全站仪创建数据文件中的三维数据信息导入计算机或存储介质。

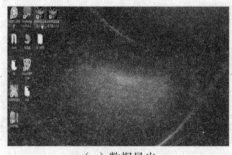

| （a）数据导出 | （b）数据导入 |

图4　数据传输

5. 绘制地形图

运用CASS或SouthMap提供的规范地物符号进行地形图地物符号的绘制，并添加文字注记和数字注记等；运用等高线模块进行等高线绘制；插入国家测图规范所规定的标准图廓，编辑接图表、坐标系、日期、图式、人员等信息；按测图规范要求绘制并整饰地形图，成果为线划图文件，采用dwg格式。

（a）绘制地物

（b）绘制地貌

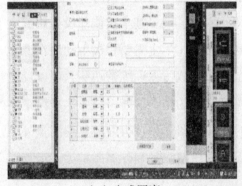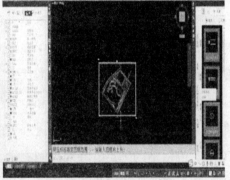

（c）生成图廓

（d）整饰地形图

图5　绘制地形图

6.生成报告

生成虚拟仿真测图实验报告，成果采用word格式。

四、虚拟仿真技术实践教学优势

（一）虚拟的测量仪器无须维护

基于虚拟仿真实验技术，学生在测量实验与实习过程中所需要使用的各类测量仪器，均可以虚拟为可在线操作的程序模块。通过计算机的键盘、鼠标、触摸屏等输入输出配件，可以方便地操控这些虚拟测量仪器。例如，水准仪、经纬仪和全站仪所共有的整平，在电脑屏幕上实现移动三脚架、伸缩架腿长度、调节脚螺旋、转动照准部的制动或微动螺旋、旋转望远镜等各种精细复杂的实验操作。如此，在实践教学过程中，同一类实验实习任务可以反复练习，而且不会对测量仪器产生任何的损耗，也不存在仪器丢失或损坏的风险，大大节约了工程测量实践环节的成本。

（二）课堂教学与实践环节结合

通过虚拟仿真技术所创设的三维实景地图、工具包和测绘任务，教师在土木工程测量的课堂教学环节就可以帮助学生建立对测量实习任务的总体认识和把握，避免学生只见树木不见森林，掌握了很多基本技能却没有用武之地。为了在游戏化的虚拟环境中完成测量任务，学生需要积极主动地在课堂所学的知识库里寻找解题通关的法宝。比如虚拟仿真训练营功能，可以反复锤炼学生操作水准仪、经纬仪和全站仪等仪器的基本技能，完成水准测量、角度测量和距离测量任务。更进一步的虚拟测图任务可很好地复现测量外业工作，包括踏勘选点、导线控制测量、高程控制测量和碎部测量等，增强课堂教学与实践环节的关联性。

（三）教学内容与生产实际同步

近年来，测绘行业各类新型仪器更新换代非常迅速，特别是利用卫星导航、三维扫描、智能机器人、无人机等技术正成为一种潮流，已经推动测绘行业生产方式发生巨大的变革与发展。然而，全站仪市场价普遍在1万—4万元，GNSS RTK基本款约为2万—5万元，其他新型测量仪器更是价格昂贵。购买数量少则不足以满足广大师生的教学需求，批量购买则维护更新成本非常高，仅用于教学用途又浪费了仪器的生产价值。为此，虚拟仿真技术的应用将较好地解决这个矛盾。通过虚拟测图平台将测绘企业实际生产过程转化为通关任务，将所运用的各类新型仪器转化为游戏工具包，而且测绘任务与测量仪器可定期更新，有助于以较低的成本达成更好的教学效果，使课堂教学内容更接近于实际生产过程。

（四）增强实习创新性和开放性

以往受测量实习现场条件和时间长度的限制，教师所布置的实习任务和测量区域多是自拟而重复的，以完成验证性和训练性实验内容为主。学生在有限的实习阶段内，也存在应付课堂教学考核的倾向，缺乏探索不同的测绘技巧、团队协作与开放性任务的机会。基于虚拟仿真测量实验与实习教学平台，师生有机会研发创新性和开放性更好的实验教学方案。（1）可实现测量任务多样化，如每班划分不同测区，每组分配一个测区，甚至每人指定特定测区。（2）可创新团队分工协作方式，如同一年级不同班级联合测量，同班的各个小组合作测量，或小组内各个组员随时变换小组长、测量员、跑点员、记录人等多种角色。

结语

本文根据工程测量课程实验实习教学的需要，探讨了虚拟仿真技术在课堂教学与实践环节中的实现途径和应用优势。在工程测量课程中采用"虚实结合"的教学方法，有助于降低实验教学的仪器采购与维护成本，增强课堂教学与实践环节的关联性，使教学内容跟得上企业生产更新换代的脚步，达成创新性和开放性实践教学的目标。最终实现"以学生为中心"的教育理念在工程测量课程中的落实，培养学生自主学习能力、创新能力和综合实践能力。

参考文献

［1］王力军，李继怀，卢艳青. 现代工程教育模式的偏离与理性回归［J］. 现代教育管理，2016（3）：16-20.

［2］苏晓勇，徐送林. 虚拟仿真实验教学中心建设的解读与思考［J］.实验室科学，2018，21（1）：188-190.

［3］刘亚丰，苏莉，吴元喜，等. 虚拟仿真教学资源建设原则与标准［J］.实验技术与管理，2017（5）：8-10.

［4］赵铭超，孙澄宇. 虚拟仿真实验教学的探索与实践［J］.实验室研究与探索，2017，36（4）：90-93.

华侨大学　土木工程学院

华侨大学　计算机科学与技术学院

SAP2000在大学生工程训练综合能力竞赛中的应用①

褚英杰　庄致滨　曾国庆　李安琪　余皇成　贾涵冰　郑双杰②

摘　要： 2021年第七届全国大学生工程训练综合能力竞赛福建省级复赛的桥梁项目，旨在激发学生创新和开发新材料、新结构的热情，提高学生应用结构与力学等专业知识解决复杂工程问题的实践能力。总结利用SAP2000顺利完成桥梁结构设计方案，包括桥梁结构设计作品与构思、计算机仿真建模方法以及仿真计算结果分析等关键环节，可为参加或组织类似竞赛提供参考。

关键词： 工程训练；综合能力竞赛；桥梁结构；创新实践

近年来，高等院校工程教育改革不断深入，对大学生工程创新综合素质和能力水平的全面提升提出了越来越高的要求[1]。土木工程专业大学生作为卓越工程师的重要后备力量，除了掌握课堂所学的基本原理和基本方法，还需要主动寻找将理论知识与工程实践相结合的机会，从而最终实现实践—理论—实践的闭环培养目标[2-3]。课内所学内容和方法总归是有限的，因此，课外各类大学生创新创业活动，特别是工程实践类学科竞赛，可起到以赛促

① 基金项目：中央高校基本科研业务费（项目编号：ZQN-813）；华侨大学大学生创新创业训练计划（项目编号：202110385030）资助项目。

② 作者简介：郑双杰，博士，副教授，硕士生导师，研究方向为桥梁结构力学性能。

学、以赛促教、以赛促改、以赛促建的效果。

为落实《关于加快建设发展新工科实施卓越工程师教育培养计划2.0的意见》《关于深化高等学校创新创业教育改革的实施意见》等文件精神，服务于国家创新驱动与制造强国战略，培养面向适应全球可持续发展需求的卓越工程技术后备人才，"第七届全国大学生工程训练综合能力竞赛"于2020年9月启动，采用校级初赛、省级复赛和全国总决赛三级赛制，福建省于2021年4月在福州大学举办该赛事的省级复赛。华侨大学土木工程学院参赛队选用SAP2000有限元分析软件进行理论方案设计，完成结构建模、荷载分析、内力分析、承载力分析等多方面的分析计算，最终得出理论方案设计相关依据，并制作加工桥梁模型构件，用于比赛现场组装。

本文介绍华侨大学土木工程专业学生在参加桥梁项目过程中，应用理论知识以及有限元软件解决复杂工程问题的实践过程，探讨SAP2000等信息化工具在大学生工程结构类设计竞赛中的应用。

一、桥梁项目赛题与评分标准

（一）赛题要求

本次桥梁项目的赛题要求为自主设计单跨桥梁，跨度要求为500mm，净空区高度不小于150mm。并在校内完成桥梁模型构件的制作，在比赛现场用502胶水完成桥梁模型的粘贴组装，制作材料要求为本色侧压双层复压竹皮，并在预留的测量面上粘贴反光片。

如图1所示，现场加载时首先在桥面上铺设赛事组委会提供的桥面板。然后将桥梁模型安装至加载装置中，采用标准秤砣铸铁砝码加载。加载分两级，其中第一级加载的载重量F_1为5kg；当一级加载成功后，第二级加载的载重量F_2在第一次加载基础上，按照2kg的倍数增加，且不大于30kg。参赛前需预报自定义加载重量，由参赛队自行加载。小车行驶至桥梁中央指定位置处必须停止10秒钟，记录桥梁的最大位移值$\varDelta$。根据各参赛队桥梁的荷重比以及加载时的最大位移 Δ 计算现场成绩。

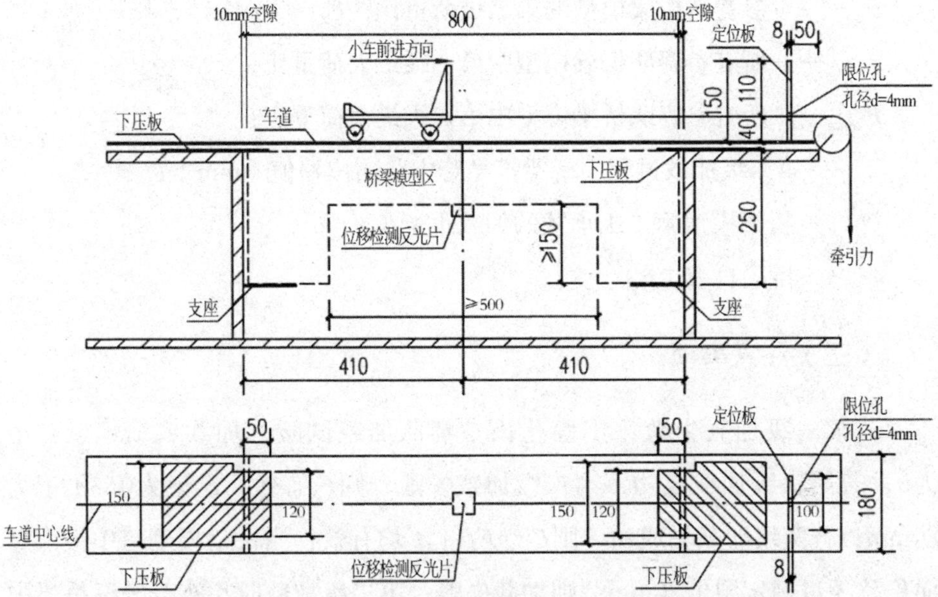

图1　竞赛加载方式示意

（二）计分规则

本次桥梁项目的赛题要求为自主设计单跨桥梁，并在校内完成桥梁模型构件的制作，在比赛现场用502胶水完成桥梁模型的粘贴组装，制作材料要求为本色侧压双层复压竹皮，并在预留的测量面上粘贴反光片。评分标准为：竞赛成绩（100分）＝设计方案（20分）＋桥梁组装（10分）＋现场加载（70分），其中：设计方案＝20－扣分；桥梁组装＝10－扣分；现场加载根据桥梁模型的重量、加载的重量以及加载产生的变形进行评分，按照式（1）计算：

$$C_2 = 20 \times \frac{F_1}{F_{1max}} + 30 \times \frac{F_2}{F_{2max}} + 20 \times \left(1 - \frac{\Delta}{20}\right) \tag{1}$$

式中：

F_1——本参赛队桥梁模型的第一级荷重比，$F_1 = 5000/W$；

F_2——本参赛队桥梁模型的第二级荷重比，$F_2 = Q_2/W$；

F_{1max}——所有参赛队桥梁模型中第一级最大荷重比；

F_{2max}——所有参赛队桥梁模型中第二级最大荷重比；

Δ——第二级加载过程中桥梁模型跨中竖向位移值（mm）；

Q_2——桥梁模型第二级承载的加载重量（g）；

W——桥梁自重（g）。

（三）注意事项

若第一级加载失败，则停止该参赛队加载试验，加载成绩F_1、F_2记为0；若第一级加载成功，第二级加载失败，则F_1有效，F_2记为0，Δ记为20mm；若两级加载均成功，则F_1、F_2和Δ均有效；当桥梁模型跨中最大竖向位移超过规定限值20mm，则加载失败；第二级加载时小车行驶至桥梁中央指定位置处必须停留10秒钟，否则该次加载失败。

二、桥梁结构设计作品与构思

（一）参赛作品设计

桥梁整体为悬带桥，根据受力情况设计了杆件的截面，如图2所示。荷载通过双主梁桥面板传递至张弦梁，然后传到桥墩，最终传递至地面。为

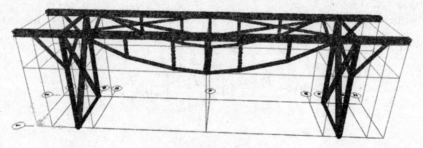

图2　桥梁结构方案

了减少桥梁下沉和杆件的挠度，在桥中心点设计了拉条与撑杆，利用竹条耐拉的性质，使桥梁整体具有张弦梁桥的力学特点。对重要节点连接进行了加固，增加了桥梁的稳定性，防止桥面承受动荷载时发生失稳。

（二）桥梁结构选型

如图3所示，与最终方案相比，方案一的张弦梁中部仅采用四根杆件在荷载作用下容易发生压杆失稳，最终造成结构的整体破坏，最外侧四根柱子采用了实心杆，这四根杆件抗压强度过剩造成材料浪费，在此基础上改用卷杆得到了最终的优化方案。方案二减少了最外侧的支撑柱，在施加相同载荷的情况下会造成更大位移，特别是桥墩向两外侧的变形过大，从而导致结构丧失承载能力，在此基础上增设两侧桥墩上的斜向支杆，达到了增大结构强度、刚度与稳定性的优化目的。

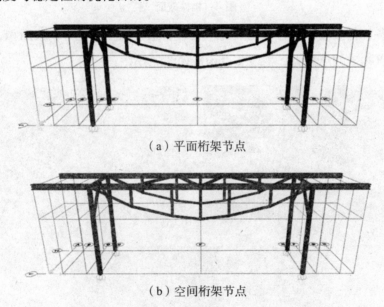

（a）平面桁架节点

（b）空间桁架节点

图3　结构方案比选

（三）构件与节点构造

结合加载工况，经过多重讨论与验证，认为桥梁模型的主梁应使用H形梁（图4a），其抗弯性能优越，能有效减小挠度，并且具有较高的承载力。而桥梁模型的主要支撑构件则采用六边箱形（图4b）和空心矩形（图4c），采用竹皮制作实际模型并加载测试，结果显示其抗压性能良好，能达到承载要求。实心矩形截面构件的耗材较多，质量偏大，故本桥梁模型并无任何部分构件采用此截面。

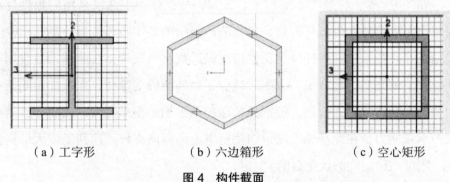

（a）工字形　　　　　（b）六边箱形　　　　　（c）空心矩形

图4　构件截面

对各杆件粘接端进行裁切、磨平处理，最大限度地提升粘接面积，从而提高节点构造的承载力。主要节点构造如图5所示。

（a）桁架节点　　　　　　　　　（b）斜撑节点

（c）柱脚节点

图5　节点构造

三、桥梁结构计算机仿真建模

（一）采用的结构分析软件

本次结构建模采用的分析软件主要是SAP2000V20，这是一款三维空间结构静力、动力分析和设计集成化软件系统，内置先进的绘图工具以及截面设计工具，结合AutoCAD图纸以及模型数据加载，可建立多种三维分析模型，具有建筑模型、桥梁分析、钢筋配置、钢架搭建等建设行业常用的模型设计功能，大大提升了结构设计师构思方案和设计优化的效率。

（二）计算机仿真建模成果

如图6所示，采用SAP2000有限元分析软件，建立本团队所设计桥梁结构的三维杆系模型。建模时，首先依据实际杆件的截面尺寸，利用自定义截面形式建立相应的有限元杆件，包括主梁的工形梁、支撑构件的六边箱形和矩形。接着，为所有杆件赋予实测的材料属性参数，主要是竹皮的质量密度、弹性模量、泊松比、抗拉强度和抗压强度等。根据实际制作模型中节点的构造措施、有无设置节点板等，简化相应有限元模型中节点的连接方式，节点连接构造较弱时采用铰接、较强时采用刚接。在桥墩底部设置相应的边界约束条件，由于底部与加载座板接近光滑接触，各墩底支点仅约束竖向位移。在桥面上用均布荷载施加比赛要求的荷载工况，然后利用SAP2000程序的求解功能进行计算，并分析结构内力、反力、应力、应变和位移等结果。

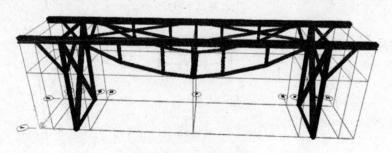

图6　计算机仿真分析模型

本次比赛的主要荷载为重载小车，以动荷载形式施加。桥体最危险部分为梁的跨中部分，为最大限度地减少其对跨中挠度的影响，本团队在中间部分用张弦梁结构配合矩形截面构件做了支撑；能有效地承受该荷载工况。

四、桥梁结构仿真分析结果

（一）结构内力

基于SAP2000的分析结果，桥梁模型的最大轴力为702.68N，位置如图7a所示，此位置采用了H形截面构件。最大剪力为141.51N，位置如图7b所示，主梁靠近桥墩支点处的截面剪力最大。最大弯矩为8632N·mm，发生在主梁与桥墩连接节点处，如图7c所示。

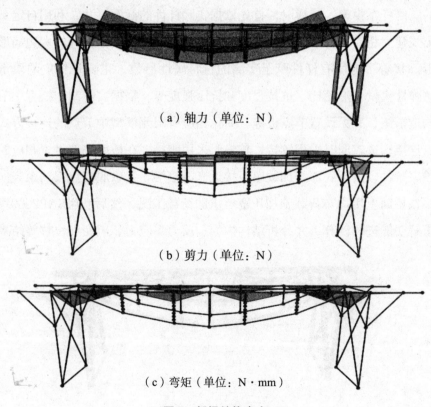

（a）轴力（单位：N）

（b）剪力（单位：N）

（c）弯矩（单位：N·mm）

图7　桥梁结构内力

（二）结构变形

如图8所示，桥梁结构模型的最大挠度为2.18mm，发生在主梁跨中位置。

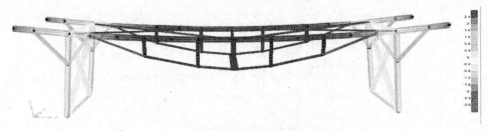

图8　结构变形分布（单位：mm）

（三）承载力分析

定义一级荷载即小车动荷载以及二级荷载30kg恒载后，桥梁结构的所有杆件变形合理。如图9所示，最大正应力与切应力均出现在主梁上，最大正应力为78.53MPa，最大切应力为13.91MPa。

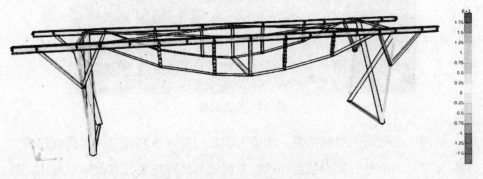

图9　应力分布（单位：MPa）

如图10所示，根据强度校核，各杆件都未达到极限应力，在此组合工况下桥梁未发生强度破坏，也没有因失稳而丧失承载力。故认为该桥梁结构模型的极限承载力能满足比赛要求的荷载工况。

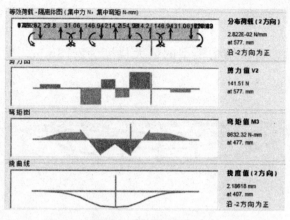

图 10　承载力校核

五、比赛现场加载结果分析

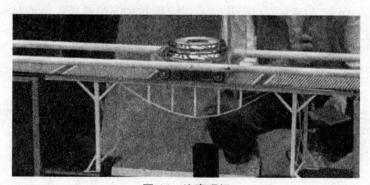

图 11　比赛现场

　　根据比赛现场的数据结果，华侨大学队的桥梁顺利通过一级荷载加载，实际挠度与理论分析较为接近。通过本桥梁与比赛现场的其他桥梁对比，最终二级荷载选择载有25kg砝码的四轮小车，二级加载时，小车刚进入桥梁时在桥梁边缘的悬臂端产生较大变形，发生最大变形处与SAP2000模拟分析结果一致。小车停留在跨中处时的挠度实际值在规定范围之内，最终以127.5g的桥梁自重通过装有25kg砝码的小车（小车自重2kg）取得总分第二名的成绩。赛后回看加载视频发现，小车在刚冲上桥梁时，H型截面的腹板和翼缘出现脱离现象并产生扭转变形，这表明该处黏结存在缺陷。二级加载时，小车的前进速度由参赛队员自行控制，选择在小车刚上桥梁时就给予小车较大的前进速度，从而使小车快速通过悬臂端，减轻挠度带来不良影响。因此，在比赛中结合自身桥梁特性从而选择合适的策略是重要的。通过本次比赛，参赛队进一步积累了手工制作竹皮的经验，锻炼了应用力学理论知识、解决结构设计问题的能力。

结语

本文以华侨大学土木工程专业学生参加2021年第七届全国大学生工程训练综合能力竞赛省赛桥梁项目为例，介绍了SAP2000软件在大学生工程设计与实践类竞赛中的应用，探讨了计算机仿真建模的基本流程与关键要点，提出专业软件是结构设计优化与分析的有力工具，对提高大学生应用理论知识解决复杂工程问题的能力至关重要，可为参加或组织大学生创新创业类竞赛提供参考。

参考文献

［1］曾武华，王逢朝，杨焓，等. 工程教育理念下的结构设计竞赛研究［J］.高教学刊，2017（7）：63-65.

［2］李扬，汪秋红. 浅析结构设计竞赛对大学生综合能力的培养［J］.教育教学论坛，2017（18）：212-213.

［3］陈以一，周克荣，顾蕙若，等. 工科学生实践性设计竞赛活动的组织方式［J］.高等建筑教育，2001（2）：42-44.

华侨大学　土木工程学院

华侨大学　计算机科学与技术学院

以优质课程建设为依托，深入推进一流专业建设①

吴 荣②

摘 要： 一流本科教育是顺应世界高等教育发展趋势的必然选择。以我校的课程和专业建设实践为基础，对相关改革和成效进行系统梳理，以高等教育内涵式发展为主线，以优质课程建设为依托，深入推进一流专业建设，落实立德树人根本任务，遵循教育教学规律，注重结构布局优化协调，注重人才培养模式创新，以期对后续持续推进和改革提供借鉴和依据。

关键字： 优质课程；特色课程；一流专业；双万计划

课程是专业培养人才的基本单元，是构成专业的基本要素，课程目标来自专业目标对课程的基本要求，课程建设是人才培养最核心、最基本的要素。通过优质课程建设，推动教育教学的深入改革，持续推进一流专业建设。学校遴选特色鲜明、基础较好、在同类专业中具有较大优势的专业进行培育，以国家"双万计划"一流本科专业建设为契机，推进专业内涵建设，

① 基金项目：福建省本科高校教育教学改革研究项目支持（项目编号：FBJG20190214、FBJG20200181）。

② 作者简介：吴荣（1969— ），男，硕士，华侨大学数学科学学院副教授，主要从事公共数学教学及研究。

不断提高专业建设水平和人才培养质量[1-2]。

一、加强课程建设，夯实基础提高质量

（一）推进课程三级体系建设

根据教育部关于一流课程建设"双万计划"精神，积极打造具有学校特色的高阶性、创新性和挑战度的一流课程体系[3]。同时依托学校现有的通识教育课程、优质课程、精品在线开放课程、新工科特色示范课程、面向港澳台侨学生课程升级改造、"课程思政"特色示范课堂（课程）等特色课程群，积极构建科学、系统、合理的课程模块和课程群，进一步优化课程结构，增强教学效果，形成国家级、省级、校级三级课程建设体系。截至2022年6月，已经申报并通过认定的国家级线上一流本科课程7门、线下一流课程6门、线上线下混合式一流课程4门、虚拟仿真实验教学一流课程2门、课程思政项目1项，省级各类一流课程166门，校内各类优质课程、特色课程1248门。

（二）升级改造特色课程

1. 升级改造面向港澳台侨学生课程

为全面提升港澳台侨学生的培养质量，学校积极推动课程建设的优化升级，深入推进课堂教学改革，努力打造华侨大学港澳台侨学生教育课程品牌，包括港澳台侨学生通识教育必修课程以及为港澳台侨学生单独开设的专业基础、专业核心、专业实践等课程。截至2022年，已完成138门面向港澳台侨学生的系列特色课程的升级改造。

2. 建设新工科示范课程

为适应新一轮科技革命和产业变革的新趋势，紧紧围绕国家战略和区域发展需要，学校适时启动了新工科示范课程建设工作，为新工科课程建设起到示范引领作用，已完成100门新工科示范课程建设。

3. 打造通识教育选修"金课"

根据学科发展特点，积极调整原有专业知识结构和课程体系，培养方案设立通识教育、专业教育和实践教育三大课程模块，强化通识教育，并积极开展通识教育核心"金课"的遴选立项工作。截至2022年6月，已完成通识教育选修课建设258门，并在此基础上遴选了37门通识教育核心"金课"。

（三）重视课程思政建设

贯彻课程思政理念，加强学校顶层设计和整体规划，深入挖掘各类课程的价值引领作用，在培养方案、教学大纲、课程建设、课程评价等一系列教学建设、运行和管理环节将知识传授、能力提升、价值引领等理念落到实处，促使各类课程与思想政治理论课同向同行，形成协同效应。截至2022年6月，已建设课程思政特色示范课堂（课程）109门。

（四）推进建设教材

华侨大学以教材为载体，深化"课堂革命"。2019年立项18本教材，2020年立项25本教材，2021年立项40本教材，2022年立项26本教材。根据中央统战部的工作部署，学校积极推进港澳台侨学生"分类培养，同向融合"培养模式改革，并结合通识教育课程体系改革，整合校内外优势资源，分批开展侨校特色教材建设，《当代世界与中国》《中华民族复兴简史》《中华文化概要》《中华文明与当代成就》《华侨华人与中国》《中外文化交融与互鉴》等20多本港澳台侨学生专用教材即将出版。

（五）提升教师教学能力

1. 加强师资培训

依托教师发展中心和各学院积极开展教师培训、教学咨询和教学竞赛等活动，全方位提升教师专业水平和教学能力。学校各类师资培训（包括组织教师外出参训、线上讲座）2020年是20场，2021年是27场，新型冠状病毒肺炎疫情期间也多次召开线上名家系列讲座、专题教学工作坊、境外生授课教师和课程思政专题教学培训等。积极开展境外生授课教师资格遴选活动，持续开展华侨大学青年教师"精彩一堂课"教学大赛，提升青年教师的教学能力。

2.改革课堂教学

以新型冠状病毒肺炎疫情期间在线教学为契机，积极推进现代信息技术与课堂教学深度融合。通过智慧教室、互动直播教室的建设，打破教学沟通的壁垒，实现课程共享、跨空间教学互动，推动混合式教学模式改革，实现线上线下融合教育模式常态化。同时，鼓励翻转课堂，积极创新教育教学方式，逐步推动小班化教学，真正以落实学生为中心的理念，积极引导学生自我管理、主动学习，提升自主学习能力。

二、加强专业建设，提升内涵突出特色

（一）优化调整专业结构

（1）根据《华侨大学本科专业动态调整优化指导意见》，综合考量专业招生指标、师资力量、办学水平、就业指标、毕业指标等相关指标，并结合专业调研，不断优化调整现有专业，专业数从原有的94个调整到现在的68个（招生专业）。切实完善专业动态调整机制，不断加强专业内涵建设。学校现已形成工科为主、学科门类全的本科专业体系，各学科专业建设内涵持续提升。

（2）推进新工科、新文科、新医科建设。进一步优化和调整专业结构，围绕新工科、新文科和新医科，改造升级传统专业。发展新兴专业，主动布局国家急需、就业前景好的新专业，特别是围绕机器人工程、数据科学

与大数据技术、智能科学与技术等专业。2020年度增设数据科学与大数据技术、运动训练专业，2021年新增智能制造工程专业。加强新生工科专业的建设力度，推动形成特色鲜明、适应经济社会发展需要、办学实力较强、就业形势良好的本科专业体系。按照"做强工科、做优理科、做精文科、做尖医科"的思路，加快推进新工科、新文科、新医科建设，着力培养"三创型"（创新、创造、创业）工科领军人才、一流文科人才和医学精英人才。

（二）积极推进一流专业双万计划

1. 开展一流专业建设

进一步加强一流专业建设规划，以学校特色专业、示范专业、优势专业为基础，紧密结合"本科教学质量提升计划""六卓越一拔尖计划2.0"和新一轮学科专业评估，积极推动卓越工程师教育培养计划、卓越医生教育培养计划、卓越法治人才教育培养计划、卓越新闻传播人才教育培养计划和卓越教师培养计划以及数学、物理、化学、计算机、文学等基础学科拔尖学生培养计划。

2. 积极推进双万计划

截至目前，我校共有52个一流本科专业建设点，占招生专业的76.4%。其中国家级一流本科专业建设点35个，占招生专业的51.47%。今年，我校继续推动23个校级一流专业国家级一流专业建设点和省级一流专业。已逐步形成了国家级、省级、校级三级一流本科专业建设体系，从而辐射带动其他专业建设发展，主动整合资源，创新人才培养模式，进一步凸显专业优势特色，显著提高人才培养质量。

（三）持续推进专业评估认证

继续以工程教育专业认证为抓手，深入推进专业认证和其他国际国内行业认证，全面落实学生中心、产出导向、持续改进的先进理念，进一步加大评估认证建设力度，积极组织和动员各专业根据其专业行业标准开展认证和评估。学校对通过工程认证的专业给予奖励激励政策，争取更多的专业通过认证（或评估）。学校已有化学工程与工艺、计算机科学与技术、环境工程、机械工程、软件工程专业通过中国工程教育专业认证；土木工程、给排水科学与工程、工程管理、建筑学、城乡规划专业通过国家住房和城乡建设部专业评估（认证）；会计学、财务管理专业通过澳洲会计师公会学位认证；旅游管理、酒店管理、会展经济与管理、人文地理与城乡规划通过联合国世界旅游组织教育质量认证等。截至目前，我校已有21个专业通过了国家或国际专业（行业）认证或评估。

（四）改革人才培养模式

1.修订人才培养方案

学校高度重视本科人才培养方案的修订工作，根据"两年小调整、四年大调整"原则，及时优化专业人才培养方案，更新教学大纲，科学构建课程体系，不断完善境内生、境外生两套人才培养体系。新的培养方案不断推进通识素质教育＋宽口径专业教育＋个性化实践教育的大类培养模式改革，持续探索五育并举、三全育人、全面学分制、大类培养、四级课程体系、公共课分层分类教学、"主题教学活动周"等改革。探索构建产教融合协同育人机制，推进学生全面发展与个性化成长。围绕具有创新精神、实践能力、国际视野与社会责任感的培养目标定位，各学院和各专业根据学校制定的人才培养方案指导意见和提高人才培养质量的总要求，对方案的科学性和规范性做出持续改进。

2.港澳台侨学生培养模式改革

学校坚持面向海外，面向港澳台的办学方针，秉承为侨服务，传播中华文化的办学宗旨，贯彻会通中外，并育德才的办学理念，努力服务国家侨务与公共外交工作，助力"一带一路"倡议。实施分类培养，同向融合的培养模式改革，扎实立德树人根基，强化专业课程思政。秉持人文主义的教育发展观，注重学生人性人格的教育，做好港澳台侨学生的思想教育工作；改革港澳台侨学生思想品德系列课程，针对港澳台侨学生特点，更新课程体系和教材内容；建设一批港澳台侨学生思想品德课程实践教学基地，加强情境体验和主题教育；强化思想品德教育实践教学等，在主流思想方面对他们展开正确的教育和引导，不断提升港澳台侨学生的国家认同和文化认同；优化专业结构，遴选境外学生推荐学习专业，建立健全港澳台侨学生招生专业动态调整机制，遴选44个具有优势和特色的专业进行招生，并单独制定培养方案，积极推进按学科或专业大类宽口径招生培养；改革教学组织形式，逐步探索港澳台侨学生分类教学的模式，实现分类别、分层次、分年级的教学模式；创新教学方式方法，改变传统以考试成绩优劣划分学生等级的做法，在教学内容组织和教材编写上探索与港澳台侨学生学习基础和地区背景相适应的模式；鼓励校内教师编写符合学校实际的港澳台侨学生专用教材；改革考核评价方式，加强对学生学习过程考核和评价的监测和引导；遴选一批境外上课教师，引导和教育教师为人师表、严谨治学、关爱学生，以教师的人格魅力和学术造诣教育感染学生，激发学生学习的主动性和积极性，做学生健康成长的良师益友。

三、加强信息技术应用，推进信息技术与教育教学深度融合

随着信息技术与教育教学融合的日益密切，学校推动智慧教室建设，进一步改革教学模式，不断探索实施网络化、数字化、智能化的教育教学模式，推动"课堂革命"。学校不断分批建设改造智慧教室、远程互动直播教室，积极推动教学信息化建设，打破教学沟通的壁垒，实现个性化的教学和学习，打造适应学生自主学习、自主管理、自主服务需求的学习环境，促进教学方式方法的转变。

建设华侨大学数字课程中心，虚拟仿真实验教学中心，全面推进信息化实践教学平台建设，充分利用信息技术实现优质教学资源开放共享。学校积

极推动翻转课堂教学，积极利用互联网、云平台技术，以及智慧教室和直播教室，推行启发式、探究式、讨论式、参与式教学，切实转变教学理念，不断改进和深化教育教学模式，推进信息技术与教育教学深度融合。

四、完善质量保障体系，确保教学质量提升

为保障本科教学质量，学校建立了由教学质量标准体系、教学管理制度体系、教学组织管理体系、教学质量监控体系、教学质量评估体系、资源与技术保障体系等六部分组成的循环反馈、闭合有效的质量保障体系。

以教学质量监控为核心，以教学质量持续提升为目的，完善课程质量监控与考核评价。通过校、院两级教学组织的保障工作，全面总结课程建设的经验与存在的问题，加大对课程教学的监控和检查力度，强化课程的全过程管理，通过专项听课、教学检查、学生评教、师生座谈、毕业生回访等多种形式评价课程，对课程运行中出现的问题及时纠正与整改，做到全员参与、全程监控、多元反馈、持续改进，确保教学质量保障体系有效运行及教学质量的提升。

结语

学校立足"双万计划"，围绕立德树人的根本任务，科学规划学科建设和专业建设，全面贯彻以学生为中心、以学生学习成果为导向的教育理念，推进课程体系建设，强化课堂教学管理，推动课程教学改革，不断加强优质课程资源的建设和应用力度，有深度、有难度、有挑战度的"金课"增多，合理提升学业挑战度、增加课程难度、拓展课程深度和整合的宽度，课程体系有效支撑专业培养目标的达成[4]。以国家级、省级一流课程建设为引领，形成科学、系统、合理的课程模块和课程群，进一步优化课程结构，提升教学效果。学校通过一流本科专业建设，积极培育以人才培养为中心的质量文化，落实学生中心、产出导向、持续改进的基本理念，完善质量保障机制，

打造一流专业，做强一流本科，培养一流人才。面向未来，学校坚持以习近平新时代中国特色社会主义思想为指导，深入贯彻习近平总书记重要讲话及指示批示精神，推进"侨校＋名校"发展战略，全面深化改革，提高办学质量，努力建设成为国内一流、国际上声誉良好的大学。

参考文献

［1］中华人民共和国教育部．教育部关于加快建设高水平本科教育，全面提高人才培养能力的意见［EB/OL］．（2018-10-08）．http：//www.moe.gov.cn/srcsite/A08/s7056/201810/t20181017_351887.html.

［2］中华人民共和国教育部．教育部关于深化本科教育教学改革，全面提高人才培养质量的意见[EB/OL].（2019-09-29）．http：//www.moe.gov.cn/srcsite/A08/s7056/201910/t20191011_402759.html.

［3］中华人民共和国教育部．教育部关于一流本科课程建设的实施意见[EB/OL]．（2019-10-24）．http：//www.moe.gov.cn/srcsite/A08/s7056/201910/t20191031_406269.html.

［4］林健．一流本科教育：建设原则、建设重点和保障机制［J］.清华大学教育研究，2019，40（2）：1-10.

华侨大学　数学科学学院

慕课与翻转课堂融合视角下的
高校物流专业教学改革研究

万校基[①]

摘 要：随着教育全球化和现代信息技术的迅速发展，传统教学模式已无法满足我国高校物流专业人才培养的需求，MOOC（慕课）与翻转课堂融合的新型教学模式成为高校物流专业教学改革中一种行之有效的教学模式。从信息时代与高等教育趋势背景出发，分析我国高校物流专业的教学现状，提出当前我国物流专业教学存在理念落后、教学内容陈旧，课堂教学方式方法单一和模式化，学生学习自主性不强，信息化程度低、教学效果欠佳等四个主要问题。针对物流专业教学存在的问题，引入将MOOC与翻转课堂深度融合的一种新型教学模式，并进一步阐述该教学模式的主要内容及应用情况，提出该模式的应用将进一步提高我国高校物流专业教学质量，提升物流专业人才培养水平。

关键词：MOOC；翻转课堂；物流专业；教学改革

---

① 作者简介：万校基（1984— ），男，汉，江西省南昌市人，华侨大学工商管理学院讲师，博士，硕士生导师，研究方向：物流管理、数据挖掘等。

引言

随着新一代信息技术的飞速发展和高等教育国际化的日渐普及，资源开放共享理念在全球范围内对教育产生巨大影响，在此背景之下，MOOC（Massive Open Online Course）应运而生并逐渐为国内外学习人群所熟知和接受。MOOC具有大规模、开放、在线等特点[1]，因其低成本、易获取、重需求、个性化的优势很快赢得了各国教育工作者的关注与青睐。MOOC不仅对传统教学模式的不足起到很好的补充作用，其发展形态也引发了学习方式的根本性变革，给新时代教育教学理念、教育技术手段、人才培养模式等方面均带来巨大挑战并产生深远影响。翻转课堂（Flipped Classroom或Inverted Classroom）亦被称为颠倒课堂，这一概念与MOOC在同一时期引入中国，它是与传统课堂截然不同的一种新型教学模式，它完全区别于传统的"填鸭式"教学，注重以"学生为中心"，发挥学生主体地位[2]，以建构学生知识体系为目标，促进学生的认知与发展。翻转课堂教学模式自产生起就被国内外众多教育工作者应用于各层次的教学领域，尤其是高等教育和开放教育领域，其应用与发展不仅彻底颠覆了传统的课堂教学结构与流程，还引发了学校的教学模式、管理模式、课程系统等一系列变革。将MOOC和翻转课堂深度融合并应用于高校物流专业的课堂教学中，不仅可以充分利用信息技术为课堂教学提供优质教育数字资源，还能大幅提高学生学习的主动性和自主性，提高课堂教学水平与质量，最终达到提升高校物流专业人才培养质量的目的。

一、我国高校物流专业教学现状与存在问题

当前，在国家社会经济飞速发展的背景下，我国物流产业发展十分迅速。物流产业作为支撑国民经济发展的基础性、战略型产业，加速推动现代物流业发展，对于促进地区产业结构调整、转变经济发展方式、提高国民经济竞争力和建设生态文明具有重要意义。随着信息科技发展的日新月异，物

流产业逐渐向大数据、人工智能、电子商务等现代物流方向发展，这对高校的物流专业人才培养方面有着极为重要的影响。然而，很多高校在培养物流专业人才时并未充分结合社会发展新态势，忽视了当前市场对于物流人才的实际需求，导致物流专业教学存在教学理念不先进、教学内容陈旧、教学方式方法单一、教学模式不高效、教学效果不佳等诸多问题。具体体现如下：

（一）物流专业教学理念落后、教学内容陈旧

目前，很多高校在物流专业教学方面存在许多不足。由于缺乏与时俱进的精神，很多物流专业教师的教育教学观念比较传统、守旧，教学方案的制定缺乏科学性与合理性，物流专业教学的策略与方案没有充分结合当前信息化发展的时代特点，缺乏大胆创新，使得物流专业教学实施效果不理想。物流专业的教学内容大多比较陈旧，不管是对教材体系构建、教学内容设置、理论知识解析等方面都未进行及时的更新与修订，加之教学内容多以理论知识为主，缺乏对学生实际动手操作能力的锻炼，不能满足学生全面发展的需求，无法符合时代发展的要求，亦难以展现物流学科发展的动态变化。

（二）物流专业的课堂教学方式较为单一和模式化

虽然近年来国内高校一直在大力开展教学改革，提倡让学生成为课堂主导者，让教师只做课堂教学的引导者，然而，在高校物流专业课堂实际教学过程中，很多教师采用的教学模式仍然非常单一和传统，教学方法也比较模式化。主要体现为：教学方法多以"教师讲，学生听"的讲授法为主，缺乏师生间的交流互动；重视理论知识讲授，忽视对学生的启发引导；强调知识的传授和传承，疏忽对知识的创新与探索。忽视学生的个性及个体差异，没有做到因材施教，此种单一、枯燥的教学方式方法不仅不利于培养学生的创新精神、实践能力以及发现问题、解决问题的能力，这样培养出来的学生毕业后也较难快速适应工作岗位。

（三）学生学习自主性不强

"授之以鱼，不如授之以渔"，在教育教学中帮助学生形成积极主动的学习态度、养成自主学习的习惯与能力，比单纯的知识传授要重要得多。尤其是随着时代的发展和教育改革的不断深入，如何在教学过程中培养和激发学生学习的积极性，引导学生主动参与、深度思考、大胆质疑、积极探索和创新[3]，是我国新时代课程教学改革的重要目标之一。然而，在我国高校的物流专业课堂教学中，仍较多使用传统的"满堂灌"教学方法，并未让学生真正参与到学习活动之中，导致学生在课堂上的积极性和主动性都不强，甚至在课堂教学普遍出现抬头率低、点头率低、参与性低的"三低"现象，大大影响课堂教学效果，教师的教学热情也受到影响，不利于教学目标的达成。

（四）信息化程度低、教学效果欠佳

当前，社会已从"互联网"时代迈向"后互联网"时代，这也意味着教育必须随着时代的变革而发生改变，为社会培养具有很强的实操能力、应用能力的专业人才是物流专业教学的重点任务和目标。然而，在物流专业课堂教学实践中，大部分教师都缺乏将"互联网＋"融入物流专业日常课堂教学之中的思维和能力。虽然绝大多数高校都投入大量经费配备了许多信息化设备，但是多数教师并未真正把信息化设备充分应用于课堂教学之中，不少教师对多媒体的利用仅限于播放PPT课件等最简单的信息化手段，而对微课、MOOC、可汗学院等国内外丰富的数字资源应用较少，驾驭信息化教学手段的能力也不强，无法利用信息化教学手段进一步拓展物流专业教学路径，导致教学效果不太理想。因此，如何加强教师的互联网思维、提高教师在日常教学中应用互联网技术的能力，也是当前物流专业教学中一个亟待解决的问题。

二、MOOC 与翻转课堂的融合与应用

针对高校物流专业教学实践中出现的诸多问题，如何有效地推动教学改

革实践，提高课堂教学质量，成为当前教学改革中的重要议题。作为一种新型教学模式，将MOOC和翻转课堂深度融合并应用于高校物流专业教学改革之中，可以较好地解决传统课堂教学中凸显的问题。

MOOC，即大规模在线开放课程，中文译为"慕课"，作为一种新兴的教育方式，具有大规模、开放和在线的特点。它与传统课程的不同之处主要有：首先，它对学生人数没有限制，学生可以遍布全球任何地方，学生人数可达数万人甚至更多，在教学中也可以有更多的在线讨论和回复；其次，MOOC课程资源对所有学习者完全开放，世界各国学习者只要对内容感兴趣且有学习意愿，即可在网上免费进行课程学习[4]；最后，其学习资源和信息都是通过网络进行共享，学生在网上即可完成选课、听课、讨论、互动、测评等全部教学过程。MOOC于2012年传入中国后在较短时间内就获得各高校和中小学的关注与重视，并呈现出良好的发展态势。MOOC作为一种颠覆传统的全新教育方式，给教育领域带来巨大冲击，尤其是随着"中国大学MOOC"和"清华大学'学堂在线'"等平台的建设，越来越多的优质MOOC课程向大众开放，各平台注册人数不断增多，MOOC也逐步应用于学校的课程建设和教学实践之中，许多高校不仅注重MOOC的建设和应用开发，还积极对MOOC及其教学模式进行研究与探索。

翻转课堂是有别于传统课堂的一种新型教学模式。在传统课堂教学模式中，教师是课堂的主导，讲授法是课堂中的主要教学方法，这种传统教学模式注重教师的知识讲授和学生对知识的背诵记忆，学生很难积极参与到对知识的探索发现之中。翻转课堂在现代信息技术被广泛应用的大环境中诞生，在翻转课堂教学模式中，教师在课前为学生提供视频、音频、PPT等多种形式的学习资料并由学生进行自主学习，完成相关课堂基础知识的熟悉和准备，在课堂上则侧重通过开展辅导答疑、交流互动、问题探讨以及实践操作等方式帮助学生进行知识的内化理解。翻转课堂给予了学生更多的自主权，发挥了学生在学习中的主体地位，让学生自主选择学习新知识的方式，把学生了解学习新知识的过程放到传统课堂之外，将知识内化理解的过程放到课堂内，促进教师和学生之间面对面的交流互动[5]。

现阶段，我国高校物流专业的课堂教学采用的教材大多较为陈旧，教学内容更新太慢，多数课堂教学仍然采用以教师为中心，以知识传授为重点的传统教学模式，不仅较大程度上忽略了学生的个体差异性和学习自主性，也割裂了师生间的互动交流，使得学生学习上的疑问无法得到及时的解答和有效的解决，教师也无法根据学生个体差异进行因材施教。针对上述问题，高校物流专业开展课堂教学改革显得尤为必要。MOOC与翻转课堂相融合是近年来教育领域兴起的一种新型教学模式，该模式被教育领域专家学者积极推广研究并较多地应用于高等教育领域[6]。该模式的推广应用取得了较好反响，也深受高校师生们的喜爱。该模式不仅能够充分利用和整合国内外MOOC平台丰富、优质的数字教学资源，结合学生特点与需求，呈现物流专业的研究前沿热点与知识，进一步丰富课堂教学内容，开拓学生在专业领域中的视野；还能通过转换传统教学模式，调动学生学习自主性，通过翻转课堂中师生的交流互动[7]、答疑解惑、实践操作等，提高高校物流专业教育教学水平，提升高校物流专业的人才质量培养。

三、MOOC与翻转课堂融合的物流专业教学模式及应用

MOOC与翻转课堂融合的物流专业教学模式是对MOOC教育模式与翻转课堂教学方式的融合创新，其完整的教学模式主要包含：教学准备、教学活动实施和教学评价三个部分。

（一）教学准备

教学准备主要分为课前分析和资源设计。课前分析指的是教师在开展教学活动之前对学生情况、教材内容、教学目标等方面的综合分析。比如，教师应该在课前对即将授课班级学生的已有知识积累、学习能力、认知特点、个性差异等方面进行全面分析，以更好地选择适合学生实际情况的教学手段、授课方法、教学风格等，从而有针对地进行课堂教学设计，进一步提

升学生学习效果和课堂教学水平。教师还要针对具体的教学内容和目标，选择合适的教学方法、授课内容、教学流程，确保学生能够更好地吸收学习内容，顺利完成教学目标，有效地提升学生的学习效果。同时，教师在课前还要根据实际情况和学生需求进行学习资源设计[8]。面对MOOC平台上的海量的数字教学资源，如何选择适合学生特点、能够有效开展教学的线上资源是教师需要重点考虑的问题。教师应当注意，在教学设计时不能选择过于简单或过于深奥的内容，而应着眼于学生的"最近发展区"，为学生提供难易适中的学习内容，调动学生的积极性与主动性，激发学生的内在潜能，提高学生学习驱动力，增强学生的学习获得感。

（二）教学活动实施

教学活动的实施分为课前自主学习、课堂翻转教学和课后复习巩固三个阶段。教师在课前通过平台上传发布短视频、PPT课件、参考资料网站、学习讨论的主题等课程相关内容，学生在课前根据学习要求与目标，在平台上通过观看视频、阅读资料等进行相关知识的自主学习与讨论思考[9]。在此阶段，学生可以根据自身情况在线上自由选择学习的时间、地点和方式，在学习过程中如遇问题可随时在讨论区向老师和同学请教，通过师生互动讨论与交流获得问题答案或解决方案。课堂翻转教学中主要以学生为中心，教师根据教学的重点难点，针对学生提出的问题进行答疑与互动交流，引导学生通过小组讨论的方式对相关问题进行探讨[10]，并对部分学习遇到困难的学生进行有针对性的个别辅导，最后通过总结分享来对学习成果进行展示。课后复习巩固阶段主要是由教师指导学生在课后通过对所学知识进行查缺补漏、检查测试来进一步掌握和巩固学习内容。

（三）教学评价

MOOC与翻转课堂融合的物流专业教学模式的教学评价主要采用多元化的教学评价方式。首先，该模式注重线上评价和线下评价相结合，线上评价侧重考查学生视频观看、材料阅读、交流讨论等各项指标情况，线下评价主要考查学生课堂交流、小组协作、实验实践情况等内容。其次，该教学模式还注重形成性评价与总结性评价相结合，既对期末考试成绩、作业成绩等传统教学评价中注重的内容进行评价，亦对学生课堂表现、讨论情况、积极探索等教学过程表现开展评价。最后，该模式还采用学生自评与教师特评有机结合的方式进行考核评价。

相对于传统教学模式，该教学模式的教学评价结果运用不仅仅局限于对学生学习表现的考核评估，同时对教学质量与成效也起着一种诊断、调节和激励作用。通过对教学进行评价，深入了解与诊断教学的质量和效果，以更好地找出其不足之处，及时调整教学方法与策略，进一步完善教学中存在的问题与缺陷，同时也对师生的教与学起到监督与激励的作用，最终找到有效路径全面提升教学质量。

结语

当前，现代信息技术发展日新月异，高等教育国际化、多元化、开放化等特点对新时代高校人才培养提出了前所未有的要求与挑战，亦给高校的教育教学理念、教学方式方法、人才培养模式等带来了根本性变革与深远影响。如何培养具有开阔视野、高创造力、强实践能力的物流专业应用型人才，成为物流专业教学改革中最重要的目标之一。针对我国高校物流专业课堂教学的现状与存在问题，基于MOOC与翻转课堂的特点与优势，将MOOC和翻转课堂深度融合这一教学模式应用于高校物流专业课堂教学改革中，既可以通过整合国内外各MOOC平台的数字教育资源为学生提供丰富的教学内容，弥补专业教材内容较为陈旧、教材体系较为理论化的不足，也可以利用平台的现代信息技术，改变教学方式方法单一、教学流程模式化等情况。通过对传统课堂教学的改革创新，运用翻转课堂教学模式，培养学生浓厚的学习兴趣，注重学生的个体差异与个性发展，提升学生自主学习能力，让学生积极主动构建自身专业知识体系，促进自身认知发展与实践应用能力，提升高校物流专业教育教学质量和水平。

参考文献

[1]周骅，杨嘉浩. 突破中国慕课深度发展瓶颈的三个策略［J］.现代大学教育，2021，37（6）：101-107.

[2]龚芙蓉. 从"时空翻转"到"深度学习"：信息素养翻转课堂教学深化路径探析［J］.图书馆杂志，2020，39（11）：74-78.

[3]赵富春，汤亚，倪亚红，等. "翻转课堂"模式下学生课堂学习参与度量表编制［J］.江苏高教，2021（4）：66-72.

[4]张殿恩，王蕴喆. 让MOOCs更有意义：范式构建和翻转课堂研究［J］.黑龙江高教研究，2015（4）：170-172.

[5]王星，徐影. "互联网＋"背景下翻转课堂教学空间的构建模式与运行逻辑［J］.黑龙江高教研究，2022，40（2）：139-144.

[6]田爱丽. 转变教学模式促进拔尖创新人才培养：基于"慕课学习＋翻转课堂"的理性思考［J］.教育研究，2016，37（10）：106-112.

[7]何源，何淑通. 基于MOOCs平台的高校翻转课堂师生人际互动指标体系构建探究［J］.江苏高教，2017（12）：50-52.

[8]王晓晨，张佳琪，杨浩，等. 深度学习视角下高校翻转课堂教学模式研究［J］.电化教育研究，2020，41（12）：85-91，128.

[9]郭建鹏. 翻转课堂教学模式：变式—统———再变式［J］.中国大学教学，2021（6）：77-86.

[10]邓格琳. 教育信息化2.0背景下翻转课堂再思考［J］.人民教育，2021（Z2）：94-96.

华侨大学　工商管理学院

新时期高校药学专业无机化学实验的
教学改革思路与实践

吴四海　杨　荣

摘　要： 针对华侨大学药学专业无机化学实验教学中存在的问题，分别对教学环节、考核方式以及思政元素融入等方面提出了改革思路与方法并进行相应的探索实践，以期提高无机化学实验的课程教学质量，培养学生实验技能和创新能力，达到新时期社会对高校人才的培养需求。

关键词： 无机化学实验；教学改革；教学实践

引言

实验教学作为高校实验教学活动的重要组成部分，是培养学生实验技能和提高创新精神的重要手段之一[1]。无机化学实验作为华侨大学药学专业学生的第一门基础实验课，对学生巩固理论知识和培养实验技能具有不可替代的作用[2]。在国家对创新型和应用型人才培养高度重视的背景下，如何提高无机化学实验的授课质量就显得尤为重要[3]。无机化学实验在药学专业的实验课程体系中承担着启蒙性角色，其教学质量和效果直接影响后续专业实验课程的学习，图1表示了无机化学实验内容与后续药学专业实验课程之间的关系。针对目前药学专业无机化学实验在教学环节、考核方式以及思政元素融入等方面存在的问题，本文提出了相应的改进措施和应对策略，以期对提高药学专业无机化学实验的教学质量提供一定的借鉴和参考作用。

图1 无机化学实验内容与后续药学专业实验课程的关系示意图

一、药学专业无机化学实验教学中存在的问题

（一）教学环节存在不足

本校药学专业的无机化学实验在教学环节中存在以下问题。（1）实验课时有限，实验项目设置不合理。目前无机化学实验的开课学时为18学时，学时不足导致无法开展设计型或创新型实验项目的授课，只能以传统的验证型实验为主。例如：粗氯化钠的提纯或硫酸亚铁铵合成等实验，不利于学生主动思考和创新能力的培养。（2）实验前预习环节效果差。学生在实验开始前较少预习甚至不做任何预习，开展实验预习的学生也仅仅停留在实验内容层面上，极少主动查阅其他资料来理解实验原理，这样会导致在实验中经常出现各种低级错误甚至产生安全隐患。（3）实验中操作环节严重依赖教材。由于部分学生预习不足和不认真听教师讲解，在实验中会出现临时看内容、临时理解及操作马虎的情况，经常会出现各种操作错误，不利于培养学生扎实的实验技能。（4）实验后报告内容缺乏深度思考。学生的实验报告主要以照抄实验目的、内容以及原理为主，对实验中出现的现象记录不准确或不够专业，对一些异常的实验现象和结果只做简单的记录，基本不做分析和解释。例如：硫酸亚铁铵合成实验中经常出现学生制备硫酸亚铁铵的产率

超过100%情况，出现这种情况的原因，有可能是产品含有水分或理论产量计算不对。

（二）考核方式落后

无机化学实验课程的考核方式主要是基于考勤和实验报告成绩两个方面，一般采用占比分别为70%和30%。目前的考核方式会使得大部分学生偏重如何写好实验报告，忽视了实验技能的培养，而实验课最重要的目的就是培养学生的实验技能。这种老旧的考核方式既不能全面反映学生对实验理论知识以及实验技能的掌握程度，更不能体现新时代对技能人才和创新人才的培养要求。

（三）思政元素未融入教学

无机化学实验课程的讲授主要是以教师讲解实验内容和操作为主，较少将与实验内容相关的思政内涵融入其中，绿色环保理念也未能很好地贯彻在教学中。这种落后的教学模式已经不能满足新时期高校全面推进课程思政的要求，也不能提高学生实验科学素养、塑造学生正确的人生观、价值观，培养学生的家国情怀。目前其他高等院校在无机化学实验教学中也普遍存在实验项目设置不合理、考核方式单一、忽视创新能力培养以及思政元素未融入等相关问题[4]。

二、药学专业无机化学实验教学改革的策略与实践

（一）实验内容的合理设计与优化

目前大部分无机化学实验教材编撰年份较早，水平参差不齐，内容相对老旧。笔者所在教研室每年对自编实验教材进行更新与编写，学生在实验课的学习中采用以教研室自编教材为主，外购教材为辅的方式开展学习，这样既保证了学生所开展实验项目的先进性，亦有助于开阔学生眼界，激发学生

学习兴趣。目前大部分无机化学教材的实验项目都是验证型实验，在实验项目的设置上笔者拟采用两个验证型实验＋一个综合型实验＋一个创新型实验的改革思路。验证型实验可以采用粗氯化钠的提纯等经典实验内容，充分锻炼和培养学生的基础实验技能，包括简单仪器（加热、搅拌等）的使用、熟练掌握固液分离和重结晶等操作以及玻璃器皿使用与清洗等，为后续综合型和创新型实验项目的开展打下坚实基础。综合型和创新型实验紧密结合专业特色和教师研究领域。综合型实验可以采用经典无机药物的制备与理化性质测定（例如：经典广谱无机抗癌药物顺铂的合成与理化性质测定等）。创新型实验采用设计合成新型前沿无机药物为主，拓宽学生对前沿无机药物设计思路的了解（例如：基于金属钌配合物药物KP1019类的结构设计与合成）。设置这样的实验项目不仅能让学生扎实掌握基础实验技能，还能让学生了解相关经典和前沿无机药物的发现、制备、药效和副作用等，更能培养学生的科研兴趣和创新意识，符合新时代对创新型药学专业人才培养的要求。

（二）优化考核体系

无机化学实验的考核体系对于准确评价教学效果和质量十分重要。因此对现行的考核体系进行改革显得十分必要。无机化学实验目前存在几个主要问题：学生前期预习效果差、不能掌握实验技能、实验理论知识掌握不牢固。基于此，在实验授课过程中实施以下改革策略，进一步减少实验报告在考核中所占比重，增加预习报告的书写与实验前检查、随机对学生实验操作进行打分和实验理论知识考试三个部分。首先，预习报告部分要求学生提前预习和查阅与实验内容相关的资料并按自己理解写出预习报告，其对开展实验具有直接指导作用。学生在实验过程中不能查阅实验内容和材料，只能以自己书写的预习报告开展实验，倒逼学生认真做好实验前的预习工作。其次，在实验过程中将会随机对学生的实验操作进行扣分，基本原则是操作准确不加分，错误必须扣分（笔者设置了几十条实验操作扣分细则，限于篇幅，就不一一列举），使得学生在实验过程中必须认真对待每一个实验操作。最后，增加实验理论知识考试，提升学生实验理论知识的掌握和理解。最终，无机化学实验的考核成绩设定为：实验理论成绩和平时成绩各占50%，其中平时成绩包括：考勤（5%）、预习报告（10%）、实验报告（15%）和实验操作（20%）。这样的考核体系更能全面反应学生的综合实验能力。

（三）融入思政元素

2020年教育部印发的《高等学校课程思政建设指导纲要》指出要全面推进课程思政建设，因此无机实验课也应融入思政元素。笔者在授课过程中积极推进课程的思政建设。例如，引入与实验内容相关的中外化学名人成长故事，激励学生成长；安全教育：反复强调实验室安全问题，使学生具有安全意识和学会自我保护；诚信意识：教导学生诚实正确记录实验数据，不得随意涂改，更不能编造，对于"不好"的数据要学会分析原因；挫折教育：教导学生失败实验时常发生，要敢于面对实验的失败，敢于从头再来。希望通过将思政元素融入无机化学实验教学过程，以实现对学生的思想引领和价值观塑造。此外，在授课过程中不断强调绿色化学与环保思想。例如，学生在粗氯化钠的提纯实验中得到精制氯化钠，我们会统一回收，按比例加入一定量杂质后，继续用于下一届学生实验，实现固废的回收和有效利用；学生在实验过程产生的任何废液都必须倒入指定回收容器中，禁止随意倒入水槽以此培养学生的绿色思想和环保理念。

结语

客观分析华侨大学药学专业无机化学实验课程教学中存在的问题，提出改革思路和解决办法并进行教学实践，达到了预期效果，对高校药学专业的无机化学实验教学改革具有一定参考价值。当然无机化学实验教学质量的提升不可能一蹴而就，需要一线实验教学人员长期开展对无机化学教学改革与实践，不断总结反思，这样才能满足国家经济社会发展对高校人才的要求。

参考文献

［1］常慧，宁满侠. 有机化学实验教学改革研究与高素质人才培育［J］.实验室科学，2007（2）：48-50.

［2］陈铭祥，何树华，陈御珍，等. 医药院校无机化学实验改革的探索与研究［J］.教育教学论，2019（23）：275-276.

［3］张巍巍，杨秋爱，牛巍，等. 改革无机化学实验教学模式以适应就业需求［J］.实验室科学，2017，20（6）：112-114.

［4］陈爱敏. 高校无机化学实验教学存在的问题及改革方法［J］.化工设计通讯，2021，47（8）：124-125.

华侨大学　医学院

中华优秀传统文化融入广告学概论
课程的教学实践与思考①

李　静②

摘　要：中国优秀传统文化是中华民族的生长之根。广告学概论课程融入中华优秀传统文化，既有利于学生充分了解广告作品中所讲述的中国故事，又能使其充分体会中华优秀传统文化的魅力。在具体教学实践中，可运用案例教学和背景介绍相结合，展示中华灿烂悠久的文化；也可选择典型新颖的国风广告，凸显中国品牌与东方美学的魅力；还可有效利用互动教学，组织学生积极参加课堂讨论，引导学生的爱国主义情怀。根据课程内容和学生特点灵活融入中华优秀文化，使大学生群体潜移默化地感受并认同博大精深的中华文化，树立了强烈的民族自豪感。

关键词：广告学概论；中华优秀传统文化；教学实践

① 基金项目：华侨大学第二批面向港澳台侨学生授课课程升级改造建设立项项目·广告学概论（项目序号：27）。
② 作者简介：李静，博士，讲师，任职于华侨大学新闻与传播学院。主要研究方向：广告、影视文化。

引言

我国的广告学概论课程体系建设主要借鉴于欧美等发达国家的课程体系，大部分高校常用的教材是：陈培爱《广告学概论》和马工程《广告学概论》，这两本较具代表性的教材中所涉及的广告概念、广告理论等内容，多受到西方广告观念的影响。随着中国经济强势发展，中国品牌不断崛起，中国广告公司的影响力逐步增强，同时，伴随消费升级和"Z世代"消费观念的改变，在广告学课程中践行中国广告价值观势在必行，而把中国优秀传统文化融入广告学概论教学中，就是践行中国广告价值观的具体实施。

对于中华文化、中国优秀传统文化，习近平总书记强调，"没有中华文化繁荣兴盛，就没有中华民族伟大复兴"[1]，"世世代代的中华儿女培育和发展了独具特色、博大精深的中华文化，为中华民族克服困难、生生不息提供了强大精神支撑"[2]。"对传统文化中适合于调理社会关系和鼓励人们向上向善的内容，我们要结合时代条件加以继承和发扬，赋予其新的涵义"[3]。习近平总书记的话，使我们强烈认识到中国优秀传统文化是中华民族的生长之根，中华优秀传统文化对于当下中国具有重要意义，中华优秀传统文化蕴含着博大深厚的哲学思想、人文精神、道德理念等，对于推进社会主义文化强国建设、提高国家文化软实力具有重要意义。2016年2月19日，习近平总书记在党的新闻舆论工作座谈会上提出，广告宣传也要讲导向[4]。广告是展示品牌形象、国家形象的一种重要艺术形式，而课堂作为传道授业的一线平台，面对的是价值观、人生观尚未完全成熟的大学生，通过在广告学概论课程中更好更恰当地融入中华优秀传统文化，既能引导大学生群体认识到国货所具有的优良品质与时尚文化内涵，感知到中国广告行业所发生的变化，中国品牌所讲述的既充满现实韵味又蕴含丰富情感的中国故事，所展示的真实中国形象，传承的中国灿烂文化；又能使大学生群体潜移默化地感受并认同博大精深的中国文化与中国人民、中国企业努力前行的奋斗历程，树立强烈的民族自豪感。

一、广告学概论课程教学中存在的现实问题

1.理论更新滞后于实践发展

对于广告学这个学科来说，实践的发展速度远远超过理论的更新程度，而广告学概论更是如此，教材的编辑、出版需要的时间较长，而广告行业的变化太快，教材中所涉及的广告概念、广告理论等核心内容偏重于传统广告，对新形势下的广告现象缺乏归纳思考。

课程的两本代表教材，一本为陈培爱教授的《广告学概论》，首版时间是2004年，虽然教材于2010年、2014年进行了第二次、第三次的重新出版，新的版次会增加一些新的内容，陈培爱教授于2017年又出版了《现代广告学概论》，作为原版《广告学概论》的第四版本。但不管是前三版的《广告学概论》教材，还是新出版的《现代广告学概论》，总体的章节安排改变不大，添加进去的新内容也无法囊括当下日新月异的广告行业。另一本代表教材《广告学概论》，这本教材由高等教育出版社于2018年4月出版，是目前广告学概论课程最新的教材。教材编写阵容强大，集中了丁俊杰、陈培爱、金定海、杨海军、初广志等广告界的知名学者，在内容布局上既以陈培爱《广告学概论》为基础，又呼应了广告行业的新变化，在章节安排上删掉了陈培爱《广告学概论》中的核心章节"广告原理与运作规律"，增加了"广告与品牌传播"和"广告调查"两章，并把"广告策略"和"广告创意"独立成章，对互联网广告、中国风广告、程序化购买等广告行业的新趋势予以关注。虽然这两本教材一直是广告学专业学生的基础教材，也在很大程度上兼顾了专业知识与行业变化，但在数字广告、算法经济已经甚嚣尘上的当下，这两本教材对新内容的关注是不够的。

2.课程内容偏重西方广告体系

在广告学概论的教学过程中，不管是所涉及的广告概念、广告理论等核心内容，还是所选择的广告案例，大多来源于西方的广告课程体系，对中国

广告市场的重视程度不够。自2010年以来，中国的广告市场变化巨大，中国仅次于美国，已成为世界第二大广告市场。而在广告学的教学中，还是按照传统的讲法，理论以USP（独特的销售主张）理论、定位理论、整合营销理论等为主，案例多选取世界五大广告集团（WPP、宏盟、阳狮、埃培智和电通安吉斯）的广告作品，较少涉及中国本土的案例，即使有中国品牌的案例，也多出自五大广告集团之手。

广告的发展与经济的关系息息相关，就中国市场来看，改革开放以来，中国经济增长势头良好，中国市场一直呈现出勃勃生机，尤其自2010年以来，科技行业中的腾讯、华为在技术上发展迅猛；化妆品品牌百雀羚、完美日记、花西子等在天猫销售榜上名列前茅；李宁、回力、五芳斋等老品牌焕发出新的活力，成为年轻人心目中的热销品牌。中国本土的广告公司在广告行业大放光彩，最近几年，刷屏的广告案例《世界再大，大不过一盘番茄炒蛋》（2017，招商银行，有氧）、《有人偷偷爱着你》（2018，999感冒灵，舞刀弄影）、"狼人的中秋烦恼"系列（2017、2018、2019，欧派，意类）、《大唐漠北的最后一次转账》（2019，中国银联，胜加）、《啥是佩奇》（2019，中国移动、丁香园、阿里影业，张大鹏）、《诗歌POS机》（2020，中国银联、农夫山泉，天与空），这些出圈的广告作品全部出自本土的广告公司和广告人之手，广告以创意作为立足点，在发扬中国优秀文化、表达中国人民情感、传播中国故事方面表现突出。规模较大的广告公司分众传媒、省广集团、蓝色光标等也非常引人注目，年收入都在百亿之上，并不断进行资源整合，努力做大做强，服务更多的企业。

在广告学概论教学过程中，在兼顾西方经典广告理论、优秀广告作品的同时，一定要注意到中国广告市场所发生的巨大变化，把中国广告公司和广告人所创作的精彩作品带到课堂上，让学生对中国广告行业的现状和中国广告作品中所讲述的中国故事有充分的认知和了解。

二、中华优秀传统文化在广告学概论教学中的融入路径

1.广告史教学中的融入

中华文化历史悠久，广告在不同历史阶段呈现出不同的特点，把中国悠久灿烂的历史融入中国广告史的教学中，是践行中国广告价值观的具体实践之一。在广告学概论中国广告史的教学中，一方面结合时代背景，让学生了解中国从古至今的商业环境、城市发展等，另一方面把时代背景与广告表现结合起来，把中国历史文化融入丰富多彩的广告中。这样一来，学生既学到了专业知识，又了解了中国历史中国文化。以唐朝为例，城市商业贸易进入全盛时期，商品市场的发育及市场管理非常规范，首都长安（今陕西西安）成为当时中国最大、最繁华、最有代表性的城市。城市面积80多平方千米，宫城、皇城、市场、外郭城等各个分区规划严密整齐，25条大街，108坊，东市、西市为商业中心，东市品味高级，多为满足达官贵人需求，西市作为海内外贸易集散地，兼顾本地市民、少数民族和外来群体。度量衡采用官方制定的标准，并每年在规定时间到政府要求之地平校，如有粗制滥造、缺斤少两、抬高物价等不良行为，务必实行相应的处罚措施。城市的宏伟建筑、繁华市场、严格管理处处彰显着大唐气象。再比如宋代，张择端的《清明上河图》对宋代东京（今河南开封）城市的繁华程度进行了生动形象的描绘，汴河两岸、虹桥上的商铺商贩一处挨着一处，品类丰富多样，人民生活富足，《清明上河图》上广告类型丰富多样，有幌子广告、招牌广告、灯箱广告、欢门彩楼广告等。另外，可列举的例证还有秦朝的"物勒工名，以考其诚"制度，即在兵器上刻上工匠的名字，以考察其做工的诚实，这是典型的商标广告；延续到汉代，刻在漆器和铜镜上，魏晋南北朝刻在佛像上；唐代，在长沙铜官窑出口外销的瓷器上刻有各种花纹图案、诗歌俗语、外文等，发展成扬名海内外的品牌。由此我们可以看到中国自古以来的繁盛手工业和一以贯之的工匠精神。在教学中，中国历史文化的融入使课堂生动有趣，极大程度上调动了学生的积极性，使他们对源远流长的中国历史、博大

精深的中华文化、经济繁荣的历史名城、丰富多彩的中国广告，有了更为深入全面的认知和了解。

2. 案例教学中的融入

结合近几年刷屏的国潮品牌的经典案例，通过案例教学，让年轻一代看到国潮品牌如何有效传承中华文化，彰显东方美学。案例教学是广告专业运用比较普遍的一种教学方法，而古今中外经典案例如何选择，是该课程值得思考的一个突出问题。该课程的授课对象为"Z世代"，他们从小生活在中国经济较富足的时代，对中华民族文化、中国品牌充满热爱。华为作为科技行业的领头羊，在手机市场与苹果分庭抗礼，为了展示华为P40手机的强大功能，华为与敦煌研究院合作，基于华为河图（Cyberverse）技术构建的华为AR（增强现实）地图，用5G、AI（人工智能）、VR（虚拟现实）等新技术展现数字化的莫高窟，创新的科技应用让原来在洞窟和书本上的敦煌文化"活了起来"，先进的虚实影像让大家随时随地都能领略到祖国的壮美河山。1980年成立的李宁品牌借助2008年北京奥运会，在中国体育用品市场一跃成为仅次于耐克的第二品牌，2010年以来，面对激烈的市场竞争和互联网新环境，2015年国际化的LI-NING又回归了"中国李宁"，并且特意采用了繁体字体和印章的中国风设计，英文广告语"make the change"改回"一切皆有可能"，以传播中国文化为己任，携手赛事活动，打造特色运动产品，炫酷的设计融合敦煌飞天、水墨山水等典型中国优秀传统文化元素，频频亮相并惊艳世界各大时装周，呈现出中国品牌的强大自信和中华文化的独特魅力。而经典国货百雀羚作为化妆品行业的代表，自1931年诞生，一直流淌着优雅大气的东方美学，不管是民国时期的时尚名媛，还是今天的元气少女，对这个品牌一直热爱。

在授课过程中，可以选择这些比较有代表性的国潮品牌案例，他们积极与故宫、敦煌研究院等国家文化机构合作，在广告表现中发扬了中国优秀传统文化，彰显了中国文化价值观。华为的《卧虎藏不住龙》（华为P30）、

《敦煌超感知影像》（华为P40）、《好望西游》（好望智能监控系统）、《暗光三岔口》（华为Mate系列）等广告，分别结合中国的武侠文化、敦煌文化、西游文化、京剧文化，展示了不同时期各类产品强大的科技功能；李宁在2020年三十周年之际，与敦煌博物馆合作，在敦煌雅丹魔鬼城，举办"李宁三十而立·丝路探行主题派对"，紧扣丝绸之路，以"丝路探行、融之新生、少年心气"三部分，讲述三十年来李宁一路探索、历经艰难、坚守初心的故事。百雀羚2019年与敦煌博物馆联名推出了护肤礼盒及主题长图，"与时间作对"的主题配合浓浓的中国风设计，呼吁大众保护敦煌文化；其广告作品《探清水河》以竹林、水池、茶等颇具代表性的国风元素打造品牌独有的东风美学。这些国潮品牌的广告案例精彩绝伦，既赢得了良好的口碑传播效果，又有效地向青年人传播了博大精深的中华文化。

3. 互动教学中的融入

通过互动教学，带领学生用心观看广告所讲述的中国故事，了解广告所体现的中华文化精神的深层内涵，使学生很好地传承中华良好美德和真善美的价值观，引导学生的爱国主义情感。为了能够让学生积极地参与课堂讨论，互动教学是我经常采用的一种教学方法。在互动教学过程中，我们会倾听到学生对中华文化的热爱和欣赏。

在讲述"广告与品牌传播"这一章，笔者以"方太"广告为例，与学生展开互动。之所以选择这个品牌，一方面中国创意热店的代表胜加广告公司与方太合作多年，通过多部广告片成功打造了方太"因爱伟大"的品牌价值观；另一方面，胜家广告公司秉承"观点，用故事表达"的理念，广告中的故事充满创意，特别注重情节安排和人物设置，在表现层面把产品功能完美融合在故事表达中，在思想层面着力凸显儒家文化、家文化、饮食文化等。通过观看并讨论《油烟情书》《我们继续做饭吧》等广告片，学生发言积极。大家都能清楚地感知到广告片以"四面八方不跑烟"的广告语，突出方太油烟机去除有害物质、确保健康的特点。有的学生从《油烟情书》中看到方太广告"变废为宝"的创作思路，把厨房里的有害油烟做成"油烟情书"，成了理想爱情的见证；有的学生从广告片表现形式出发，指出《油烟情书》在视觉表现上更古典，结合中国的水墨山水、汉字文化，更有中国古典文化的味道；而《我们继续做饭吧》视频内容源自中国人日常生活中的做饭场景，视觉表现上更朴素，既符合疫情时期的现实生活，又彰显出中国的饮食文化和中国人面对无常时乐观向上的人生观；有的学生从情感共鸣出发，指出这两部广告片虽然表现形式和内容不同，但其中的亲情、爱情特别容易让人产生共鸣，尤其想到父母把大量的时间消耗到照顾家庭上，回忆起每次回家一家人开开心心一起吃饭的场景，激发了学生对父母的理解，对孝文化有了新的认识。在课堂上，学生畅所欲言，从专业视角、现实生活等方面谈自身感悟，最后，由笔者进行深化总结：一方面，对学生们的观点进行整理归纳，指出大家从广告内容、表现形式等角度出发，思考并分析了广告片如何用故事传达产品的特点，如何把中国文化价值观融合在广告中，如何通过故事创意让大众产生情感认同等；另一方面，对在广告中如何表现中国文化价值观方面进行进一步的引导，方太广告片用故事表达烟火气，浪漫爱情与温暖亲情融合，残酷现实与世俗日常生活交织，凸显中国的饮食文化、家文化、中国人的生命观，生活的悲欢离合与对爱情的忠贞不渝，面对无奈、无常时积极乐观的生活态度。这种授课方式与传统单向教学相比，学生们在各种观点的交锋中对广告内容有更深入的理解，同时也是广告发扬与传承中国文化精神的具体实践。

在"广告创意"这一章中，笔者选取了银联广告《大唐漠北的最后一次转账》进行课堂讨论。这部广告片在唐代安西军真实历史的基础上进行艺术创作，不管是在人物形象、故事情节的安排与设计上，还是企业理念表达、爱国情感表现等方面，都体现出创意"旧元素、新组合"的特点，故事新颖独特，情节引人入胜，以"使命"为连接点，突出主题"中国人对使命的信仰从未改变"。从学生的发言中，能强烈感受到"Z世代"强烈的爱国情感，学生们各抒己见，从情节的跌宕起伏、两个主要人物的相互影响、人物的转变、企业理念与国家主流文化的融合等方面进行了细致的分析。有几位学生的发言令我印象深刻，一位境内的同学看完后第一个进行发言：看了这个广告片非常感动，片子虽然是银联的广告，但和主流电影大片比毫不逊色，虽然我知道它的套路，但在家国情怀面前，套路已经无足轻重。几位港澳台的学生看完后则谈及了自己是怎么一步一步被拉到这个故事情节中的，以及自己是怎么一点一点被打动的，尤其看到片子最后，一个个保家卫国的白发兵让人深受感动，随后下一个镜头士兵们举着火把高唱："但使龙城飞将在，不教胡马度阴山……黄沙百战穿金甲，不破楼兰终不还。"这样的互动教学，对于学生的爱国主义培养，以及中华文化认同的培育效果特别明显。

结语

广告学概论课程作为广告学专业的基础课会直接影响学生对广告的认识。如何改变大多数学生对广告的偏见，从不看、讨厌过渡到认为其有趣好玩、有想法、有创意、有魅力，这就需要老师在教学过程中对专业知识有充分的掌握，并密切关注广告行业的新变化，把真正有用的知识传授给学生，做到经典与新颖结合、传统和现代兼顾。中国优秀传统文化是中华民族生存之根本、精神之纽带，她有着取之不尽、用之不竭的资源。作为高校教师，我们一直肩负着发扬并传播中华文化的责任，加上广告学概论课程学生群体的特殊性，这份责任更是一份荣誉。在把中华优秀传统文化融入广告学概论的教学实践中，笔者通过选取精彩案例、灵活运用多种教学方法，最大程度上调动学生的积极主动性，让学生从被动学习发展到主动学习、自觉思考，并感受到探索的乐趣，获得心灵的滋润和自我的成长，从中领略到精彩创意中所彰显的璀璨夺目的中国文化，从而强化对中华优秀传统文化的认同与自信。

参考文献

[1][2]习近平. 在文艺工作座谈会上的讲话[M]//中共中央文献研究室. 十八大以来重要文献选编：中. 北京：中央文献出版社，2016：121，119.

[3]习近平. 在纪念孔子诞辰2565周年国际学术研讨会暨国际儒学联合会第五届会员大会开幕会上的讲话[N].人民日报，2014-09-25（2）.

[4]人民日报评论员. 把坚持政治方向摆在首位：二论学习贯彻习近平总书记新闻舆论工作座谈会重要讲话精神[N].人民日报，2016-02-22（1）.

华侨大学　新闻与传播学院

《庄子》音乐美学思想之"天籁""天乐"辨析①

庄怡红　庄青青②

摘　要：《庄子》的音乐美学思想是中华优秀传统文化的有机组成部分，《庄子》许多章节论述"天籁"和"天乐"的内容，选何者作为研究的重点，关系到《庄子》音乐美学思想的准确定位问题。通过文本分析比较，明确两者在内涵、美的指向、审美境界等三个方面的不同。阐释"天籁"强调"声"，"天乐"强调"道"；"天籁"美在自然，"天乐"美在"和谐"；"天籁"达到的是"吾丧我"的境界，而"天乐"达到的是"与道为一"的"愚"的境界。提出要选择"天乐"作为重点进行研究，才会把《庄子》的音乐美学思想定位在"道为乐魂"上，"道为乐魂"是《庄子》音乐美学思想最本质的表述。

关键词：天籁；天乐；《庄子》；音乐美学思想；辨析

党的十九届六中全会指出，中华优秀传统文化是中华民族的突出优势。

---

① 基金项目：华侨大学华文学院立项课题"让课堂'活'起来——中国乐器在留学生音乐教学中的应用研究"（项目编号：HW201905）。

② 作者简介：庄怡红，华侨大学华文学院副教授，现从事中国音乐美学教育。研究方向：音乐美学；庄青青，华侨大学华文学院教师。

《庄子》的音乐美学思想是中华优秀传统文化的有机组成部分。《庄子》论乐的内容较多，《齐物论》的"天籁"和《天道》的"天乐"，是论乐比较集中的章节，选择何者作为研究的重点，关系到给《庄子》音乐美学思想定位准不准的问题。以前的研究者大多数选择"天籁"为重点，认为"天籁"就是"天乐"，从"天籁"的自然之声进行推演，试图把《庄子》的音乐美学思想定位为"自然乐论"。"自然乐论"的定位结论值得商榷，长期以来虽一直沿用，但没有见到新的突破。要想有所发现，就要辨析和理清"天乐"和"天籁"的意蕴，分辨它们的不同点，把研究的重心转移到"天乐"上来，这才能给《庄子》音乐美学思想以准确的定位。

一、"天籁"与"天乐"内涵之辨

"天籁"和"天乐"的内涵是不同的，而一些研究者把它们看成是等同的概念。朱蕾说，"'天乐'是自然之乐，'道'的音乐，它与'形色名声'的音乐是不同的"。"'天籁'寓自然即自由而合规律之义。庄子认为这是音乐的最高境界，是自然之乐，'道'的音乐。"[1]"天乐"是自然之乐，"道"的音乐；"天籁"也是自然之乐，"道"的音乐，二者的区别在哪里？胡红梅说："庄子的'道'的音乐是自然的'天籁'。"[2]把"道"的音乐跟"天籁"画上了等号，是否符合《庄子》音乐美学思想的定位呢？"道"的音乐是集合概念，而"天籁"是非集合概念，二者不可以等同。由于对"天籁"和"天乐"认识的模糊不清，导致无法准确定位《庄子》的音乐美学思想。因此，必须弄清楚二者的真正内涵，从中甄选最有说服力的材料和论据，才有利于进一步研究辨析和准确定位《庄子》的音乐美学思想。

"天籁"的内涵阐释。"天籁"必须联系"人籁""地籁"来理解。"人籁"，为"比竹是已"，排列的竹制乐器，引申为人为乐声。"地籁"，为"众窍是已"，地上众多的洞穴，风吹大地众多洞穴发出的声音，引申为自然乐声。"天籁"，为"夫吹万不同，而使其自己也，咸其自取，怒者其谁邪？"（《庄子·齐物论》）吹，即风吹；万，为万物；是风吹万物发出的声音。它们的发生和停息都是出于自身，没有谁去发动它。"天籁"是万物自然的声音，引申为自然天成的美妙乐声。在声音"自然"这一点上，"人籁"不如"地籁"，"地籁"不如"天籁"。尽管如此，"天籁"毕竟是"声"，只有"天籁之声""天籁之音"的说法，没有见过"天籁之乐"的说法。

"天乐"的内涵阐释。《庄子》论述"天乐"的篇幅较多，以下选择其具有代表性的表述进行解读。《庄子·天道》写着："与人和者，谓之人乐；与天和者，谓之天乐。"天，即自然、天道。与自然天道和谐的音乐，就称其为"天乐"。这是《庄子》对"天乐"最有代表性的阐述。"畜万物而不为戾，泽及万世而不为仁，长于上古而不为寿，覆载天地、刻影众形而不为巧，此之谓天乐。"（《庄子·天道》）"天道"永恒，一切都"无为而无不为"地自然而然地运行着。因此，"天道"可以看成是"天乐"。

"言以虚静推于天地，通于万物，此谓之天乐。天乐者，圣人之心，以畜天下也。"（《庄子·天道》）圣人之心，教育人顺应天地万物，此也称为"天乐"。综上所述，"天乐"可分三类：一是与"道"和谐的音乐；二是"天道"本身；三是圣人以"道"育人之心。三者的基本条件是与"道"同和。凡与"道"同和者，都可以看作是"天乐"。

"天籁"和"天乐"的内涵的侧重点不同。"天籁"的重点在于"声"，"天乐"的重点在于"道"。"天籁"的特点是自然，"天乐"的特点是和谐。"天籁"功在"喻道"，"天乐"功在"顺道"。

把"天籁"看成"天乐"，当成"天道"，仍为误读误判。黄毓任说："道即天籁（乐），天籁（乐）即道。"[3]郭庆藩认为，所谓"天籁"就是"天道"[4]。把"天籁"当成"天道"，混淆了"道"与"声"的区别，犯了以"声"代"道"的错误，必然对《庄子》音乐美学思想的认识产生一系列的误解。

二、"天籁"与"天乐"之美蕴

"天籁"美在哪里？其一，"天籁"美在自然。大地发出的气息叫风，风一吹，万种孔窍怒号，山陵中高下不平处，百围大树的孔穴，发出各种各样的声音。前头的风呜呜地唱，后头的风呼呼地和。小风则和之小声，大风则和之大声。烈风一止息，万窍便寂然无声。这种声音，美在自然，没有任何人为雕琢的痕迹，因而"天籁"也就成了自然美妙声音的代名词。其二，"天籁"美在喻"道"。"天籁"仍为"夫吹万不同，而使其自已也，咸其自取，怒者其谁邪？""天籁"发出的声音各不相同，它们发生和停息都出于自然。"天籁"这种自然而然发出的声音，跟"天道"的自然而然的运行是一致的，因而可以用有声的"天籁"喻说无声的"天道"。"天籁"之美，在于由"声"悟"道"。

"天乐"美在哪里？第一，"天乐"美在"和谐"。"和于天者，谓之天乐"，与天同和，是道家"天人合一"的最美的理想。第二，"天乐"美在"无为"。"知天乐者，其生也天行，其死也物化。静而与阴同德，动而与阳同波。""知天乐者，无天怨，无人非，无物累，无鬼责。"《庄子·天道》知"天乐"，顺"天道"，通达于万物而无为是庄子极力推崇的美学思想。第三，"天乐"美在"无言"。无言而心悦，庄子在《天运》中提到"听之不闻其声，视之不见其形，充满天地，苞裹六极"，"天乐"无声，美在人心。这是"大音希声"美学思想的生动解释。第四，"天乐"美在"载道"。"道可载而与之俱"，天乐"载道"，使人跟着音乐由人及天而入道，跟天道融合相通，这是《庄子》认为的最美的"道家"音乐。

从以上分析可以看出，"天籁"美在自然之声，"天乐"美在"同和于道"。如果只看到"天籁"之声的美而大加生发，就会给《庄子》音乐美学思想下不准确的结论。张前把《庄子》的音乐美学思想说成是"自然乐论"[5]，其说法值得商榷。庄子哲学思想的核心是"道"，"自然乐论"掩盖或偏离了"道"，此结论还可进一步探讨。蔡仲德把《庄子》音乐美学思想的最高境界说成是"天籁"的"自然"[6]，这种说法也值得商榷。"天籁"的自然，既无人又无"道"，此结论高在何处有待论证。陈四海说："所以庄子推崇'天籁'之乐就是要放弃人为音乐，回到自然本体中去。"[7]放弃人为之乐的说法也是值得商榷。庄子推崇"天籁"的自然之声，更推崇"与道同和"的人为之乐。"与天同和"，谁去同和？当然是人；"至乐"谁去演奏？当然也是人。不能只看到"天籁"而不关注"天乐"。个别学者得出有些争议的结论的原因，都是由"天籁"的自然之声推导出来的。"自然乐论""自然境界""放弃人为"等说法都偏离了"道"，恐觉有所不妥，于是就往"道"上挂靠，好像把"天籁"之声加上"自由而合规律"的解说，就跟"道"挂靠上了，其实"天籁"之声是一不自由、二无规律，跟"道"是无法挂靠的。"天籁"的"自然"这一点可以"喻道"，可以让人领悟"道"，但它绝不是"道"。

三、"天籁"与"天乐"之审美境界

"天籁"所达到的审美境界是"吾丧我"。子綦听了"天籁"之后，"隐机而坐"，不是直立而坐，而是瘫软地靠着几案。"仰天而嘘"，仰面朝天，出着长气。"荅焉似丧其耦"，神智好像离开了躯体。他的学生颜成子游问他今天跟过去怎么不一样了，子綦回答"吾丧我"。从子綦的形态和语言看，他听"天籁"，经历了"游心""物化""坐忘"等审美体验，心情久久难以平静。"吾丧我"点明达到了超越自我的审美境界。吾，"坐忘"的我；我，常人之我。丧我，超越了常人之我。"天籁"之声使人超越自我，达到"忘我"的境界。

"天乐"经历了惧、怠、惑而达到"愚"的境界。"人乐"的审美境界是"惧"。怎样理解"惧"，这关系到是"美乐"还是"恐怖"音乐的问题。一部分人都把"惧"翻译成"害怕"[8]，也有人把它翻译成"惊惧"[9]。可以说这些翻译都不够准确，这可能与"祟"有关，成玄英疏云："初闻至乐，未闻太和，心生悚惧，不能释放，是故祸祟之也。"[10]把"祟"解释为祸祟的到来而使人"惧"。后来者也都顺着这个思路解读，人云亦云者有之。李建盛对"惧"的原因作了进一步分析："其一，出乎人的意料的形式。其二，它包含着社会伦理道德的内容。"[11]这两个方面打破了"惧"的固有的思维禁锢，给我们提供了广阔的阐释空间。这两方面都不应使人"害怕"（"惧"）。首先看音乐形式，旋律如四时变化，节奏如万物萌生，强音弱音之间交织，高音低音相互变化无穷。这样美妙的音乐是怎么演奏出来的？是"祟"出来的。"故祟"，故意使用演奏技巧。高超技巧演奏出来的音乐，不会使人"害怕"，而会使人"震撼"。"惧"不是害怕，而是"震撼"。其次，音乐的内容不会使人"惧"。《庄子》在"天乐"的起始部分"至乐"中指出："夫至乐者，先应之以人事，顺之以天理，行之以五德，应之以自然，然后调理四时，太和万物。"音乐内容从人事五德开始，逐步提升，从人及天而入"道"。这样的内容怎么会使人"害怕"呢？"惧"仍是"震撼"。"震撼"是对美的倾倒，是审美心理的起伏与激荡，是"天人合一"审美境界的开端。

"怠乐"的审美境界是"怠"，轻松舒缓。"怠乐"是由"人乐"向"天乐"过渡的音乐。"怠乐"前一部分具有"人乐"的属性。"其声能长能短，能柔能刚；变化齐一，不主故常；在谷满谷，在阬满阬；涂郤守神，以物为量。其声挥绰，其名高明。"（《庄子·天运》）这里强调"其声"的长短、刚柔、变化等特点，皆是"人乐"的属性。"怠乐"的后半部分要把人往太空宇宙引导。"吾止之于有穷，流之于无止"（《庄子·天运》），乐声流播于无穷无尽的天地中，使审美主体"虑之而不能知也，望之而不能见也，逐之而不能及也"（《庄子·天运》），只有放松自己的心情在太空中"委蛇"了。"怠乐"达到了"形充空虚"无智无思的轻松舒缓的审美境界。

"无怠"的审美境界是"惑"。这种音乐用天道规律来调和，声音若有若无。乐声如风吹丛林，却又没有形迹；幽幽暗暗又像没有一点声响；有时可以说它消逝，有时可以说它兴起；有时可以说它实在，有时又可以说它虚华。这是"不主常声"的"天乐"。"天乐"把人带入"天道"。"天乐"使人达到"惑"的审美境界。"惑"是痴迷的意思，痴迷于"道"，而后"愚"，"愚"是固守的意思，固守于"道"，达到完全与"道"同和的境界。

"天乐"涵盖"至乐""怠乐"和"无怠之声"三个部分。三个部分的审美体验逐步提升，由人及天而入道。其审美境界的惧、怠、惑的三个阶段，实际是悟道的三个阶段。由此看来，《庄子》描述的"天乐"的三种审美境界，是要实现"道可载而与之俱"的音乐美学思想，最终达到"天地与我并生，万物与我为一"的美学境界。

总而言之，"天籁"和"天乐"是两个不等同的概念，表现出的音乐美学思想也不相同。选择"天籁"作为重点研究《庄子》音乐美学思想，必然出现混乱。选择"天乐"为重点研究《庄子》的音乐美学思想，就必然得出《庄子》的音乐美学思想是"道为乐魂"，而不是"自然乐论"；《庄子》音乐美学思想的最高境界是"天人合一"，而不是"天籁"的"自然"。《庄子》音乐美学思想的一大特色是赞扬"人为之乐"的与"道"和谐，而不是否定一切的"人为之乐"。研究《庄子》的音乐美学思想，必须突出"道"是"乐"的核心，"乐"必须与"道"紧密结合。当前，我国进入新时代，正在建设中国特色社会主义文化强国，弘扬发展中华优秀传统文化成为必然，《庄子》音乐美学思想"天乐"核心理念给我们予重要启示。中国特色社会主义文化建设要以习近平新时代中国特色社会主义思想为指导，以人民为中心，遵循文化自身的发展规律。坚持为社会主义服务、为人民服务，增强文化自信，推动中华优秀传统文化创造性转化、创新性发展，以促进中国的政治、经济、社会和生态文明建设。

参考文献

[1]朱蕾. 庄子理想中的音乐最高境界："天乐"[J].重庆科技学院学报（社会科学版），2011（15）：141-142.

[2]胡红梅，郭文新. 人乐·和乐·天乐：《庄子·天运》音乐美学思想解读[J].临沂大学学报，2012，34（5）：134-138.

[3]黄毓任. 孔、庄音乐美学思想之比较[J].南京师范大学学报（社会科学版），1994（3）：86-90.

[4]郭庆藩. 庄子集释：上册[M].北京：中华书局，2004：50.

[5]张前. 音乐美学教程[M].上海：上海音乐出版社，2009：16.

[6]蔡仲德. 中国音乐美学史：上[M].北京：人民音乐出版社，2004：160.

[7]陈四海. 论庄子的音乐思想[J].社会科学评论，2006（1）：84-91.

[8]庄子[M].王岩竣，吉云，译注. 2版. 太原：三晋出版社，2008：100.

[9]蒋孔阳. 先秦音乐美学思想论稿[M].北京：人民文学出版社，2006：136.

[10]河上公注. 道德真经·南华真经[M].上海：上海古籍出版社，1993：381.

[11]李建盛. 庄子的闻天乐与审美体验新解[J].山东师大学报（社会科学版），1996（5）：95-99.

华侨大学　华文学院

基于"翻转课堂"的大学生就业指导与创业教育课程研究

——以华侨大学为例

胡雪松

摘　要：华侨大学大学生就业指导与创业教育课程经过多年教学实践，已经在全校范围得到广泛推广并取得实际效果，但同时也存在实际问题，如授课内容系统性、一致性不强，师资力量短缺，实际指导效果有限，创新发展不足等。根据"翻转课堂"混合式教学理念，针对华侨大学大学生就业指导与创业教育课程所面临的现实问题，分析及实施线上线下融合型教学方法的实际需求，提出建议和发展方向。

关键字：翻转课堂；大学生的就业指导和创业教育；融合式教学

就业是民生之本、稳定之基、发展之要。2022年，高等学校毕业生将突破千万，怎样千方百计保持和增加就业率，推动高等学校学生就业率成为我国就业工作之重点。如何逐步健全高等学校学生就业保障制度，增加高等学校学生双创能力和就业竞争力，实现个人就业需求、能力体系与社会人才需求的统一，成为高校人才培养的核心闭环。我国于2007年发布《大学生职业发展与就业指导课程教学要求》（教高厅〔2007〕7号）[1]，高校开设大学生职业生涯规划与就业指导课程，同时将其纳入本科教学计划，并逐步过渡到必修课程。在此背景下，华侨大学于2012年将大学生就业指导与创业教育课程列为学校的必修课，从职业世界探索，简历制作、模拟面试等环节入手，全面提升应届毕业生的就业意识和就业竞争力。但整体发展还不充分、不平衡，在学分分配、教师重视度、学生收获度上面还存在较大发展空间。

"翻转课堂"又叫"Flipped Classroom"。与传统学习方式不同，"翻转课堂"通过网络技术实现学生与教师之间的多种连接形式。学生在线上完成掌握知识和概念理解的自主学习任务，线下课堂采取更多的师生互动，重点对学习问题和教学目标深入探讨。在"翻转课堂"理念基础上，形成线上线下融合式教学，旨在通过线上线下教学融合的模式对教育教学流程进行重构，创新人才培养模式，在"后疫情时代"作用更加凸显。本文以华侨大学大学生就业指导与创业教育课程为例，以翻转课堂为理念，以线上线下融合式教学为手段，提出课程的教学改革探索方案。

一、大学生就业指导与创业教育课程存在的问题

（一）师资水平不平衡，师资短缺，结构单一。

教师是课程的主导，是教学效率的重要保障。华侨大学大学生职业生涯规划与就业指导教研室建立之初的任课教师有系统的生涯规划、就业指导与创新教育的理论基础，同时具有多年的生涯咨询与就业工作经验，并且熟悉企业的人才需求，了解职业市场的发展前景。另外任课教师持有BCC全球生涯教练、GCDF全球生涯规划师等职业资格证书，可专业化服务学生个人就业咨询和生涯咨询。而在后期发展中，学生人数不断上涨，教师却因岗位调整、个人意愿变更等因素流动性增加，形成任课教师的短缺与学校庞大的学生体量之间的矛盾。另外，新进教研室的授课教师由于职称较低，授课经历短浅且专业培训时间不足、没有系统性课程闭环等原因，导致无法给予应届

毕业生充分有效的就业指导及创业培训。在实际教学实施过程中，就业指导和创业教育课程的理论体系并不仅仅源自最基本的理论框架，同时也涉及就业趋势了解和大数据分析、行业发展趋势剖析、就业资讯收集等实务类的关键信息。因此相比院校的专职教师，公司的专职HR（人力资源）以及教育部特聘就业创业导师对社会和企业信息的介绍会比较有说服力。但由于目前极少有院校聘用企业的人力资源或市场层面的就业创业指导师作为相应课堂教学教师，导致课堂的师资构成单调且课堂教学中缺少理论联系实际，无法提高教学有效性。

（二）传统课程教学方式与内容单一，缺少分类教学与实习实践

在教学内容和方式中，华侨大学一直根据教育部相关文件的规定对教学内容加以充实与扩展，包括理论教学、简历辅导、模拟考试等教学内容，但不少教师在教学中没有将就业指导和创业教育的理论知识与不同学科的发展特点以及学习者心智发展规律有效融合起来，在教学时以灌输理论知识的方式，让空洞的职场理论知识、简历和面试理论知识、职业决策理论知识占用了大部分学时。在简历的制作过程和模拟面试等环节中缺少有效指导及专业指引，也没有专业HR的点评，且授课内容片面，所引用的个体事例往往偏离专业特点，没有针对性和时代性[2]。

在分类教学层面，缺乏对境内外学生的有效区分。华侨大学有6000多名境外生，而在课程班级设置方面，没有开设境外生专班，全是混合班级，所有教学内容跟境内生无区别。而实际情况是，境外生在性格特点、文化适应、职业认知、就业意向与地域均与境内生有较大差距，直接造成任课教师无法在课堂上有针对性地开展就业指导与创新教育，课堂效果与境外学生收获感均较差。

就业指导与创业教育课作为一种对实践性内容要求较高的课程，其主要教育目标是增强高校毕业生的就业竞争力，从而实现圆梦就业。而目前的就业指导与创业教育课堂多采用授课方式，并结合企业模拟招聘会进行简历设

计，并没有聘请企业员工或者社会就业与创业指导教师入校分享经验，没有企业相关的行业战略发展研究与产业分析报告，同时课程体系中没有设计企业实地考察和实践教学环节。对高校学生来说，缺乏企业实地考察和实习实践直接影响就业竞争力和就业意愿，如果就业指导课的设置单纯是对课堂理论知识的传授，那么教师将无法回答学员的实践问题，所以在教材设置中也应包括企业走访、行业调研、校友访谈等实践类项目。

（三）教学时间相对固定，实际指导效果有限

大学生就业指导与创业教育课程是一个实践应用性较强的必修课，目的是在掌握基础理论与面试技能，从而增强就业竞争力，学生在学习后要把相关理论知识技能运用到求职中。但目前包括华侨大学在内的各院校就业指导与创业教育课程都基本上设置于大三下学期，学时相对较少。而学校招聘高峰期一般为大四阶段的9—11月，从学校就业规律上来看，毕业生在求职之前需要先进行就业意识和能力提升的专项训练，但学校就业指导课程与招聘高峰存在时间差，从而造成课程学习效果打折，影响课程目标实现。

二、基于"翻转课堂"的混合式教学背景及优势

（一）基于互联网时代的发展趋势与要求

就业指导与创业教育课程是一门时效性强、实践能力高、指导意义深的课程[3]。2017年，国家精品网络学校项目启动并实施，2019年教育部又确定了推动学校信息化建设和教育与教学的深度结合。线上教学发展过程中，就业指导和就业培训的教育内容则顺应网络发展大潮，重构教育环节，利用新技术和新模式，开展混合式教学。

（二）基于现实困难与教学效果的要求

在疫情防控常态化背景下，就业指导与创业教育课程存在多种教学困

难。一是不定期的突发疫情让校园授课方式不断调整，基于翻转课堂的混合式教学很好地解决了上述问题。授课教师可在线上课程充分准备的基础上，及时调整教学计划和教学模式。二是随着授课人数的激增与授课教师短缺矛盾突显，混合式教学能在一定程度解决教师短缺问题，不同班级的线上线下课程可适当安排错峰教学，单个教师可以承担更多班级的教学。三是传统教学模式的效果有限，倒逼混合式教学走向前列，督促授课教师接纳新技术新模式，全面提升课程教学效果，改善学生受益度。

（三）基于混合式教学的明显优势

采用"翻转课堂"的混合式课程，优点显而易见，既可以发挥线上教学的优点，也满足了"Z时代"大学青年在网络时代随时掌握、个性化学习的特点。

一是突破空间局限。学校教学场所将不局限于一个高校的单一课堂中，将教学内容从课堂延伸到校外，从高校扩展至职场中，学校教学的内容与表现形式也将变得更加多种多样。

二是打破传统认知。混合式教学充分发挥线上教育资源共享、全面、自主的优势，结合线下课程协作、互动、可视化的教学，同步引入最新就业指导理论、HR面试实战、就创业导师函授等新型资源，真正实现就业指导与创业课程的教学目标。

三是即时反馈及调整同步。目前在线课程主要在雨课堂、中国大学MOOC、智慧树等平台，而学校所使用的在线课程有学生交流结果与发言结果的丰富充实，也有教师针对学生学习结果与反映信息内容的个性化优化。成绩的客观评价，变为经由出勤、课堂教学测评、上课讨论、课后实践作业等各种评估方法的综合，为学习者对简历写作的了解程度进行有效反馈。同时授课教师还可以通过问卷星、辅导猫等软件同步进行对学习者的问题调查，并适时调整讲授内容与教学方式，不断进步。

三、基于"翻转课堂"的就业指导和创新教育课程教学研究

（一）就业指导与创业课程的总体设计

首先，在授课学分、课时和要求的设置上，还需要合理提高大学生就业指导和创业教育课程学分，以提高教师和学生的重视度。学时分配上合理降低课程理论学时，提高课外实践学时，同时将部分实践课时调整到大四上学期，打破课程教学与实际招聘的时间差，提升课程的实际指导效果和提升作用。实践课时可开展行业调查与分析，国家战略分析，企业生涯人物采访、名企参观和实践活动等。其次，对师资队伍的选拔也需要具有专业化。由于以往的就业创业课一般都是由高校行政管理教师或学校辅导员兼职承担，教学专业化程度不够高，而这些教师由于平时行政事务较多，对于课程教学有时力不从心。所以，在这方面，还可以聘任或培训专门教师，以提高教学的专业化。最后，在课程体系设计上，就业指导和创业教育课程也需要明确的课程目标，明确课程目的是为培养大学生正确的就业创业意识。在此教学导向下，教师在设计教学的过程中除讲授必要的基本理论知识之外，还需要针对学生目前的职业发展大背景、良好的职业观念、就职过程、身心健康、职业生涯规范等内容加以认真剖析，从而确保学员未来的职业道路能够更加顺利。

（二）基于翻转课堂的就业指导和创业教育教学方案的设计

就业指导和创业教育，在运用翻转教学模式的过程中应该着重训练学员自主学习的能力，并分为三个阶段进行线上线下混合教学活动[4]。

1.课前平台自主学习阶段

华侨大学的生涯规划与就业指导教研室，可根据课程目标与学时分配，为学员提供中国大学MOOC以及智慧树等相关的教学资源，并辅以学业任务单来指导学员通过平台开展自主学习，以实现之前在课堂中所进行的理论教

学目标。为保障学生的自主学习效果，教研室还需要确定具体的学期规划、复习等任务，学生必须积极参与课程中的小测、提问和总结等环节，多方位提升学习效果。

2.课中面对面教学阶段

经过课前及在网络平台上的自主学习，学生已初步学会了"就业指导与创业教育"课程的基础知识，线下课程，授课教师应帮助学生"内化"知识。教师在上课之前了解学生线上掌握的程度，通过分析学生实际完成学习任务时的状况，掌握学生对基本知识和实际操作技能的了解程度是否满足了需要，并通过学生对知识的掌握情况和学生所存在的困惑开展课堂流程设计。课堂的教学重点应采用小组讨论、分组汇报、模拟考试或个体分享等多样化的教学活动，进行知识的"实践""讨论""分享""再造"。

3.课后线上线下及时反馈阶段

经过线上自学教育与课堂上的交互教育，多数学生已基本掌握课程大纲中所规定的基本知识和就业技能，但不可避免的是，依然有一些学员的收获很少，甚至在教学进程中，由于学员对自己生活反思的更加深入，又产生新的疑问，这时学员就要求与教师适时互动。在传统的教学中，学员课后反馈率较低，与教师互动也不多，无法处理好这些问题。采用"翻转课堂"的混合式教学方法，为学员课后的教学反馈开辟了更多快捷的渠道。学习者能够利用网络课堂上的交互讨论区，发表讨论的话题或是需要解决的难题，教师和其他学习者能够根据该话题随时在线上进行回复、互动，以便让师生在有效的回复与互动中一起发展。

（三）师资队伍培训的设计

目前，华侨大学生涯规划与就业指导教研室主要师资水平参差不齐，任课教师多为行政人员和辅导员，专业化水平不足。如何加强师资队伍建设迫在眉睫。学校必须在思想、战略上重视教学团队建设，从而全面提升学生的生涯规划和就业指导实效,服务国家发展战略和学校培养理念。为实现此目标,学校可依托生涯规划与就业指导教研室,一是开展全方位培训,形式包括短期集训和定期教研,确保师资理论培训和认证培训全覆盖。二是进一步支持教师工作室建设。华侨大学目前有"王晶生涯"工作室、"留学生涯"工作室,可发展更多特色工作室,作为"Z时代"大学生生涯规划与就业指导的多方面需求。三是分别建设境外生专班教师和境内生授课教师制,以适应华侨大学侨校特色,从而更专业及更有效地分类指导境内外学生。

(四)课程实践教学开展的设计

课程实践性教育是保障就业指导和创业教育课程质量的重要环节,课程时间安排约占据整个课程体系的30%。实践性教学内容在理论知识教学内容的引导下逐步展开,目的就是保证教学的品质与有效性,从而促进学习者对就业与创业的正确认识。针对华侨大学生源特色,课程实践设计方案分境内、境外生分类设计。境内企业学生群体的教学实践活动可涵盖企业模拟应聘、名企参观、校友生涯访问以及名企访问等多种形式,从多渠道增强学员对职场环境的了解,从而增强职业实力与职场适应性。境外生群体以港澳台学生和华人华侨为主,在模拟应聘、名企走访基础上,可增加特色专场招聘会、大湾区人才培养分享会等。

总而言之,华侨大学就业指导与创业教育课程坚持"以生为本"的理念,以境内外融合与分类培养为方向,立足华侨大学特色和定位,核心目的在于提高学生毕业前的就业竞争力和创新创业意识,提升未来在职场上的适应力和竞争力。"翻转课堂"的混合式教学是对原有教学模式的升级与改革。一方面,它可以让学习者更好地掌握基础知识,并建立起线上线下互动学习模型;另一方面,它还拥有了一个全新的实战课程设计,通过将理论知识和实际体验相结合,提高学习者对职场环境的总体认知。

参考文献

[1]中华人民共和国教育部.教育部办公厅关于印发《大学生职业发展与就业指导课程教学要求》的通知[EB/OL].（2007-12-28）. http：//www.moe.gov.cn/s78/A08/moe_745/tnull_11260.html.

[2][3]张静，刘晓杰. 翻转课堂在就业指导课程的应用[J]. 就业指导，2020（1）：42-44，58.

[4]郑曼瑶. 翻转课堂教学模式的应用研究：以《职业生涯发展与就业指导》课程为例[J].佳木斯职业学院学报，2017（6）：178-180.

华侨大学　信息科学与工程学院

外国留学生的中国抗疫工作认同
及其提升路径分析①

李　欣　付梦芸②

摘　要： 本文通过对921位外国留学生的实证调查，分析了留学生对中国抗疫工作的认同情况，具体包括"疫情防控认同""中国疫苗认同"和"在线教学认同"三个维度的七个子维度，即防控政策、防控效果、疫苗效果、接种意愿、学业信心、返华意愿、配合意愿等。研究发现，留学生的整体认同情况处于中上水平，但高校对中国抗疫工作的宣传教育仍有一定改善空间；此外，滞留海外的留学生，特别是硕士生和博士生，完成学业的信心略显不足，留学生在线教学的质量和体验有待提高。

关键词： 留学生；抗疫工作；认同

一、问题的提出

留学生群体是中国国家形象对外传播的重要窗口，在国家形象的软实力

① 基金项目：福建省教育科学"十三五"规划2019年度重点课题"中美加高校留学生招生考试制度比较研究"（FJJKCGZ19—006）。

② 作者简介：李欣，陕西西安人，华侨大学华文教育研究院副教授；付梦芸，山东青州人，华侨大学华文教育研究院讲师。

输出中占据重要地位。据教育部发布的统计数据，2018年共有来自196个国家和地区的近49.2万名各类外国留学生在我国31个省（区、市）的1004所高等院校学习。中国现已成为亚洲最大的留学目的国[1]。如何发挥留学生教育的涵化功能，促进外国留学生对中国的积极评价，进而提升中国在国际社会的认同度和影响力，具有极大的时代价值，是我国高校亟待探索的问题。广大的留学生群体如何看待中国的抗疫工作？他们是否认同中国的抗疫工作？在华境内和滞留海外的留学生对中国的抗疫工作认同是否存在显著差异？不同性别、学段、族裔身份、家庭收入水平、滞留区域的留学生在认同方面是否存在差异？掌握这些情况将有助于我国高校开展留学生中国认同教育。

二、研究设计与调查样本

本研究采用自编调查问卷，第一部分是有关性别、学段、族裔、家庭收入、滞留区域等背景信息；第二部分是问卷的主体部分，由"疫情防控认同""中国疫苗认同"和"在线教学认同"三个维度构成和七个子维度（即防控政策、防控效果、疫苗效果、接种意愿、学业信心、返华意愿、配合意愿）构成。每个子维度对应一个正向描述的题项，即"我了解中国的疫情防控要求""我认为中国的疫情防控工作取得了积极效果""我认可中国新冠疫苗""如果条件允许，我会主动接种中国新冠疫苗""若疫情持续，我无法返华，我仍然可以继续完成学业""我非常渴望返回中国学习""若学校安排我返校，我愿意遵守相应疫情防控要求"等。研究者先对问卷进行了试测，随后对问卷题项做了进一步调整，正式问卷分为中文和英文两个版本，供不同中文水平的学生选择。问卷采用李克特（Likert）五级积分法，用1、2、3、4、5分别代表"极不符合""不符合""不确定""符合""非常符合"，分值越高，代表受试者对题项所述内容认可程度越高。

随后，研究者根据目的性取样和便利性取样原则发放问卷，以网络问卷为主，辅助以纸质问卷，于2021年上半年，调查了华侨大学、北京语言大学、首都师范大学、暨南大学、华南师范大学、华中师范大学、复旦大学、华东师范大学、上海师范大学、西安交通大学、陕西师范大学、云南大学等共计12所高校的留学生，在征得学生本人的许可后请他们填写问卷，最终回收问卷1050份，其中有效问卷921份，中文版855份，英文版66份，有效率92%。正式问卷信度值为0.843，效度值为0.789，问卷信效度较高。问卷回收后，采用SPSS20软件进行数据分析。

通过数据分析发现，本次调查对象的比例为，男生29%，女生71%；本科生90%，硕士生7%，博士生3%；华裔47%，非华裔53%；中等收入家庭85%，低收入家庭14%，高收入家庭1%；在中国境内的占10.9%，滞留海外的占89.1%（其中，亚洲地区的占85.8%，非洲地区占1.8%，欧洲及美洲各0.7%）。调查样本在性别、学段、族裔、家庭收入、滞留地区等方面的特征基本符合我国当前外国留学生的实际情况。

三、调查结果分析与讨论

（一）外国留学生中国抗疫工作认同的描述性分析

第一，超过半数外国留学生对中国的疫情防控政策有基本认知，且认同中国抗疫工作的积极成效。

如表1所示，两个题项的均值都高于中间值3，说明外国留学生无论是对中国政府的疫情防控政策的认知，还是对中国疫情防控成效的认同，都处于中等偏上的水平。中国政府在疫情暴发以来积极应对，采取了一系列疫情防控政策和措施，其中最为人熟知的就是"14＋7"的隔离政策，即对高风险地区流动人员和境外人士采取14天集中隔离医学观察之后，继续7天居家健康观察，有的地方还增加了7天的日常健康监测。此次调查对象中，共计48.8%的外国留学生认为自己较为了解中国的疫情防控政策，其中18%的留学生更是认为自己非常了解中国的疫情防控政策。表示"非常不了解"和"不了解"的留学生总计仅占8%，还有43.3%的人处于中间状态，表示"不清楚"。说明中国的疫情防控政策还需要进一步向留学生阐明，此方面的宣传教育工作尚有改进空间，认知是认同的前提基础。

针对中国的疫情防控政策，特别是居家隔离政策，一些外国人士指责其侵犯个人隐私，是变相的"大规模数据攫取"，质疑中国的"健康码"措施是为了控制民众行动[2]。经一些外媒，如美国有线电视新闻网（CNN）的不实报道招致国际社会对中国的负面舆论。那么，广大的外国留学生群体是否认同中国的疫情防控工作？研究发现，58%的调查对象对中国疫情防控工作取得积极成效表示认同，其中30.2%的人表示非常认同。说明即便海外反华势力发表了诸多抹黑中国的言论，在中国政府和人民的抗疫事实面前，外国留学生能够做出理智的判断。然而也要看到，仍有合计7.4%的调查对象不认同或非常不认同中国疫情防控工作取得的积极成效，还有相当一部分（34.6%）的调查对象表示"不清楚"中国抗疫工作的成效。这些数据表明，围绕抗疫工作对留学生进行认同教育具备一定的学生基础，但宣传普及工作依然严峻。

表1　外国留学生对中国疫情防控工作的认同统计

维度	子维度	均值	非常不符合		不符合		不确定		符合		非常符合	
			样本	比例	样本	比例	样本	比例	样本	比例	样本	比例
疫情防控认同	防控政策	3.57	17	2.0%	51	6.0%	369	43.3%	262	30.8%	153	17.9%
	防控效果	3.78	22	2.6%	41	4.8%	295	34.6%	237	27.8%	257	30.2%

外国留学生对中国新冠疫苗的认同水平中等偏上，半数调查对象表现出明确的接种意愿。

新冠疫苗的研发是整个中国抗疫工作的重中之重，经过我国科研人员的不懈努力，目前已经成功推出科兴、中维等四款新冠疫苗。一些医学发达的国家也相继研发推出了各自的疫苗，如美国的辉瑞疫苗、英国的阿斯利康疫苗等。而一些反华外媒抹黑中国疫苗的言论也从未停止。那么外国留学生是否认可中国疫苗？如表2所示，在此次调查中，47%的留学生明确表示认可中国新冠疫苗，其中18.9%的人表示非常认可，合计约7.8%的人表示不认可中国的疫苗，相当比例（45.2%）的受访者保持中立态度。

关于是否会主动接种中国新冠疫苗，超过半数留学生（54.9%）明确表示愿意主动接种，表示不愿意主动接种的人合计占6.8%，相当比例（38.3%）的人没有做出清晰表态。

表2 外国留学生对中国新冠疫苗的认同统计

维度	子维度	均值	非常不符合		不符合		不确定		符合		非常符合	
			样本	比例	样本	比例	样本	比例	样本	比例	样本	比例
中国疫苗认同	疫苗效果	3.55	20	2.9%	33	4.9%	307	45.2%	191	28.1%	128	18.9%
	接种意愿	3.73	24	2.8%	34	4.0%	326	38.3%	233	27.3%	235	27.6%

综上所述，在对待中国新冠疫苗的态度上，相当一部分留学生的态度较为中立，少数人对中国疫苗缺乏信任。中国疫苗的有效性已经得到事实检验，目前已有阿联酋、印尼、巴西、土耳其等20多个国家的领导人率先接种中国新冠疫苗，中国疫苗也被世界卫生组织列入紧急使用清单，其安全性得到进一步认可。对此，我国高校应加强对外国留学生的宣传教育，对海外不良媒体抹黑中国疫苗的言论做出有力反击，赢回中国疫苗的国际声誉。

滞留海外的留学生对于通过线上学习方式完成学业表示出一定担忧，绝大部分学生返华意愿强烈，且愿意配合中国政府的疫情防控要求。

疫情暴发以来，按照"停课不停教，停课不停学"的要求，全国高校积极利用超星学习通、微信群、腾讯会议、钉钉、ZOOM等平台开展在线教学。国内疫情稳定后，境内大学生相继返回校园上课，目前已基本恢复到正常的上课学习状态。鉴于国外疫情仍不稳定，滞留海外的留学生一直采取线上学习方式接受高等教育，目前已经持续了四个学期。若全球疫情在短时间内无法得到有效控制，滞留海外的留学生仍需接受在线教育，那么他们是否有信心继续完成学业？如表3所示，本次调查发现，在821名滞留海外的留学生中，表示有信心及非常有信心完成学业的共占38.1%，非常缺乏信心和缺乏信心者共占19.9%，其余42%的学生处于不确定的迷茫状态。此项均值为所有题项最低分3.31。如何让所有滞留海外的留学生都能满怀信心地完成学业，这为高校留学生在线教育提出了严峻的挑战。

本次调查还发现，滞留海外的留学生返华意愿非常强烈，此题项均值达到所有题项的最高值4.17，共计73.1%的留学生热切盼望返华完成学业；此外，留学生配合疫情防控的意愿也相当强烈，此题项均值高达4.04，共计70.3%的留学生表示如果学校安排他们返华，他们愿意遵循相应疫情防控要求。两个题项中，均有约20%的人表示不确定，仅有约4%的人对返华学习和遵循疫情防控要求表达了负面看法。这说明，如果全球疫情趋于稳定，我国高校在时机成熟时安排留学生返华的工作具备良好的学生基础，绝大部分留学生已经在心理上做好了准备，对遵守疫情防控要求有理性认知，具有积极的配合意愿。

表3 外国留学生对高校在线教学的认同统计

维度	子维度	均值	非常不符合		不符合		不确定		符合		非常符合	
			样本	比例	样本	比例	样本	比例	样本	比例	样本	比例
在线教学认同	学业信心	3.31	57	6.9%	106	13%	345	42%	202	24.6%	111	13.5%
	返华意愿	4.17	17	2.1%	20	2.4%	184	22.4%	139	16.9%	461	56.2%
	配合意愿	4.04	13	1.6%	21	2.5%	210	25.6%	211	25.7%	366	44.6%

（二）外国留学生中国抗疫工作认同的差异性分析

为分析影响外国留学生对中国抗疫工作认同的因素，研究者以留学生性别、族裔、家庭收入水平、学段、滞留区域等五项指标作为自变量进行相关分析，验证相关因素对"抗疫工作认同"的作用机制。

经过方差分析发现，外国留学生仅在族裔背景、学段方面存在显著差异，在其他方面均不存在显著差异，详见表4。具体说来，与非华裔背景的留学生相比，华裔背景的留学生更倾向于认同中国的疫情防控政策，也更愿意遵循疫情防控要求。说明族裔身份导致的文化差异会影响留学生的认同，华裔背景的学生更易理解中国政府疫情防控政策和要求，也能够在理解的基础上产生更高的配合意愿。在学段方面，本科生、硕士研究生和博士研究生之间存在显著差异，硕博研究生群体除了在完成"学业信心"题项的均值低于本科生外，其余题项均值都高于本科生，呈现出博士生高于硕士生，硕士生高于本科生的现象，特别是博士生在这些题项的均值都高于4，具体为"疫情防控效果"4.86，"主动接种中国疫苗"4.79，"返华学习意愿"的均值更是高达4.97，接近最高值5，说明留学生的学段越高，看待疫情防控政策更为理性和客观，对中国抗疫工作的认同度越高，同时他们的学习焦虑水平也更高，更期待返华完成学业。

表4　外国留学生对中国抗疫工作认同的差异性检验

维度	子维度	非华裔	华裔	P值	本科生	硕士生	博士生	P值
疫情防控认同	防控政策	3.46	3.66	0.002**	3.54	3.71	4.00	0.019*
	防控效果	3.72	3.83	0.101	3.71	4.42	4.86	0.000***
中国疫苗认同	疫苗效果	3.56	3.54	0.749	3.55	4.30	4.63	0.000***
	接种意愿	3.68	3.77	0.193	3.66	4.34	4.79	0.000***
在线教学认同	学业信心	3.33	3.29	0.610	3.45	3.31	3.24	0.700
	返校意愿	4.15	4.18	0.697	4.11	4.68	4.97	0.000***
	配合意愿	3.96	4.10	0.035*	3.98	4.63	4.83	0.000***

注：***表示p<0.001，**表示p<0.005，*表示p<0.05

留在中国和滞留海外的留学生、不同性别和家庭收入的留学生在中国抗疫工作认同的多个维度均不存在显著性差异。特别值得一提的是，留在中国和滞留海外的留学生虽然并未存在显著差异，但是留在中国的留学生在各题项的均值都略低于滞留海外的留学生，说明作为中国疫情的亲历者和见证者，他们并未因此而更加认同中国的抗疫工作，其中原因值得高校教育者深思。

四、提升外国留学生对中国抗疫工作认同的探讨与建议

（一）将抗疫力量转化为育人力量，给留学生讲好"抗疫"故事

增进留学生的中国认同是一项长期而艰巨的系统工程，新型冠状病毒肺炎疫情后，中国政府和人民所展现的中国力量、中国速度和中国担当让抗疫工作成为一本留学生了解中国的"活教材"。而本次调查发现广大留学生群体对中国抗疫工作的认知仍有待提高。以"抗击疫情"为契机，向留学生展现真实、立体、全面的中国抗疫工作，有助于留学生加深对中国体制优越性的理解，增加其国际理解教育，全面认识当代中国，促进留学生知华、友华、爱华。对此，各高校应提高留学生教育的政治站位，使留学生教育工作服务于新时代国家战略；加强顶层设计，做好统筹规划，对留学生课程体系进行整体设计，以"加强中国认同，增进国际理解"的理念重塑留学生教育。

（二）关注留学生疫情期间的学习体验，提升线上教学效果

当前仍处于疫情期间，大部分留学生滞留海外，留学生线上教育仍是高校抗疫工作的重要内容之一。本次调查的数据表明，虽然留学生网络教学已经逐渐步入正轨，线上教学成为被师生接受的常态化教学模式，受到大部分留学生的肯定。然而，还有许多学生并未适应线上教学，或者对线上教学效果不够认可，特别是研究生群体学习信心不足。因此，各高校要积极组织应

对，特别是要关注滞留海外留学生的心理状态，改善他们长期接受线上教育的学习体验，尤其是针对硕士、博士研究生群体要想方设法促成其科研任务的完成，提升其学业成功的信心，增加他们对留学中国的认同，从而避免来华留学人员的流失，擦亮留学中国的品牌。

（三）挖掘现有教材的教育元素，将"小课堂"与"大课堂"相结合

课堂是留学生教育的首要阵地，留学生教育要牢牢抓住课堂教学这个主渠道，以"讲好中国抗疫故事"为主线进行如盐入水般地教育，将"小课堂"与中国社会"大课堂"有机结合。实践层面已经做了积极的探索，例如，有教师在讲到世界文化遗产"长城"时，结合中国上下"众志成城"抗击疫情的生动事例，深刻阐述了它背后所蕴含的英勇无畏、坚持不懈的精神实质，让留学生感知中国文化的同时感受中国力量；有教师在讲中国文化中孔子"仁者爱人"的理念时，引入医务人员舍小家为大家、驰援其他国家抗疫工作的故事，展现中国在全球抗疫中的大国担当，深化留学生对中国文化的理解[3]；有教师在应用语言学的课堂上，从"言语共同体"的概念引入"人类命运共同体"，引导学生认识，在这样的全球突发公共卫生事件面前，唯有全世界各国携手抗疫，才能真正战胜疫情[4]。此方面的工作仍需继续推动，相关经验和做法也需要提炼总结。

（四）提升留学生任课教师育人能力的培养，建立协同联动机制

广大留学生教师是留学生教育的第一责任人，留学生的中国抗疫工作认同及其他方面的中国认同都有赖于一线教师的教育教学工作，在当前的外部形势下，加强对留学生教师育人能力的培养迫在眉睫。对此，高校要以教学培训、观摩研讨、课程建设、课题研究等多途径提升留学生任课教师的育人能力；此外，要积极建立协同联动机制，使留学生任课教师、辅导员、院校领导、职能部门专人、校内外专家学者等各方力量凝心聚力，全面部署和系

统规划全员、全过程、全方位的留学生"教育共同体"，注重华裔和非华裔留学生群体的特殊性，明确不同的教育目标，兼顾课堂教学与课外教育实践活动，双管齐下，形成协同效应，共同致力于提升留学生的中国认同。

参考文献

［1］教育部. 2018来华留学统计［EB/OL］.（2019-04-12）. http：//www.moe.gov.cn/jyb_xwfb/gzdt_gzdt/s5987/201904/t20190412_377692.html.

［2］一在家隔离外国人找CNN投诉中国侵犯隐私，专家：合理措施［EB/OL］.（2020-04-29）. https：//www.thepaper.cn/newsDetail_forward_7193250.

［3］讲好中国故事　育人润物无声：国际教育学院留学生课程思政纪实［EB/OL］.（2020-03-20）. http：//xxgk.tcu.edu.cn/info/1047/5328.htm.

［4］"疫"言"疫"语，育国际人：国际文化与教育学院课程思政优秀教学案例［EB/OL］.（2020-04-16）. http：//jwc.zjnu.edu.cn/2020/0416/c4329a319951/page.htm.

华侨大学　华文教育研究院

大学生实践育人共同体的创新实践与探索①

——以华侨大学旅游学院为例

孙娟娟　许国玺　张　慧　殷　杰

摘　要：实践育人是新形势下高校教育教学工作的重要载体，是坚持理论学习、创新思维与社会实践相统一，推动形成全员、全程、全方位的"三全育人"格局的有效途径。对于增强学生服务国家与服务人民的社会责任感、勇于探索的创新精神、善于解决问题的实践能力具有不可替代的积极作用。华侨大学旅游学院在实践育人过程中重视校政企实践育人资源共建共享，着力构建"实践育人共同体"，建好社会大课堂，形成了多元融合，知行合一的多层次立体化特色实践育人体系，对增进境内外青年学子的文化认同、国家认同、政治认同意义深远。

关键词：实践育人；境外生；多元融合

华侨大学旅游学院多年来牢牢把握思想政治工作主旋律，致力于培养德智体美劳全面发展，基础扎实、知识面广、业务能力强、综合素质高、富有创新意识且适应旅游业高质量发展需求、能够担当民族复兴大任的国际化、

① 基金项目：华侨大学 2022 年教育教学改革研究立项项目"旅游管理类境外生实践教育课程思政体系探索与构建"（项目编号：HQJGYB2226）。

高层次、复合型、应用性新型旅游人才，重视校政企实践育人资源共建共享，着力构建实践育人共同体，建好社会大课堂。通过课程教学与实践教育教学的示范作用和成果转化，构建教育、创新、就业、服务、文化多循环互动平台，不断探索形成实践育人的专业化、社会化、基地化、项目化、多元化的运行机制，找到实践教育活动与加强学生思想政治工作的合力点，形成多元融合，知行合一的多层次立体化特色实践育人体系，对增进境内外青年学子的文化认同、国家认同、政治认同意义深远。

一、"3445"产教融合实践育人模式的探索与实践

旅游类专业实践性较强，华侨大学旅游学院在实践育人过程中重点抓住"3大核心理念"（产教融合，协同育人的培养理念创新、以赛促学，竞合成长的培养路径创新、需求导向，多级质保的质量保障创新），针对"4类问题"（教育链：因材施教的教育瓶颈问题、人才链：一专多能的人才培养问题、产业链：工学交替的良性互动问题、创新链：以赛促学的创新空间问题），总结出了"4种方法"（产教融合，双元培养；全员因材施教，以赛促学，竞合成长，全力提升能力，工学交替；主动出击；全面产学互促，多措并举，创造机会；全程创新实践训练），开展"5大专项行动"（以赛促学的实践培养模式、知行合一的实践课程体系、产教融合的实践育人平台、需求导向的实践培养路径、三位一体的实践质量监控），并形成覆盖旅游管理类境内外大学生教育教学全过程的"3445"产教融合实践育人模式。如图1所示：

（一）创新教育理念

1. 产教融合，协同育人的培养理念创新

推进旅游管理类本科应用型人才的培养，强化产教融合，是面向国家发展战略、面向行业发展需求的重要探索与实践。产教融合，协同育人的培养

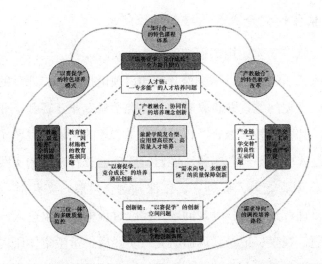

图1 华侨大学旅游学院"3445"产教融合实践育人模式

理念贯穿在华侨大学旅游学院人才培养全过程。在这一培养理念指导下，形成了理论学习—认知实习—理论学习—综合实训—理论学习—生产实习这一特色的工学交替模式，形成了校内导学、校外导能的双导师模式，先后拓展了多个实践教学基地和企业奖学金，构建了校政企实践育人共同体。如图2所示。

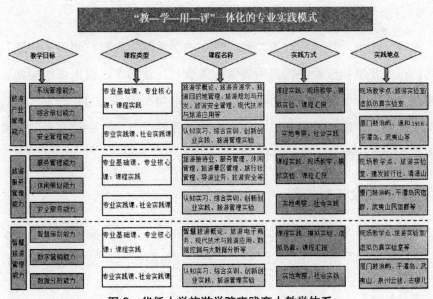

图2 华侨大学旅游学院实践育人教学体系

2. 以赛促学，竞合成长的培养路径创新

华侨大学旅游学院建构课程实践、专业实践、社会实践、生产实习多元实践教学体系，引领学生以第一课堂的知识理论指导第二课堂的实践教学活动，在实践中发现问题，并将其转化为各类学科专业竞赛和毕业论文选题；促进课程教学和实践教学融合。以学院自主管理的"可浓主题实验餐厅"等为平台，通过实验指导经营实践、经营实践反哺教育教学的实践教学模式，锻炼学生创新创业能力，促进一、二课堂融合发展。实践前，根据实践目的，搜集、整理背景资料，发现问题；实践过程中，学生进入旅游业生产现场，围绕问题，观察、记录、调研研究；实践后，学生集体研讨解决问题的方案，形成研究报告，制作PPT，分组汇报，教师点评，在此基础上，指导学生将实践成果转化为"挑战杯""创青春""互联网＋"等各类学科专业竞赛，以及各类专业实践技能大赛的选题，促进一、二课堂融合发展。这种以赛促学，竞合成长的培养路径，强调学生参与各类竞赛，重点通过竞赛·锻炼·竞合等方式强化学生实战能力的培养，最终实现学生实践能力的多元化成长。

3. 需求导向，多级质保的质量保障创新

教师不能用"昨天的知识"教"现在的学生"去面对"明天的问题"。因此，在人才培养过程中需要明确学生需求与行业需求，根据需求导向，因材施教。在充分了解学生能力需求、素质需求与知识需求的基础上，对接行业人才需求，形成产教融合，协同育人的培养模式及"校—院—系"三级的多措并举的实践教育质量监控体系。

（二）健全体制机制

目前，华侨大学旅游学院尝试探索"教育链"与"产业链"对接路径，进行"产教融合"的实践育人体系，主要内容包括：

1. 建立产教融合机制，对接市场需求

（1）强化实习实践跟踪回访。通过定期看望实习生，加深学校与实习单位的沟通与联系，从而进一步了解行业需求与人才质量需求，促进人才培养模式改革、专业课程的设置以及实习安排等工作的优化与提升。

（2）建立实习实践对接机制。依托实习实践机制，建立专业教师实习单位一对一对接制度，强化专业师生与实习单位的对接与对话，拓宽沟通渠道，进一步强化专业师生对行业人才需求的了解程度。

（3）拓展实习实践教育基地。近年来，学院共建立了70个相对稳定的校外实习实践教学基地，通过定期与实践基地的沟通，动态了解行业需求。

（4）打造实践教师团队，主动贴近行业发展。以专业、实践为导向，着力打造一支知晓理论，了解行业变化的实践型教学团队。团队成员熟悉行业，和行业保持沟通与联系，贴近行业，重点培养行业需要的复合型人才。

2. 建立校企合作机制，了解企业需求

（1）推行"双导师制"，着力培养校企"两用型"人才。选择并聘请厦门会展集团高管、经理等分别作为实践导师。厦门会展集团为华侨大学旅游学院培养"双师型"师资提供岗位，积极为旅游学院青年教师提供集团高管助理等挂职岗位。通过校企互动，充分了解企业各岗位的人才需求。

（2）探索"教育链"与"产业链"对接路径，推进"产教融合"，以赛促训，以赛促学，工学交替，协同育人。在项目实施方面，通过党建引领，文旅融合，加强校企合作，以学术交流、实习实践、资源共享和研发转化等方式进一步构建协同育人体制机制。在项目保障方面，有优秀的指导团队、固定的实践基地、有力的条件保障和完善的协同育人机制。

（3）加快国际化进程，跟踪国际市场需求。以国际化为导向，提升师资团队的国际化意识，通过院校层面的合作、境外访学和交流等渠道和机制，培育具有国际视野观的师资团队，并进一步推动实践教育教学体系、人才培养体系、会展学术成果体系的国际化。

（4）建立毕业校友互动机制，强化行业沟通。建立校友联络制度，完善校友数据库，定期回访联络毕业校友，保持定期与校友合作互动，及时动态了解行业发展动向与人才需求。此外，通过邀请毕业生参与专业讲座等方式，为校企互动、专业与行业互动提供契机。

（三）拓展载体平台

（1）协同育人实践平台：依托旅游学院相继建成的国家级旅游实验教学中心、国家级虚拟仿真实验中心等两个国家级实验室以及三个省部级研究平台，研发实践育人课程，建设信息网络平台和虚拟仿真实验平台。

（2）产教融合实践平台：形成校外实践教学基地、校企共建实验室、校企联合开发教学教程、企业高位实习（如管培生）等四大类校政企合作模式，通过产教融合，协同育人的方式实现产业链、教育链和人才链的良性互动，实现"产业—教育—人才"有机对接。目前已拓展实践基地70家，成立学生服务团队15支。如图3所示。

（3）赛教互促实践平台：鼓励学生参与专业竞赛、挑战杯、"互联网＋"等各类竞赛，通过以赛促学，以学促赛的模式实现学生在比赛中学习专业知识，运用专业知识，掌握专业知识。

（4）国际交流实践平台：构建和完善多元化的国际化旅游人才培养体系，不断增强为侨服务能力。通过"请进来"和"走出去"两种途径，全面培养提升学生的国际视野及能力。

旅游学院努力构建和完善多元化的国际化旅游人才培养体系，不断增强为侨服务能力。学院加强中外办学交流与合作，通过"请进来"和"走出去"两种主要途径，全面培养提升境外生的国际视野及能力。一方面，鼓励专业教师进行国际访学及学术交流，带回前沿的国际教育理念运用到境外生的教学中；另一方面，邀请来自美国俄克拉荷马州立大学、卡罗莱纳海岸大学，英国杜伦大学等国际知名旅游专家莅院讲学，提升师生国际化视野和科研水平。同时，不断提升全英师资教学水平，推进各专业进行国际认证，服务旅游学科建设和旅游全球化人才培养。早在2017年，学院就举办了以"十年匠心，天下桃李"为主题的国际化办学展，这是华侨大学第一个由学院主办的院级国际化办学展，同时也是由旅游学院会展专业境内外学生结合专业特色，自主策展、布展的展会活动。

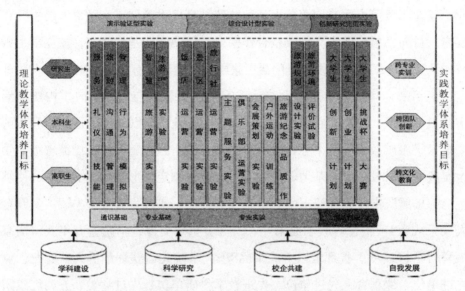

图3　华侨大学旅游学院"知行合一，产教融合"实践育人平台

二、多元融合，知行合一的多层次立体化实践育人成效与推广

《国家教育事业发展"十三五"规划》[1]提出：高校要通过全员育人、全过程育人、全方位育人来全面落实立德树人根本任务，以学生为主体，创新育人模式，践行知行合一。

华侨大学旅游学院在实践育人中全面贯彻落实党的教育方针和习近平总书记关于"立德树人"根本任务的要求[2]，坚持以思想政治教育为中心，强化实践教育中的思政教育元素，将价值塑造、能力培养和知识传授有机融合，在实践教育的全过程寓价值观引导于知识传授和能力培养之中，积极引导旅游专业学生树立正确的国家观、民族观、历史观、文化观。从侨校、侨史到侨乡、侨情再到华夏经典传承，境内外旅游学子在实践中边看、边听、边感、边悟，不断在行动中砥砺爱国之情，笃行爱国之志。

重视校政企实践育人资源共建共享，注重在大德育体系框架下，着力构建"实践育人共同体"，建好社会大课堂。引入校外社会、企业资源（如厦门会展集团、建发集团、洲际集团、佰翔集团等），在技术、学术及创新创业、就业服务等方面共同培养人才，共建共享极大延展了实践育人的手臂和视窗。目前已形成四大类校政企合作模式，拓展实践基地70家，成立学生服务团队15支。2019年新设立厦门会展集团奖学金，已有18名学生获奖。

多年来，华侨大学旅游学院注重突出通识教育与实践导向，构建梯形实践教学体系，增加实践课比重，丰富创新创业、实践环节的形式：利用两个国家级旅游教学示范中心，开展虚实结合的实践教学项目；借助省级大学生实践基地、校外实习基地等优化实习成效；制定梯形实践教学计划，使学生能够按照既定步骤和要求不断提升专业技能。实践育人成果丰硕：实践育人成果成为4项福建省教学成果一、二等奖重要支撑；学院近五年获得国家级科研项目16项、省部级以上成果奖8项，学院先后获评华侨大学就业创业先进单位、课程育人先进单位、先进教学科研单位、先进党委、五四红旗团委等综合性荣誉，福建省"三下乡"社会实践优秀团队先进个人、旅游扶贫志愿服务项目获省赛银奖。连续四年获评中国国际"互联网＋"大学生创新创业大赛优秀组织奖；多位教师在各类教学比赛中获奖；学生先后夺得国家级专业赛事冠军，2018"创青春"国赛银奖，中国（福建）女大学生创新创业大赛金奖，"互联网＋"大赛学院连续4年获得优秀组织奖。李昊同学被推选为泉州市"道德模范"，精卫旅游扶贫志愿服务队获评2020年福建省第十七届"五四青年奖章"集体标兵。相关境内外学生实践活动受到中央统战部、中国青年报、中新社、福建日报等30多家媒体和官方网站报道和肯定。2020年10月，华侨大学旅游学院也因在全国旅游实践教育方面极强的引领与示范作用被中国旅游协会旅游教育分会授予"旅游实践教育突出贡献院校"荣誉称号，这是对华侨大学旅游学院长期致力于旅游实践教育创新的肯定与褒奖。

（一）典型案例与育人模式的推广应用和引领价值

将旅游实践教育教学和国情教育相结合，挖掘专业课程、实践教学基地、各类旅游业态中蕴含的红色旅游资源、革命遗址遗迹事迹、社会主义现代化建设成就、优秀传统文化、职业伦理道德等思政育人资源，重塑课程体系，设计实践教学方案，引导学生明大德、守公德、严私德，培养能够担当民族复兴大任的时代新人，使学生在深入实践中用专业反哺社会，发扬自愿奉献涵养家国情怀。

比如以旅游学院在校本科、硕士、博士生为主体组成的"精卫"旅游扶贫服务队是一个以"旅游让乡村生活更美好"为发展理念的旅游扶贫非营利性公益组织，自2015年成立伊始便持续参与全国旅游规划扶贫公益行动，致力于为乡村旅游扶贫提供更多的智力支持和专业技术服务指导。至今已累计为19个贫困村的旅游发展出谋划策，其中15个村子为建档立卡的国家级乡村旅游扶贫试点村，带动了352户贫困户，856名贫困村民通过乡村旅游脱贫致富。团队成果获得文化和旅游部"全国旅游扶贫示范成果"，团队成员也因表现突出被当地党支部和村民委员会授予"荣誉村民"称号。团队事迹不仅赢得了当地人的称赞，更是获得了新华社、中国旅游报等国家主流媒体报道，也相继获评华侨大学校长特别奖、福建省向上向善奖学金，并于2020年获评福建青年五四奖章集体标兵。

在旅游教育教学中突出通识教育与实践导向，构建梯形实践教学体系，增加实践课比重，丰富创新创业、实践环节的形式，将专业链与产业链、创新链对接，培养学生专业技能与职业素养。学院利用两个国家级旅游教学示范中心，开展虚实结合的教学项目，如开展酒店ERP，探讨酒店筹建和后期的经营管理；利用省级旅游实验室，探索旅游景区游客体验、景观规划项目游客满意度；利用虚拟仿真软件模拟会展管理、旅游公共安全防范等实验项目。借助大学生实践基地、旅游服务信息化外包人才基地、校外实习基地等，探索高岗位实习、研究型实习的模式。制定梯形实践教学计划，在不同学习阶段，设计不同的实践教学内容，层层递进，使学生能够按照既定步骤和要求，不断提升专业技能。

已有三十年历史的"可浓主题实验餐厅"，作为旅游学院学生"三创"和实践基地，以实验指导经营、经营反哺教学的新型实验教学模式，充分发挥境内外学生创新、创意、创业的能力，且不同类型的课程采用差异化的考核方式。在旅游实验、实践过程中采用主题策划形式进行实践研究。实践指导教师发布选题指南，实践班级按小组进行项目选题（可浓餐饮策划主题由学生自己确定），实践小组选择指导教师，并在教师的指导下策划主题报告，主题策划通过后，小组开始进行调研、营销等，实践结束后进行汇报，院系与实践班级组织评分、总结。主题策划实践有效调动学生的主动性，有效嫁接旅游业态，团队精神获得较大提升，效果良好。

（二）方法载体、育人经验的推广应用和引领价值

1. 科教协同，丰富实践育人内容

通过科教协同建设，积极将教学科研资源转化成为实践育人内容。（1）教师提炼项目30余个。将教师科研活动与旅游专业实践活动相结合，将专业实验室、实践基地建设与实验教学中心建设相融合，将科研课题实施与学生创新、创意、创业相结合，努力转化教师科研成果为学生实践创新项目；实验项目集成科研最新成果，并每年更新实验项目15个。目前已经成为学院仿真模拟实验课程体系的有：智慧旅游、景区规划、旅游ERP（企业资源规划）、旅游安全、服务营销等课程。（2）学生参与项目50余项。创建学生创新实践平台，使本科生有组织、有计划地参加科学研究工作，接受科学研究基础训练，培养学生的独立思考能力和创新精神；鼓励学生参与教师科研课题活动，培养学生的协作能力与团队精神，提升交流能力和实践能力，将教师科研过程转化为学生实验情景；实现基础与前沿、经典与现代、传统与创新相结合的实践实验内容更新机制。学生参与科技创新实践项目比例占学院在校生71.5%，创新创业项目立项数居文科学院首位。学生先后夺得国家级专业赛事冠军，2018"创青春"国赛银奖，中国（福建）女大学生创新创业大赛金奖，学院连续四年获得"互联网＋"大赛优秀组织奖。

2. 平台共建，优化实践育人条件

学院通过硬件建设，打造旅游通识教育平台、旅游专业基础平台、旅游专业实践平台和旅游创新创业平台。并通过软件建设，充分发挥教学服务功能。

旅游通识基础平台：主要是完成旅游行业的通识基础技能。

旅游专业基础平台：主要是完成基于技术嵌入的旅游企业运作发展需要的基本实验技能与问题分析能力培养，是旅游实验教学的提高阶段。

旅游专业实验平台：主要是完成旅游规划设计实验、旅游服务运营实训、智慧旅游运作实验教学三大模块。实验室建设与行业、企业发展密切结合，广泛涉及旅游当前发展的主要的业态，提取经典的实验项目、确保实验内容具有前瞻性，这是旅游实验教学的提升阶段。

旅游创新实践平台：主要是完成大学生创新创业能力提升，在旅游创新创业基地的基础上，建设融合大经管类专业综合实训的跨专业综合实训基地。

三、境外学生实践育人共同体模式推进的突破与创新

（一）境外学生培养的教学质量评价和保障制度是未来需要突破的重难点

按照剖析现状—分析需求—辨析缺口—明晰方案的思路开展境外学生实践育人体系改革与教育质量提升研究。首先，系统剖析目前港澳台侨及华裔新生代和留学生人才培养现状，总结培养经验，系统梳理当前存在的问题；其次，全面调研分析港澳台侨及华裔新生代和留学生的学习和成长需求、就业单位人才需求，梳理出人才培养改革的方向；再次，结合现有教学供给，辨析供给与需求的缺口，提出明确的改革要点与任务；最后，结合供需缺口，明晰实践育人共同体模式的改革方案与教育质量提升路径，具体如图4所示。

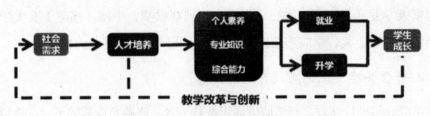

图4　华侨大学旅游学院境外生教育培养改革路径

（1）优化境外生培养目标。分类明确港澳学生、台湾学生、华侨学生以及海外华裔新生代和留学生的差异化培养目标，重点培养港澳台侨及华裔新生代和留学生的文化自信、国际视野、数字素养、行业领军视角等能力，培养适合社会需求的专业综合型人才。（2）设计全过程培养模式。积极探索先分类后融合的全程培养模式，全面落实境外生"双导师制"，探索尝试"学院—书院"双院制模式、完全学分制、弹性学制。（3）修订境外生培养方案。侧重增加实践学分和创新创业学分，将第二课堂内容纳入实践课程学分，探索大三至大四阶段实施境外生微专业培养。（4）改革境外生教学方式。建设境外生示范精品课堂，提升教师教学能力、更新教师教学方法，结合大班教学、小班研讨模式，探索翻转课堂、互动体验等教学方式，全面提升境外生学习效果。（5）改革境外生考评方式。鼓励面向境内外生不同培养特点的期末考核方式，探索线上学习境外生期末考核的差异化方式，完善境外生学分奖励机制，在满足本科学士学位授予标准和规范毕业论文（设计）质量的前提下，面向境外生推行社会调查、商业计划、案例研究、毕业设计、专业作品等多元个性化的毕业考核形式。（6）落实境外生培优计划。推动境外生参加"4+2+3"境外生本硕博一体化培养模式；注重境外生创新创意、项目策划、活动营销等领域的优秀人才分类培养，分类做好培育计划。（7）优化境外生帮扶机制。健全和完善境外生学分预警机制，启动"班级—专业—学院"三级帮扶机制。推进班级互助小组建设、推进专业境内外学生"一帮一"建设，全面提升帮扶效果。

（二）境外生实践育人实效进一步突破的主要举措

（1）全面加强思想引领。持续推进和开展境外生"泉城文化之旅""百村千人行"特色活动，突出理想信念、家国情怀、公民道德、法制安全、诚信教育等重点，实现对境外生的价值引导，加强境外生世界观、人生观、价值观教育。

（2）提升自主学习能力。以系为单位，组织优秀境内外学生组成课程帮扶小组，建设境外生"学习加油站"，强化分类指导和学习帮扶，实施境外生优良学风创建工程；创造学习预警、境外生每周自习、专业教师定期答疑等自主学习环境，促进境外生良好习惯养成。

（3）完善第二课堂体系。注重境外生实践能力与创新、创业、创意、创先能力培养，不断加强第二课堂建设，有效延伸和补充第一课堂；以提高境外生的"价值导向与道德修养""创新创业思维与能力""人文艺术素养与文化传承""国际视野与跨文化社交能力""团队合作与实践能力"为培养目标，系统梳理有利于拓展境外生素质的实践、课外学术研究、竞赛、讲座、志愿服务等各类第二课堂活动，发挥好旅游文化节、境外生研学基地、地方侨联等各类平台与载体功能，组织好中国优秀传统文化研习、"泉州'海丝文旅'大讲堂""产业大讲堂"，继续拓展两岸暨港澳大学生交流联谊共建活动、境外生寻根之旅等活动，完善第二课堂学习体系。

（4）推进创新创业活动。以校友资源为依托，组建境外生就业创业导师团队，与企业联合建立创业实训、孵化基地，搭建企业与学生创业的纽带桥梁，完善青年创业、就业服务体系，提升境外生真实就业率；从指导教师遴选、项目资金投入等途径切实加强对境外生参与课外科技活动的扶持，鼓励境外生与境内生联合组队广泛开展与学科专业相关的创新活动；组织好境外生参与"挑战杯"大学生课外学术科技大赛、"创青春"大学生创业大赛、中国国际"互联网＋"大学生创新创业大赛以及其他各类创业实践挑战赛、公益创业赛，持续推进全国红色旅游线路设计大赛、"尖烽时刻"酒店管理模拟大赛、全国高校商业精英挑战赛等专业竞赛，全面培养和提升境外生创新创业能力。

（5）打造特色文化活动。在现有校园文化活动基础上，统筹学院优势与特色方向，继续做好旅游文化节、打造"华侨大学海丝文化节"大型主题活动，通过学生前期活动策划、中期项目执行运营与后期总结提升全面强化境内外学生策划能力、运营能力，充分展示中国优秀文化、海丝文化，为传播中华文化搭建平台。

参考文献

［1］《国家教育事业发展"十三五"规划》［EB/OL］.（2017-1-10）.http://www.moe.gov.cn/jyb_xxgk/moe_1777/moe_1778/201701/t20170119_295319.html.

［2］习近平在全国高校思想政治工作会议上强调　把思想政治教育工作贯穿教育教学全过程　开创我国高等教育事业发展新局面［N］.人民日报，2016-12-09（1）.

华侨大学　旅游学院

基于数据统计分析的普通高等教育本科中外合作办学项目发展现状研究

程华明

摘 要：根据教育部发布的项目名单，对全国普通高等教育本科中外合作办学项目数量及其分布、招生专业及其规模、中外方合作院校数量及其分布进行统计分析，旨在了解中外合作办学项目发展现状，为将来中外合作办学可持续发展提供参考方向。数据统计分析研究表明：全国本科中外合作办学项目共有856个，招生总规模为83,478人，办学项目与招生规模的区域分布呈现出由东部向西部递减的趋势。项目招生专业共165个，开设最多的是电气工程及其自动化，其次是会计学，专业设置趋同现象严重。河南的外方合作院校最多，其次是江苏与山东，在同一省、市、自治区内，外方合作院校的数量普遍多于中方合作院校。外方的合作院校主要集中在美国、英国、澳大利亚以发达国家为主。

关键词：数据统计分析；普通高等教育本科；中外合作办学项目；发展现状

引言

自1995年国家教育委员会发布《中外合作办学暂行规定》以来，全国范围内的中外合作办学已覆盖28个省（市、自治区）。《中华人民共和国中外合作办学条例》①总则指出：中外合作办学属于公益性事业，是中国教育事业的组成部分。国家鼓励引进外国优质教育资源的中外合作办学。中外合作办学可设立中外合作办学机构或举办中外合作办学项目。根据《中华人民共和国中外合作办学条例实施办法》②（以下简称《实施办法》），中外合作办学项目是指中国教育机构与外国教育机构以不设立教育机构的方式，在学科、专业、课程等方面，合作开展的以中国公民为主要招生对象的教育教学活动。《实施办法》的附则第六十一条还规定：香港特别行政区、澳门特别行政区和台湾地区的教育机构与内地教育机构举办合作办学项目的，参照本办法的规定执行。因此，本文所指的普通高等教育本科中外合作办学项目包括和外国以及中国港澳台地区的合作办学项目。

目前，中外合作办学项目方面的研究主要有以下五个方面。一是项目现状与问题方面：张健青[1]等分析了在合作办学项目管理中存在的问题并提出建议；杨立军、汤美玲[2]分析了2011年全国中外合作办学项目数据，指出存在的问题并提出政策建议；刘琪[3]探讨了本科层次中外合作办学项目的发展困境及对策；谭贞、刘海峰[4]讨论了我国本科高校中外合作办学的历史、现状与展望；朱飞、黄英杰[5]研究了我国42所世界一流大学建设高校中外合作办学情况；周泓[6]等分析了我国中外合作办学项目的现状与问题并提出相关建议。二是课程教学方面：吴奕立[7]、阎黎明[8]探讨了中外合作办学项目中的教学实践；林金辉、刘梦今[9]、宗平[10]、夏增强[11]等研究了中外合作办学的教学质量保障；赵惠娟、熊颖[12]对比了中外合作办学项目下出国学生与非出国学生的专业课程差异。三是人才培养方面：孙智慧[13]研究了中外合作办学项目人才培养模式；李天源[14]提出实现中外合作办学项目人才培养目标的

---

① 中华人民共和国教育部官网：《中华人民共和国中外合作办学条例》（中华人民共和国国务院令第 372 号），http://www.crs.jsj.edu.cn/news/index/2.

② 中华人民共和国教育部官网：《中华人民共和国中外合作办学条例实施办法》（教育部令第 20 号），http://www.crs.jsj.edu.cn/news/index/6.

路径；刘晓光、曹敏妍[15]分析了189个中外合作办学项目的培养方案。四是师资团队方面：冯发明[16]探析了中外合作办学的师资问题及对策；赵涛[17]针对中外合作办学项目中国际化教学团队进行研究。五是管理机制方面：张立新、魏青云[18]从教育平等与效率的视角解读了中外合作办学项目；李阳[19]研究了中外合作办学项目质量发展；廖菁菁[20]提出了提升中外合作办学项目治理水平的路径；李灿美、朱舜[21]阐明了我国中外合作办学政策的变迁并提出优化策略；林梦泉[22]等探究了中外合作办学质量治理体系。

为全面了解本科中外合作办学项目发展现状，以期为中外合作办学提供有意义的数据支持与发展参考，本文将以全国普通高等教育本科中外合作办学项目为研究对象，统计分析其项目分布、招生人数、招生专业、中外方院校情况等。

一、项目现状调查

根据中华人民共和国教育部中外合作办学监管工作信息平台发布的中外合作办学机构与项目名单①，本文主要研究本科教育中外合作办学项目，其中包括内地与港澳台地区合作办学的项目在内，停办或停止招生的项目则不包含在内。目前，全部普通高等教育本科项目共有856个，各省（市、自治区）的项目分布如表1所示：

表1　中外合作办学项目分布情况

序号	地区	项目数量	比例
1	河南	104	12.1%
2	江苏	89	10.4%
3	山东	73	8.5%
4	吉林	62	7.3%
5	上海	58	6.8%

---

① 中华人民共和国教育部官网：教育部审批和复核的机构及项目名单（2020年12月1日更新），http://www.crs.jsj.edu.cn/index/sort/1006.

续　表

序号	地区	项目数量	比例
6	湖北	51	6.0%
7	浙江	43	5.0%
8	黑龙江	39	4.6%
9	北京	35	4.1%
10	湖南	31	3.6%
11	河北	31	3.6%
12	辽宁	30	3.5%
13	重庆	26	3.0%
14	天津	25	2.9%
15	江西	25	2.9%
16	福建	20	2.3%
17	云南	17	2.0%
18	广西	16	1.9%
19	四川	15	1.8%
20	安徽	14	1.6%
21	陕西	13	1.5%
22	广东	13	1.5%
23	贵州	8	0.9%
24	海南	7	0.8%
25	内蒙古	5	0.6%
26	甘肃	3	0.4%
27	新疆	2	0.2%
28	山西	1	0.1%
29	宁夏	0	0.0%
30	青海	0	0.0%
31	西藏	0	0.0%
合　计		856	100.0%

在31个省（市、自治区）中，河南举办的项目最多，共有104个，占比12.2%。其次是江苏，共有89个，占比10.4%。山东有73个项目，吉林有62个

项目，上海有58个项目，湖北有51个项目，项目数量皆超过50个。低于10个项目的地区主要为：贵州有8个，海南有7个，内蒙古有5个，甘肃有3个，新疆有2个，山西只有1个，宁夏、青海、西藏等皆无项目。

如图1所示，从区域分布可以看出，本科中外合作办学项目的区域分布呈现出由东部地区向西部地区递减的趋势。在全部856个项目中，东部地区的项目达424个，近半数中外合作办学项目集中在经济、教育相对发达的东部地区，占中外合作办学项目总量的49.5%。中部地区的项目总数为342个，占项目总量的40.0%，而西部地区项目总数仅为90个，占项目总量的10.5%。董俊峰、倪杰[23]指出我国中外合作办学的地区分布不平衡。区域分布情况说明了经济欠发达的西部地区在发展中外合作办学项目的速度和规模上较弱[24]。现按区域具体分析各省（市、自治区）的项目数量、招生方式、专业分布、招生人数以及中外方合作院校情况。

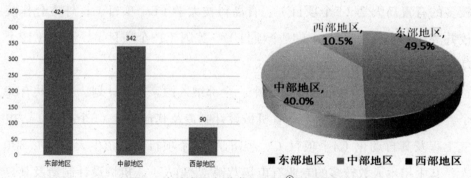

图1 中外合作办学项目区域①分布情况

（一）东部地区

（1）江苏：举办的项目有89个，全部纳入国家招生计划。专业共有58

---

① 本文以国家统计局经济带划分中、东、西部区域。东部地区包括北京、天津、河北、辽宁、上海、江苏、浙江、福建、山东、广东、海南11个省（市）；中部地区包括山西、吉林、黑龙江、安徽、江西、河南、湖北、湖南8个省；西部地区包括内蒙古、广西、重庆、四川、贵州、云南、西藏、陕西、甘肃、青海、宁夏、新疆12个省（市、自治区）。

个，其中设立较多项目的专业有电气工程及其自动化（7个项目）、软件工程（4个项目）、土木工程（4个项目）。招生人数共6,608人，其中招生人数较多的专业有电气工程及其自动化（565人）、土木工程（370人）、软件工程（310人）。中方合作院校共39所，项目较多的有南京工业大学（6个项目）、常州大学（5个项目）、南京信息工程大学（5个项目）；外方合作院校共60所，主要来自英国（27个项目）、美国（16个项目）、澳大利亚（12个项目）。

（2）山东：举办的项目有73个，全部纳入国家招生计划。专业共有52个，其中设立较多项目的专业有机械设计制造及其自动化（5个项目）、电气工程及其自动化（3个项目）、环境设计（3个项目）等。招生人数共7,270人，其中招生人数较多的专业有机械设计制造及其自动化（470人）、计算机科学与技术（340人）、金融学（320人）。中方合作院校共29所，项目较多的有青岛大学（7个项目）、青岛科技大学（6个项目）；外方合作院校共58所，主要来自韩国（17个项目）、美国（13个项目）、英国（12个项目）。

（3）上海：举办的项目有58个，全部纳入国家招生计划。专业共有39个，其中设立较多项目的专业有机械设计制造及其自动化（5个项目）、电气工程及其自动化（4个项目）、经济学（3个项目）。招生人数共4,330人，其中招生人数较多的专业有市场营销（280人）、机械设计制造及其自动化（275人）、电气工程及其自动化（250人）。中方合作院校共21所，项目较多的有上海师范大学（10个项目）、上海对外经贸大学（6个项目）；外方合作院校共44所，主要来自美国（15个项目）、德国（11个项目）、英国（7个项目）。

（4）浙江：举办的项目有43个，全部纳入国家招生计划。专业共有29个，其中设立较多项目的专业有金融学（3个项目）、土木工程（3个项目）。招生人数共3,700人，其中招生人数较多的专业有土木工程（310人）、金融学（280人）。中方合作院校共24所，项目较多的有温州大学（6

个项目）；外方合作院校共36所，主要来自美国（22个项目）、英国（5个项目）、法国（3个项目）。

（5）北京：举办的项目有35个，2个项目为自主招生，另有2个项目为部分自主招生，其他全部纳入国家招生计划。专业共有29个，其中设立较多项目的专业有国际经济与贸易（4个项目）、食品科学与工程（3个项目）、传播学（2个项目）。招生人数共3,245人，其中招生人数较多的专业有国际经济与贸易（410人）、电信工程及管理（320人）、会计学（250人）。中方合作院校共17所，项目较多的有中国农业大学（5个项目）；外方合作院校共29所，主要来自美国（11个项目）、英国（9个项目）、澳大利亚（4个项目）。

（6）河北：举办的项目有31个，全部纳入国家招生计划。专业共有24个，其中设立较多项目的专业有机械设计制造及其自动化（4个项目）、电气工程及其自动化（2个项目）。招生人数共2,870人，其中招生人数较多的专业有机械设计制造及其自动化（400人）、金融学（260人）、电气工程及其自动化（200人）。中方合作院校共16所，项目较多的有河北工业大学（4个项目）、河北科技大学（4个项目）；外方合作院校共28所，主要来自美国（7个项目）、韩国（5个项目）。

（7）辽宁：举办的项目有30个，全部纳入国家招生计划。专业共有21个，其中设立较多项目的专业有会计学（4个项目）、机械设计制造及其自动化（3个项目）。招生人数共2,925人，其中招生人数较多的专业有会计学（530人）、机械设计制造及其自动化（240人）、生物医学工程（240人）。中方合作院校共16所，项目较多的有东北财经大学（6个项目）、大连工业大学（3个项目）、大连交通大学（3个项目）；外方合作院校共24所，主要来自英国（7个项目）、澳大利亚（5个项目）、美国（5个项目）。

（8）天津：举办的项目有25个，全部纳入国家招生计划。专业共有22个，其中设立较多项目的专业有财务管理（2个项目）、工商管理（2个项目）、计算机科学与技术（2个项目）。招生人数共2,500人，其中招生人数较多的专业有财务管理（360人）、计算机科学与技术（300人）、酒店管理（300人）。中方合作院校共14所，项目较多的有天津科技大学（4个项目）、天津理工大学（4个项目）；外方合作院校共23所，主要来自美国（5个项目）、加拿大（4个项目）、澳大利亚（4个项目）。

（9）福建：举办的项目有20个，除有2个项目为自主招生外，其他全部纳入国家招生计划。专业共有19个，其中设立较多项目的专业有电子信息工程（2个项目）。招生人数共1,980人，其中招生人数较多的专业有电子信息工程（200人）、国际会计（180人）。中方合作院校共11所，项目较多的有福建师范大学（5个项目）、福建农林大学（4个项目）；外方合作院校共15所，主要来自加拿大（6个项目）、美国（5个项目）。

（10）广东：举办的项目有13个，全部纳入国家招生计划。专业共有12个，其中设立较多项目的专业有金融学（2个项目）。招生人数共1,520人，其中招生人数较多的专业有动画（200人）、金融学（180人）、物流管理（180人）。中方合作院校共11所，项目较多的有北京师范大学珠海分校（3个项目）；外方合作院校共13所，主要来自德国（3个项目）、美国（3个项目）、英国（3个项目）。

（11）海南：举办的项目有7个，全部纳入国家招生计划。专业共有7个，无重复设立的项目。招生人数共630人，其中招生人数较多的专业有旅游管理（120人）。中方合作院校共4所，项目较多的有海南热带海洋学院（2个项目）、海南师范大学（2个项目）、三亚学院（2个项目）；外方合作院校共7所，分别来自美国（2个项目）、奥地利（2个项目）、丹麦（1个项目）、俄罗斯（1个项目）、爱尔兰（1个项目）。

（二）中部地区

（1）河南：举办的项目有104个，全部纳入国家招生计划。专业共有56个，其中设立较多项目的专业有土木工程（7个项目）、环境设计（5个项目）、会计学（5个项目）、计算机科学与技术（5个项目）。招生人数共12,435人，其中招生人数较多的专业有土木工程（780人）、会计学（710人）、环境设计（505人）。中方合作院校共35所，项目较多的有河南大学（9个项目）、郑州大学（8个项目）；外方合作院校共80所，主要来自英国（25个项目）、美国（16个项目）、澳大利亚（10个项目）。

（2）吉林：举办的项目有62个，全部纳入国家招生计划。专业共有37个，其中设立较多项目的专业有电气工程及其自动化（5个项目）、机械设计制造及其自动化（4个项目）。招生人数共7,230人，其中招生人数较多的专业有电气工程及其自动化（790人）、机械设计制造及其自动化（580人）、土木工程（420人）。中方合作院校共23所，项目较多的有长春师范大学（5个项目）、东北师范大学（4个项目）、吉林建筑大学（4个项目）；外方合作院校共50所，主要来自美国（20个项目）、韩国（15个项目）、俄罗斯（10个项目）。

（3）湖北：举办的项目有51个，全部纳入国家招生计划。专业共有35个，其中设立较多项目的专业有视觉传达设计（5个项目）、护理学（3个项目）、计算机科学与技术（3个项目）。招生人数共5,350人，其中招生人数较多的专业有视觉传达设计（470人）、护理学（320人）、计算机科学与技术（320人）。中方合作院校共28所，项目较多的有湖北工业大学（4个项目）、湖北大学（3个项目）、湖北第二师范学院（3个项目）；外方合作院校共42所，主要来自英国（16个项目）、美国（13个项目）、澳大利亚（8个项目）。

（4）黑龙江：举办的项目有39个，全部纳入国家招生计划。专业共有28个，其中设立较多项目的专业有计算机科学与技术（5个项目）、国际经济与贸易（3个项目）。招生人数共2,720人，其中招生人数较多的专业有计算机科学与技术（330人）、土木工程（190人）、临床医学（160人）。中方合作院校共18所，项目较多的有黑河学院（5个项目）、黑龙江大学（4个项目）、黑龙江科技大学（4个项目）；外方合作院校共24所，主要来自俄罗斯（20个项目）、英国（9个项目）、加拿大（5个项目）。

（5）湖南：举办的项目有31个，全部纳入国家招生计划。专业共有19个，其中设立较多项目的专业有机械设计制造及其自动化（5个项目）、电气工程及其自动化（3个项目）、会计学（3个项目）。招生人数共3,380人，其中招生人数较多的专业有机械设计制造及其自动化（530人）、电气工程及其自动化（340人）、会计学（330人）。中方合作院校共19所，项目较多的有湖南农业大学（4个项目）、湖南师范大学（3个项目）、长沙理工大学（3个项目）；外方合作院校共28所，主要来自英国（12个项目）、美国（9个项目）。

（6）江西：举办的项目有25个，全部纳入国家招生计划。专业共有19个，其中设立较多项目的专业有视觉传达设计（3个项目）。招生人数共2,650人，其中招生人数较多的专业有视觉传达设计（270人）、土木工程（220人）。中方合作院校共16所，项目较多的有东华理工大学（3个项目）、南昌航空大学（3个项目）；外方合作院校共24所，来自美国（7个项目）、爱尔兰（4个项目）、俄罗斯（4个项目）、英国（4个项目）。

（7）广西：举办的项目有16个，全部纳入国家招生计划。专业共有14个，其中设立较多项目的专业有电子信息工程（2个项目）、会计学（2个项目）。招生人数共1,840人，其中招生人数较多的专业有会计学（280人）、电子信息工程（220人）。中方合作院校共11所，项目较多的有广西财经学院（3个项目）；外方合作院校共15所，主要来自美国（5个项目）、英国（5个项目）。

（8）安徽：举办的项目有14个，全部纳入国家招生计划。专业共有11个，其中设立较多项目的专业有电气工程及其自动化（3个项目）、酒店管理（2个项目）。招生人数共930人，其中招生人数较多的专业有电气工程及其自动化（260人）、酒店管理（120人）。中方合作院校共12所，项目较多的有安徽科技学院（3个项目）；外方合作院校共13所，主要来自美国（6个项目）、韩国（3个项目）。

（三）西部地区

（1）重庆：举办的项目有26个，全部纳入国家招生计划。专业共有20个，其中设立较多项目的专业有电气工程及其自动化（2个项目）、电子信息工程（2个项目）、机械设计制造及其自动化（2个项目）。招生人数共2,645人，其中招生人数较多的专业有计算机科学与技术（220人）、软件工程（220人）、土木工程（220人）。中方合作院校共15所，项目较多的有西南大学（6个项目）、重庆邮电大学（3个项目）；外方合作院校共24所，主要来自美国（7个项目）、英国（6个项目）、澳大利亚（5个项目）。

（2）云南：举办的项目有17个，全部纳入国家招生计划。专业共有13个，其中设立较多项目的专业有土木工程（3个项目）、会计学（2个项目）、环境设计（2个项目）。招生人数共1,900人，其中招生人数较多的专业有土木工程（320人）、会计学（300人）、国际经济与贸易（200人）。中方合作院校共7所，项目较多的有云南财经大学（4个项目）、云南大学（4个项目）；外方合作院校共17所，主要来自美国（4个项目）、英国（3个项目）、澳大利亚（3个项目）。

（3）四川：举办的项目有15个，全部纳入国家招生计划。专业共有13个，其中设立较多项目的专业有电气工程及其自动化（2个项目）、会计学（2个项目）。招生人数共1,585人，其中招生人数较多的专业有电子信息工程（240人）、会计学（230人）。中方合作院校共10所，项目较多的有西南财经大学（3个项目）；外方合作院校共15所，主要来自美国（6个项目）、英国（4个项目）。

（4）陕西：举办的项目有13个，除1个项目为自主招生外，其他全部纳入国家招生计划。专业共有12个，其中设立较多项目的专业有电子信息工程（2个项目）。招生人数共1,205人，其中招生人数较多的专业有电子信息工程（220人）。中方合作院校共10所，项目较多的有西安电子科技大学（2个项目）、西安科技大学（2个项目）、西北农林科技大学（2个项目）；外方合作院校共13所，主要来自英国（4个项目）、澳大利亚（2个项目）、美国（2个项目）。

（5）贵州：举办的项目有8个，全部纳入国家招生计划，专业共有8个，无重复设立的项目，专业分别为电气工程及其自动化、电子商务、会计学、会展经济与管理、金融学、旅游管理、信息管理与信息系统、药学。招生人数共930人。中方合作院校共5所，项目较多的有贵州财经大学（3个项目）、贵州大学（2个项目）；外方合作院校共8所，主要来自美国（3个项目）、英国（3个项目）。

（6）内蒙古：举办的项目有5个，全部纳入国家招生计划，专业共有5个，无重复设立的项目，专业分别为土木工程、动画、会计学、人文地理与城乡规划、金融学。招生人数共480人。中方合作院校共4所，项目较多的为内蒙古财经大学（2个项目）；外方合作院校共5所，来自澳大利亚（2个项目）、俄罗斯（1个项目）、波兰（1个项目）、美国（1个项目）。

（7）甘肃：举办的项目有3个，全部纳入国家招生计划，专业共有3个，无重复设立的项目，专业分别为计算机科学与技术、化学、环境设计。招生人数共340人。中方合作院校共2所，项目较多的为西北师范大学（2个项目）；外方合作院校共3所，来自美国（1个项目）、英国（1个项目）、波兰（1个项目）。

（8）新疆：举办的项目有2个，全部纳入国家招生计划，专业共有2个，无重复设立的项目，专业分别为交通运输、土木工程，招生人数共160人。中方院校1所，为新疆农业大学（2个项目）；外方院校2所，皆来自俄罗斯（2个项目）。

（9）山西：举办的项目只有1个，纳入国家招生计划。专业共有1个，为机械设计制造及其自动化。招生人数共120人。中方合作院校1所，为太原理工大学；外方合作院校1所，来自澳大利亚（1个项目）。

（10）宁夏、青海、西藏：截至2020年12月，未设立普通高等教育本科中外合作办学项目。

二、分析与讨论

（一）项目招生人数

根据各省（市、自治区）的中外合作办学项目招生规模来看（如表2所示），全国普通高等教育本科项目的招生总规模为83,478人，河南的招生规模最大，人数多达12,435人，占全国招生人数总量的14.9%。规模在4,000人以上的有河南、山东、吉林、江苏、湖北、上海等6个省（市），这6省（市）的项目招生规模合计达43,223人，人数占全国同类项目招生总规模的半数以上，占比为51.8%。规模在500人以下的有内蒙古、甘肃、新疆、山西等4个省，由于宁夏、青海、西藏等3省（自治区）无此类项目，故亦无招生人数。

表2 项目招生人数分布情况

序号	地区	招生人数	比例
1	河南	12,435	14.9%
2	山东	7,270	8.7%
3	吉林	7,230	8.7%
4	江苏	6,608	7.9%
5	湖北	5,350	6.4%
6	上海	4,330	5.2%
7	浙江	3,700	4.4%
8	湖南	3,380	4.0%
9	北京	3,245	3.9%
10	辽宁	2,925	3.5%
11	河北	2,870	3.4%
12	黑龙江	2,720	3.3%

续　表

序号	地区	招生人数	比例
13	江西	2,650	3.2%
14	重庆	2,645	3.2%
15	天津	2,500	3.0%
16	福建	1,980	2.4%
17	云南	1,900	2.3%
18	广西	1,840	2.2%
19	四川	1,585	1.9%
20	广东	1,520	1.8%
21	陕西	1,205	1.4%
22	安徽	930	1.1%
23	贵州	930	1.1%
24	海南	630	0.8%
25	内蒙古	480	0.6%
26	甘肃	340	0.4%
27	新疆	160	0.2%
28	山西	120	0.1%
29	宁夏	0	0.0%
30	青海	0	0.0%
31	西藏	0	0.0%
合　计		83,478	100.0%

　　从区域招生规模来看（如图2所示），其也呈现出自东向西递减的趋势。王志强[25]认为"合作办学规模与地区经济及高等教育发展水平密切相关"。东部的中外合作办学项目招生人数规模达37,578人，占全国总规模的

45.0%。中部地区的中外合作办学项目招生人数规模为36,535人，占全国总规模43.8%，略低于东部地区，远高于西部地区。西部项目的招生人数规模只有9,365人，占全国项目招生总规模的11.2%，仅为东部地区机构办学规模的1/4。如何推进西部合作办学项目发展？李阳[26]提出"鼓励西部地区与周边国家合作办学"。西部地区可以充分利用自身的优势，在相关专业上与周边国家的高校合作办学。西部地区与附近邻国在文化传统、风俗习惯上相近，能够更容易产生心理认同、更有利于合作。调查发现：山东与韩国合作的项目最多，共有17个项目，吉林也与韩国有15个合作项目，因是其地理位置靠近韩国。黑龙江与俄罗斯合作的项目最多，多达20个，究其原因也应该是彼此距离较近。这可以说是一种地缘项目。西部地区可以尝试发展与周边国家合作办学。

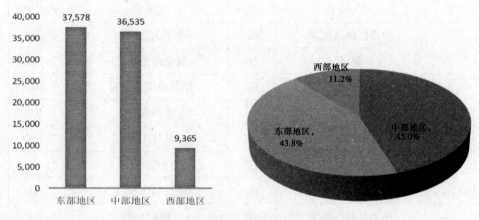

图2　项目招生人数区域分布情况

（二）项目招生专业

从招生人数规模来看（如表3所示），在全国165个招生专业中，招生人数规模不超过100人的专业有30个，材料化学、材料物理、历史学、日语、生态学等5个专业的招生人数不到50人。人数排名后30位的专业招生人数总量为2,030人，不及排名第一位专业招生总人数的一半。相比而言，超过4,000人的专业主要有电气工程及其自动化、会计学等2个专业，土木工程、机械设计制造及其自动化、计算机科学与技术等3个专业，招生规模皆达3,000人以上，金融学、电子信息工程、视觉传达设计等3个专业的招生规模超过2,000人，1,000人以上的专业总共有23个。

表3 项目招生专业规模情况

序号	排名后30位专业	人数	排名前30位专业	人数
1	材料化学	40	电气工程及其自动化	4,325
2	材料物理	40	会计学	4,120
3	历史学	40	土木工程	3,990
4	日语	40	机械设计制造及其自动化	3,975
5	生态学	40	计算机科学与技术	3,130
6	大气科学	50	金融学	2,960
7	中西医临床医学	50	电子信息工程	2,500
8	翻译	60	视觉传达设计	2,235
9	酒店及餐饮管理	60	国际经济与贸易	1,945
10	林学	60	学前教育	1,630
11	麻醉学	60	软件工程	1,590
12	美术学	60	护理学	1,580
13	木材科学与工程	60	通信工程	1,360
14	纳米材料与技术	60	市场营销	1,350
15	草业科学	70	环境设计	1,325
16	电气工程与智能控制	70	食品科学与工程	1,290
17	轻化工程	70	工商管理	1,240
18	应用统计学	70	动画	1,200
19	阿拉伯语	75	机械电子工程	1,160
20	电子科学与技术	80	物流管理	1,160
21	录音艺术	80	机械工程	1,120

续 表

序号	排名后30位专业	人数	排名前30位专业	人数
22	戏剧影视美术设计	80	旅游管理	1,070
23	德语	85	经济学	1,060
24	地下水科学与工程	90	服装与服饰设计	930
25	电子工程	90	财务管理	905
26	建筑环境与能源应用工程	90	酒店管理	890
27	教育管理与发展	90	环境科学	860
28	金属材料工程	90	数字媒体艺术	860
29	精神医学	90	物联网工程	860
30	口腔医学	90	信息管理与信息系统	810

一般而言，设立相同的专业项目越多，其招生的人数自然也越多。如表4所示，在全国范围内，电气工程及其自动化专业设立有44个项目，机械设计制造及其自动化专业设立有39个项目，土木工程专业设立有38个项目，会计学专业设立有33个项目，计算机科学与技术专业设立有31个项目。在这22个重设10个以上项目的专业中，设立相同的专业项目多达450个。多所院校同办一个专业，这是专业设置趋同的问题，相同专业重复设立广泛存在。张健青[1]、杨立军与汤美玲[2]等都认为：合作专业过于集中，趋同现象比较明显，缺乏特色。但也应该看到，专业的设置与人才市场的需求密切相关，经济的发展需要这些专业培养出来的人才。《实施办法》指出"国家鼓励在国内新兴和急需的学科专业领域开展合作办学"。在与外方合作办学时，可开设社会发展急需但又相对薄弱或空白的应用型专业，从而借鉴先进的理念与办学经验。在专业设立时，既要考虑市场的需求，也要考虑合作院校自身的专业优势与学校背景。通过调查分析，海南、贵州、内蒙古、甘肃、新疆、山西开设的专业无一重复。中方院校可以结合自身的专业优势与外方院校的强项，合作办学设立项目时避免出现重复。

表4　相同专业设立项目数量（10项以上）

序号	专业	项目数量
1	电气工程及其自动化	44
2	机械设计制造及其自动化	39
3	土木工程	38
4	会计学	33
5	计算机科学与技术	31
6	金融学	27
7	电子信息工程	25
8	视觉传达设计	22
9	国际经济与贸易	20
10	学前教育	17
11	软件工程	16
12	护理学	15
13	环境设计	15
14	食品科学与工程	14
15	通信工程	13
16	市场营销	13
17	工商管理	13
18	机械电子工程	12
19	动画	11
20	物流管理	11
21	数字媒体艺术	11
22	机械工程	10

根据普通高校招生本科专业学科门类分布情况（表5）可以看出，在这12个学科门类中，工学、管理学、艺术学排名前三位。工学招生专业数量最多，多达62个专业，招生人数也最多，为37,630人，占比45.1%。其次是管理学，招生专业数量为21个，招生人数共15,710人，占比18.8%。艺术学的招生专业数量为18个，招生人数共9,405人，占比11.3%。经济学门类的专业数量不多，但其招生人数不少，共有6,595人，占比7.9%。历史学只有1个专业，招生人数为40人，哲学门类无招生专业。综合而言，中外合作办学项目更偏好工学与管理学门类，历史学与哲学成为冷门学科。

表5　普通高校招生本科专业学科门类分布情况

序号	学科门类	专业数量	招生人数	比例
1	工学	62	37,630	45.1%
2	管理学	21	15,710	18.8%
3	艺术学	18	9,405	11.3%
4	理学	16	3,650	4.4%
5	文学	12	2,130	2.5%
6	医学	12	3,553	4.3%
7	农学	7	1,320	1.6%
8	经济学	6	6,595	7.9%
9	教育学	6	2,660	3.2%
10	法学	4	765	0.9%
11	历史学	1	40	0.0%
12	哲学	0	0	0.0%
合　计		165	83,458	100.0%

（三）中外方合作院校

从合作的外方与中方院校分布情况（表6）来看，排名前三的是河南、江苏与山东。河南的外方合作院校为80所，中方合作院校为35所。江苏的外方合作院校有60所，中方合作院校有39所。山东的外方合作院校有58所，中方合作院校有29所。我们可以发现，外方合作院校总数为701所，高于中方合作院校419所，在各省（市、自治区）中，外方合作院校的数量普遍多于中方合作院校，这是因为中方院校寻求与多所外方院校进行合作办学。

表6　外方与中方院校分布情况

序号	地区	外方院校	中方院校
1	河南	80	35
2	江苏	60	39
3	山东	58	29
4	吉林	50	23
5	上海	44	21
6	湖北	42	28
7	浙江	36	24
8	北京	29	17
9	河北	28	16
10	湖南	28	19
11	重庆	24	15
12	江西	24	16
13	黑龙江	24	18
14	辽宁	24	16
15	天津	23	14
16	云南	17	7
17	福建	15	11

序号	地区	外方院校	中方院校
18	四川	15	10
19	广西	15	11
20	广东	13	11
21	安徽	13	12
22	陕西	13	10
23	贵州	8	5
24	海南	7	4
25	内蒙古	5	4
26	甘肃	3	2
27	新疆	2	1
28	山西	1	1
29	宁夏	0	0
30	青海	0	0
31	西藏	0	0
合　计		701	419

在856个本科教育中外合作办学项目中，与外方合作院校共有32个国家或地区，从表7可以看出，美国、英国的合作项目数量都超过百项，分别为206个、175个，共计381个，为全部项目总量的44.5%，接近1/2。澳大利亚有88个，俄罗斯有63个，韩国有62个。外方合作院校以发达国家为主。中外合作办学成为发达国家重要的海外教育市场[27]。在调查的合作办学项目中，项目数量在10个以内的共有20个国家或地区，与乌克兰、瑞典、马来西亚等国家的合作项目各有3个，与印度、泰国、瑞士等国家的合作项目各有2个，与匈牙利、希腊、维也纳、保加利亚、阿联酋、中国香港等国家或地区的合作项目较少，分别只有1个。

表7 合作国家或地区项目数量

序号	合作国家或地区	项目数量
1	美国	206
2	英国	175
3	澳大利亚	88
4	俄罗斯	63
5	韩国	62
6	加拿大	45
7	德国	41
8	爱尔兰	33
9	新西兰	21
10	法国	20
11	意大利	17
12	日本	12
13	荷兰	9
14	波兰	9
15	芬兰	8
16	西班牙	6
17	白俄罗斯	6
18	丹麦	5
19	奥地利	5
20	中国台湾	4
21	乌克兰	3
22	瑞典	3
23	马来西亚	3
24	印度	2

续　表

序号	合作国家或地区	项目数量
25	泰国	2
26	瑞士	2
27	匈牙利	1
28	中国香港	1
29	希腊	1
30	维也纳	1
31	保加利亚	1
32	阿联酋	1

结语

通过调查与分析，中外合作办学项目主要集中在经济、教育相对发达的东部地区，虽然中部地区也有一定的发展，但整体的区域项目数量与招生规模呈现出自东向西递减的趋势，宁夏、青海、西藏目前都未设立中外合作办学项目。国家鼓励在中国西部地区、边远贫困地区开展中外合作办学，通过合作办学，可以促进教育平衡发展，从而推动经济繁荣。同时，我们也可以学习外方的先进经验，让整个中外合作项目呈现多元化发展，最终促使合作办学不仅能够"引进来"，还能形成"走出去"的局面。

参考文献

［1］张健青，崔宏祥，魏克新，等. 谈高校中外合作办学项目管理［J］.学位与研究生教育，2004（7）：44-46.

［2］杨立军，汤美玲. 政策效用视角下的我国中外合作办学项目［J］.教育发展研究，2012，32（19）：13-17，65.

［3］刘琪．本科层次中外合作办学项目发展困境及对策［J］．现代教育管理，2018（4）：25-30．

［4］谭贞，刘海峰．我国本科高校中外合作办学的历史、现状与展望［J］．中国高等教育，2019（12）：10-12．

［5］朱飞，黄英杰．我国42所世界一流大学建设高校中外合作办学机构与专业项目发展研究［J］．黑龙江高教研究，2020，38（5）：35-41．

［6］［27］周泓，潘芳芳，刘斯，等．我国中外合作办学项目的现状与问题分析［J］．北京联合大学学报（人文社会科学版），2020，18（3）：96-105．

［7］吴奕立．中外合作办学项目教学实践与思考［J］．高等工程教育研究，2010（S1）：36-37，57．

［8］阎黎明．高校中外合作办学项目教学策略初探［J］．中国成人教育，2014（8）：124-126．

［9］林金辉，刘梦今．高校中外合作办学项目内部教学质量保障基本要素及路径［J］．中国大学教学，2014（5）：62-66．

［10］宗平．中外合作办学中教学质量保障机制的研究［J］．江苏高教，2015（1）：76-78．

［11］夏增强．中外合作办学中的教学质量保障研究［J］．中国成人教育，2016（9）：105-107．

［12］赵惠娟，熊颖．中外合作办学项目下出国学生与非出国学生专业课程差异对比研究［J］．中国成人教育，2015（9）：125-127．

［13］孙智慧．中外合作办学项目人才培养模式对接策略研究［J］．黑龙江高教研究，2015（2）：145-147．

［14］李天源．应用技术型大学中外合作办学项目人才培养目标之厘定及实现路径［J］．教育评论，2016（12）：70-73．

［15］刘晓光，曹敏妍．全球胜任力视角下中外合作办学项目评价：基于189个项目培养方案的内容分析［J］．江苏高教，2020（4）：55-59．

［16］冯发明．中外合作办学的师资问题及对策探析［J］．教育与职业，

2007（6）：33-34.

　　［17］赵涛. 中外合作办学项目中国际化教学团队构建研究［J］. 中国成人教育，2015（13）：23-25.

　　［18］张立新，魏青云. 解读中外合作办学项目：教育平等与效率的视角［J］. 江苏高教，2007（4）：39-41.

　　［19］［26］李阳. 中外合作办学项目质量发展研究［J］. 黑龙江高教研究，2016（3）：20-24.

　　［20］廖菁菁. 高等教育中外合作办学项目治理水平提升的路径分析［J］. 中国高教研究，2017（12）：38-43.

　　［21］李灿美，朱舜. 我国中外合作办学政策的变迁及其优化策略［J］. 湖南社会科学，2019（1）：165-172.

　　［22］林梦泉，吕睿鑫，张舒，等. 新时代中外合作办学质量治理体系构建理论与实践探究［J］. 中国高教研究，2020（10）：9-15.

　　［23］董俊峰，倪杰. 我国高校中外合作办学的新走向［J］. 江苏高教，2020（11）：120-124.

　　［25］王志强. 新时代高等教育中外合作办学的历史变迁与未来展望［J］. 黑龙江高教研究，2019，37（8）：74-78.

广州商学院